प्रभु की पगडंडियाँ

ओशो

डायमंड बुक्स

संयोजन	:	स्वामी आनंद प्रेम स्वामी योग अमित स्वामी प्रेम असंग
संपादन	:	स्वामी योग चिन्मय स्वामी दयाल भारती
संकलन	:	मा प्रेम कल्पना
सहयोग	:	डॉ. गिरिराजशरण अग्रवाल
टाइप सैटिंग	:	अनुभूति ग्राफिक्स, बिजनौर (उ.प्र.)
प्रकाशक	:	**डायमंड पॉकेट बुक्स (प्रा.) लि.** X-30, ओखला इंडस्ट्रियल एरिया, फेज-II नई दिल्ली-110020
फोन	:	011-41611861, 40712100
फैक्स	:	011-41611866
ई-मेल	:	sales@dpb.in
वेबसाइट	:	www.dpb.in
संस्करण	:	**2019**

प्रभु की पगडंडियाँ

प्रभु की पगडंडियाँ

ओशो एक दुर्लभ उपस्थिति हैं। उनकी उपस्थिति ऐसी है जैसे फूलों की दुर्गम-घाटी के भीतर से बहकर जाता हुआ कोई झरना फूलों से लदकर मानो स्वयं फूलों की प्रवाहमान नदी ही बनकर बहे, जैसे चंपा के विस्तृत बगीचे से बहकर जाता हुआ मंद समीरण अपनी सुवास-राशि से हमारे मन-प्राण को उन्मुक्त कर दे, जैसे किसी वन-प्रांतर में बहती चौड़े पाट वाली नदी पर पूनों की चाँदनी बरसे और बरसती ही चली जाए।

उनका होना एक नृत्य है, एक हास्य है, एक लय, एक संगीत है, एक अविराम अटूट उत्सव है, एक निरंतर महारास है और है जीवन-प्रवाह का अनवरत संकीर्तन। लेकिन हम बड़े अद्‌भुत लोग हैं। हमें नृत्य से, उल्लास से, उत्सव से, यहाँ तक कि जीवन से भी भय लगता है।

वास्तव में हम जीवन से डरे हुए लोगों की पूरी एक जमात हैं, एक कौम हैं। हमें मुर्दों से बड़ी प्रीति है। उनके साथ हमें बड़ी सुविधा अनुभव होती है। हम मुर्दों के विषय में कोई भी धारणा निर्मित करने के लिए पूर्ण स्वतंत्र हैं। उनके पक्ष-विपक्ष में भाषण देने की हमें पूरी छूट है। हमारे भाषणों और हमारी धारणाओं का प्रतिकार करने वे मंच पर नहीं जा पहुँचते। हम उन्हें जब चाहें महान बना सकते हैं।

ओशो हमारी आँखें खोलने के दुःसाध्य कार्य में संलग्न हैं, निजता तक पहुँचने के मार्ग को वे हमें बता रहे हैं। समझा रहे हैं कि अपनी आँखों के बंद संपुट खोलो। कैसे अचरज की बात है कि जब वे हमें आवाज लगाते हैं तब बंद आँखों वाली पूरी जमात विरोध के सम्मिलित स्वर का उदघोष करती है।

तो आइए हिम्मत करें, हम अपने आपको तैयार करें, इस साधना-पथ पर पहला कदम उठाएँ और अपनी निजता को खोजें। अपने-आपसे सीधा साक्षात्कार करें। गिर जाने दें मुखौटे, डिग्रियाँ, पदवियाँ, यश, सम्मान और प्रतिष्ठा। छोड़ें अपनी सारी रायबहादुरी, क्योंकि ये मुखौटे ही हमारे अहंकार के निर्माता-निर्देशक

हैं। हमारे भीतर की सारी जगह इन्होंने घेर ली है। हम इनसे ठुँसे हुए भरे बैठे हैं। उतारें ये जूते, जो अपने सिर पर पहन रखे हैं हमने। अपने भीतर पैदा करें थोड़ा आकाश, थोड़ा अवकाश और भगवत्ता की इस चाँदनी को भीतर आने देने का कोई मार्ग सुलभ करने का प्रयास करें। अपनी एक लंबी कविता के छोटे अंश से संभवत: मैं यह बात ठीक ढंग से कह सकूँ–

अब हर रात
दूधिया चाँदनी में नहाया हुआ
अपने गाँव के टीले का वह सीढ़ीदार मंदिर
मुझे आवाज लगाता है,
जहाँ पहली ही सीढ़ी पर
नाम, धाम, पद और काम जूतों की तरह उतर आता है
जो भी वहाँ ऊपर जाता है सिर्फ अकेला ही जाता है
अपने-आपको बिना जूतों के पाता है
अगर तुम मेरे दोस्त हो तो
तुम्हें आवाज लगाता हूँ कि आओ,
जीवन के ढलते प्रहर में मुझे
जूतों की रखवाली के इस काम से बचाओ,
आओ! तुम्हें निमंत्रण है, आओ!

ओशो हर दिन आवाजें लगा रहे हैं–रोज-रोज साधना-पथ का यात्री होने का निमंत्रण भेज रहे हैं। तो जिन्हें यह पुकार देती हो और जो लोग उत्सुक हों सत्य की साधना में, प्रकाश की ओर गमन करने में, निजता के ज्ञान में उत्कंठा हो जिनकी वे कृपया अपने जूतों को भूलें, बहुत हुआ! अब छोड़ें उनकी रखवाली का काम, निर्भार हों इस निरर्थक उत्तरदायित्व से और प्रवेश की तैयारी करें भगवत्ता के अलौकिक मंदिर में। शताब्दियों से बंद रहकर जकड़ गए कब्जों वाले वातायनों को सप्रयास खोलें और बरसने दें पूनों की चाँदनी के दिव्य आलोक को अपने भीतर।

मैं भी इस साधना-पथ में आपका सहभागी हूँ, आपका हमराही हूँ।

प्रणाम सहित–

–डा.नरेंद्र तिवारी
(सुप्रसिद्ध व्यंग्य कवि)
116, आवास विकास कालोनी,
प्रदर्शनी मार्ग, अलीगढ़ (उ.प्र.)

अनुक्रम

वर्तमान में जीएँ : मौन, नासाग्र-दृष्टि

एक

वर्तमान में जीएँ : मौन, नासाग्र-दृष्टि

प्रिय!

आपको बुलाया और आप आ गए। शायद आपको ठीक खयाल भी न हो कि किसलिए बुलाया गया। यदि आपने सोचा हो कि मैं यहाँ कुछ बोलूँगा और आप सुनेंगे तो आपने ठीक नहीं सोचा। बोलने के लिए तो मैं गाँव-गाँव में खुद ही आ जाता हूँ और आप मुझे सुन लेते हैं। यहाँ सिर्फ सुनने के लिए आने की कोई जरूरत नहीं है। यहाँ कुछ करने का खयाल हो तो ही आने की सार्थकता है। मेरी तरफ से मैंने कुछ करने को आपको यहाँ बुलाया। क्या करने को बुलाया इन तीन दिनों में?

आने वाले तीन दिनों में उस करने की दिशा में ही कुछ बातें मैं आपसे कहूँगा, इस आशा में कि आप केवल उन्हें सुनेंगे नहीं, बल्कि इन तीन दिनों में कम-से-कम उनका प्रयोग करेंगे। और यह मेरी समझ है कि सत्य की दिशा में एक भी कदम उठा लिया जाए तो उसे वापस नहीं लौटाया जा सकता है, यह असंभावना है। असत्य की तरफ उठाया गया कदम वापस उठाना ही पड़ता है और सत्य की तरफ उठाया गया कदम कभी भी वापिस नहीं उठाया जा सकता। तो अगर तीन दिनों में जरा-सा भी कदम उठाया तो आगे वह कदम उठता ही रहेगा, उस कदम से पीछे नहीं लौटा जा सकता है। मैं कुछ कहूँगा, मेरे कहने से कुछ होने वाला नहीं है। अगर उसके साथ आप प्रयोग करते हैं तो यह आश्वासन मेरी तरफ से है कि जितनी पाने की आपने कल्पना की हो जीवन में, उससे बहुत ज्यादा पाया जा सकता है।

बहुत थोड़े श्रम से हम कितनी आंतरिक संपदा पा सकते हैं, इसका हमें कुछ भी पता नहीं। पता हो भी कैसे, जब हम पा लें तभी पता चल सकता है, दूसरा कोई रास्ता भी नहीं। लेकिन हजारों वर्षों से आदमी एक आश्चर्यजनक

चक्कर में उलझ गया है। वह चक्कर सुनने, समझने और विचार करने का चक्कर है। कई बार ऐसा होता है कि बहुत सोचते-विचारते रहने वाले लोग कुछ भी नहीं कर पाते हैं।

दुनिया में जितना सोच-विचार बढ़ता चला गया है, उतनी ही सक्रिय होने की हमारी क्षमता क्षीण होती चली गई। हमारी स्थिति तो उस मेजर जैसी हो गई है, जैसा मैंने सुना है कि पहले महायुद्ध में एक अमरीकी विचारक भी युद्ध की सेना में भर्ती हो गया। विचारक का काम ही विचार करना है। बस, वह एक ही काम जानता है—सोचना, सोचना।

मिलिट्री में भर्ती किया गया तो पूरी तरह स्वस्थ था, कोई रुकावट नहीं पड़ी। डाक्टरों ने उसे इजाजत दी। सारे अंग, सारा शरीर ठीक था। आँखें ठीक थीं, सब तरह से वह स्वस्थ था, योग्य था, लेकिन किसी डाक्टर को यह कभी भी कल्पना नहीं हो सकती थी कि वह पूरी तरह स्वस्थ आदमी, कुछ भी करने में असमर्थ है सिवाय सोचने के। इसका पता भी कैसे चल सकता था! आपको देखकर भी यह पता नहीं चलता, किसी को देखकर यह पता नहीं चलता।

वह भर्ती भी हो गया और पहले ही दिन जब कवायद में खड़ा हुआ और उसको सिखाने वाले शिक्षक ने कहा, लेफ्ट टर्न, बाएँ घूम जाएँ, तो सारे सैनिक घूम गए, वह खड़ा ही रहा। उस शिक्षक ने कहा, 'महाशय! क्या आपको सुनाई नहीं पड़ता।'

उसने कहा, 'सुनाई मुझे बिलकुल ठीक पड़ता है, लेकिन बिना सोचे-विचारे मैं कुछ भी कर नहीं सकता हूँ। मैं सोच रहा हूँ कि बाएँ घूमना या नहीं घूमना।' उसके शिक्षक ने कहा कि तब तो बड़ी कठिनाई है। इतना सोच-विचार करिएगा तो इस सैनिक की जिंदगी में चलना बहुत मुश्किल है। बहुत समझाने की कोशिश की, लेकिन कोई रास्ता न था। वह बिना सोचे-विचारे कुछ कर ही नहीं सकता था।

और सोच-विचार कर करता तो भी ठीक था, वह इतना सोच-विचार करता था कि करने का समय ही निकल जाता था और सोच-विचार में और नए सोच-विचार पैदा हो जाते थे, जिनकी शृंखला का कोई अंत नहीं है। पीछे पता चला कि उस व्यक्ति ने शादी करनी चाही थी और किसी युवती ने उससे निवेदन किया था। वह तीन वर्ष तक सोचता रहा पक्ष और विपक्ष में। तीन वर्ष के बाद भी वह निर्णय नहीं कर पाया कि शादी करना ठीक है या नहीं करना

ठीक है। अपनी यह खबर देने उस युवती के घर तीन वर्ष बाद गया कि क्षमा करना, मैं अभी निर्णय नहीं कर पाया हूँ। लेकिन तब तक उस स्त्री के तीन बच्चे हो चुके थे, उसकी शादी हो चुकी थी।

उस आदमी को किसी काम का न जानकर .... लेकिन चूँकि वह भर्ती हो गया था और प्रसिद्ध विचारक था, किसी-न-किसी काम में रखना जरूरी था। तो उसे जो सैनिकों का भोजनालय था वहाँ उसे भेज दिया गया। वहाँ छोटा-मोटा काम वह कर सकेगा। और पहले ही दिन उसे मटर के दाने चुनने के लिए दिए गए कि बड़े दानों को अलग कर दे और छोटे दानों को अलग। घंटे भर बाद जब उसका शिक्षक पहुँचा तो वह सिर से हाथ लगाए हुए बैठा था। दाने वैसे-के-वैसे रखे थे।

उसने पूछा, 'महाशय, क्या यह भी नहीं कर सके आप?'

उसने कहा, 'करूँ जरूर, लेकिन पहले सोच लूँ। यह तो साफ हो गया कि बड़े दाने भी हैं, छोटे दाने भी हैं, लेकिन कुछ बीच के दाने हैं उनको कहाँ करना है और जब तक उनका निर्णय न हो जाए, तब तक तो फिजूल की उलझन में पड़ने से कोई सार नहीं है। मैंने बहुत सोचा कि बीच के दाने किस तरफ, छोटे दानों की तरफ कि बड़े दानों की तरफ, क्योंकि बीच के दाने न तो छोटे हैं और न बड़े। या दोनों हैं।

पता नहीं, उस आदमी का पीछे क्या हुआ। जो हुआ होगा वह हम सोच सकते हैं। लेकिन हम सारे लोग भी जीवन के मसले में करीब-करीब वैसे ही आदमी हैं। यहाँ मैंने बुलाया है आपको सोच विचार के लिए जरा भी नहीं। यहाँ बुलाया है कुछ कदम उठाने को। निश्चित ही सोच-विचार करना हो तो मैं अकेला काफी हूँ, लेकिन कदम उठाना हो तो आप मुझसे ज्यादा महत्त्वपूर्ण हैं। साधना शिविर में मैं गौण हूँ, महत्त्वपूर्ण आप हैं। मैं नहीं हूँ महत्त्वपूर्ण, क्योंकि कदम आपको उठाना है।

तीन दिनों की मेरी चेष्टा यही होगी कि सिवाय उन बातों के आपसे कुछ भी बात न करूँ, जो सहयोगी हों आपको आंतरिक जीवन में ले जाने के लिए। जो परमात्मा के मंदिर की यात्रा में सीढ़ियाँ बन सकें, उनकी ही मैं बात करना चाहता हूँ।

लेकिन प्रत्येक सीढ़ी चढ़ने से सीढ़ी बनती है, उसके पहले वह सिर्फ पत्थर होती है। जब तक कोई उस पर चढ़ता नहीं तब तक उसे सीढ़ी नहीं कहा जा सकता है, वह चढ़ने से ही सीढ़ी बनती है। अगर किसी मंदिर पर

कोई भी न जाता हो तो उस मंदिर के सामने पत्थर पड़े हैं ऐसा कहना पड़ेगा, ऐसा नहीं कि उस मंदिर के सामने सीढ़ियाँ हैं। क्योंकि पत्थर सीढ़ी तभी बनता है जब कोई उस पर चढ़ता है। और यह भी ध्यान रहे, कुछ नासमझ सीढ़ियों को भी पत्थर बना लेते हैं और उनमें ही अटक जाते हैं और कुछ समझदार पत्थरों पर भी चढ़ते हैं और उनको सीढ़ियाँ बना लेते हैं। हम क्या करेंगे? क्या करने को मैंने आपको यहाँ बुला भेजा है? कौन-सी यात्रा है?

एक यात्रा बाहर की है, जो हम सब कर रहे हैं और उस यात्रा में चाहे हम सफल हों या असफल, चाहे हम उस यात्रा में कुछ पा लें या न पा लें—एक बात निश्चित है, पाने वाले और न पाने वाले बाहर की यात्रा के जगत में आखिर में एक जगह पहुँचते हैं जहाँ पाते हैं दोनों ही असफल हो गए हैं—वे भी जो सफल थे और वे भी जो असफल थे। मौत जब करीब आती है तो बाहर की हमारी सारी सफलता-असफलता पोंछकर समाप्त कर देती है। हम खाली-के-खाली आदमी रह जाते हैं। लेकिन जो लोग भीतर की यात्रा भी करते हैं, उनकी तो मौत कभी आती नहीं, क्योंकि भीतर जाकर वे जानते हैं कि वहाँ जो है उसकी कोई मृत्यु नहीं है। वह सदा से है, होगा।

एक अनंत यात्रा है अंतस की, एक अनंत जीवन है, एक अमृत जीवन है। जो उस जीवन को जान लेते हैं फिर मृत्यु उनसे कुछ भी नहीं छीन पाती है। और जो सफलता मृत्यु छीन लेती हो, उसे सिर्फ नासमझ सफलता कहते होंगे, क्योंकि जो छीनी जा सकती है उसे सफलता कैसे कहा जा सकता है? जो नहीं छीनी जा सकती, जो नहीं तोड़ी जा सकती, जो नहीं चुराई जा सकती, ऐसी कोई संपदा हम खोज लें तो ही वह संपदा है। ऐसी ही संपदा की खोज के लिए यह आमंत्रण था और आप आए दूर-दूर से।

लेकिन यह आना अभी बाहर का आना हुआ। नारगोल तक पहुँच जाना एक बात है। वह भी बाहर की यात्रा है। मेरे सामने आकर बैठ जाना एक बात है। वह भी बाहर की यात्रा है। मुझे सुनना भी एक बात है। वह भी बाहर की यात्रा है। अब इन तीन दिनों में उस भीतर की यात्रा करनी है, जहाँ आप हैं, जहाँ प्रत्येक व्यक्ति की आत्मा है, जहाँ चेतना का मंदिर है। अपने से ही हम अपरिचित हैं। नहीं जानते। क्या हूँ? कौन हूँ? कहाँ से हूँ? क्यों हूँ? कुछ भी पता नहीं! अंधे की तरह जीते हैं और समाप्त हो जाते हैं। क्या यही जीवन स्वीकार कर लेना है, क्या यही जीवन पर्याप्त है? निश्चित ही यह जीवन आपको पर्याप्त नहीं लगता होगा, इसीलिए आप आए हैं।

फिर और कौन-सा जीवन हो सकता है और उस जीवन में हम कैसे प्रवेश कर सकते हैं? आज की रात तो कुछ बहुत प्राथमिक और प्रारंभिक बातों पर ही मैं आपसे बात करूँगा, फिर कल सुबह से गहरी यात्रा की बात करनी है। लेकिन, जो प्राथमिक और प्रारंभिक बातें हैं, वे गौण नहीं हैं। किसी भी यात्रा में पहला कदम अंतिम कदम से गौण नहीं होता। बल्कि सच तो यह है कि पहला कदम ही असली कदम होता है। जिन्होंने पहला उठा लिया, वे अंतिम उठा भी सकते हैं। लेकिन जिन्होंने पहला ही नहीं उठाया, उनके अंतिम के उठाने का तो कोई सवाल नहीं है। तो प्राथमिक और छोटी-छोटी बातें ही पहली इस चर्चा में मैं कहूँगा।

एक, सबसे पहले जरूरत जो करने की है वह यह कि आप शरीर से तो यहाँ आ गए हैं साधना शिविर में, मन से भी आ जाना चाहिए। शरीर से आ जाना एकदम आसान है। मन सदा पीछे की तरफ दौड़ता रहता है। मन सदा अतीत की तरफ भागता रहता है। हम सदा वहाँ होते हैं, जहाँ से हम आ गए हैं। हम सदा भूतपूर्व होते हैं, हम कभी भी वर्तमान में नहीं होते। जहाँ हम थे, वहाँ हमारा मन होता है, जहाँ हम आ गए हैं वहाँ नहीं। जो क्षण हमारे पास से गुजर रहा है, वहाँ हम नहीं होते, जो बीत गया, गुजर गया, वहीं हमारा चित्त होता है।

और इसका कारण है। क्योंकि, हमने आज तक चित्त को स्मृति के साथ जोड़ रखा है। हमने कांशसनेस को मेमोरी के साथ जोड़ रखा है। हमने यह मान रखा है कि मेरी स्मृति ही मेरी चेतना है, मेरी याददाश्त ही मेरी आत्मा है, यह भ्राँति है, बुनियादी भ्राँति है। और साधक के लिए जानना चाहिए कि पीछे जो बीत गया है, वह बिलकुल बीत चुका है। उसकी कोई रूपरेखा, उसका कोई अस्तित्व कहीं नहीं रह गया है सिवाय हमारी स्मृति के। कृपा करें उसे स्मृति से भी बीत जाने दें। अतीत हो चुका, जा चुका, उसे चला जाने दें। यहाँ आ गए हैं तो पूरी तरह आ जाएँ।

इन तीन दिनों में अगर यहीं रहें, इसी सागर तट पर, इसी सागर के गर्जन को सुनते हुए, इन्हीं सरू वृक्षों की छाया में, इसी आकाश के, इन्हीं तारों के, इसी चाँद की चाँदनी में, तो कुछ काम हो सकता है। वर्तमान में होना साधक के लिए पहली शर्त है, टु बी इन दि प्रेजेंट–वह जो है, वहाँ। लेकिन हम मरते ही नहीं अतीत के प्रति, उसको ढोते चलते हैं, ढोते चलते हैं।

पतझड़ में जाकर देखें किसी जंगल में पत्ते गिर गए हैं, जिन पर कभी

सूरज की रोशनी चमकती थी और हवाएँ जिन्हें बुलाती थीं, झूले देती थीं, वे पत्ते अचानक गिर गए हैं, पतझड़ आ गया। वे फूल, जिन पर भौंरे गीत गाते थे अब नहीं हैं, जा चुके। शाखाएँ नंगी खड़ी हैं, वृक्ष ने अपनी खोल तक छोड़ दी है, छाल तक छोड़ दी है, वृक्ष बिलकुल मर गया है, न फूल है, न पत्ते, न कोई गीत गुनगुनाता है, न कहीं छाया है, न कहीं हरियाली है। वृक्ष बिलकुल सूख गया, वृक्ष बिलकुल मर गया है। लेकिन थोड़े ही दिन में देखेंगे, आ गए नए पत्ते! पुराने की जगह छा गया नया रंग। फिर फूल आ गए और भी ताजे और भी नए। फिर गीत, फिर गुनगुन, फिर पक्षी बसने लगे फिर यात्री ठहरकर छाया लेने लगे। यह वृक्ष फिर से नया हो गया, फिर से जवान। इस वृक्ष को कोई कीमिया, कोई राज मालूम है। यह मरने का राज जानता है। पतझड़ में मर गया है, सब छोड़ दिया था, जो पुराना था। अब फिर नया हो गया—फिर जीवंत, फिर ताजा, फिर युवा।

लेकिन आदमी इस राज को भूल गया है। इसलिए आदमी बूढ़े से बूढ़ा ही होता चला जाता है। उसका बुढ़ापा बोझ की तरह बढ़ता चला जाता है। शरीर बूढ़ा होगा, लेकिन आत्मा के बूढ़े होने की कोई भी जरूरत नहीं। शरीर बूढ़ा होगा, लेकिन चेतना हम बूढ़ी कर लेते हैं। जोड़ते चले जाते हैं बीते पत्तों को, जो गिर चुके; उन फूलों को, जो अब नहीं हैं; उन गीतों को, जो फूलों पर गूँजे थे; उन पक्षियों को, जो कभी ठहरे थे; उन यात्रियों को, जो छाया में विश्राम किए थे। उन सबको हम इकट्ठा किए चले जाते हैं। अतीत का बोझ बढ़ता चला जाता है, बढ़ता चला जाता है, और आदमी की आत्मा उसी बोझ के नीचे जर्जर, दीन-हीन, बूढ़ी होती चली जाती है।

शरीर से कोई आदमी बूढ़ा हो जाए लेकिन अगर उसकी आत्मा रोज ही युवा हो और यह राज जानती हो रोज अतीत के प्रति मर जाने का—जो हो चुका, हो चुका; जा चुका, जा चुका। नहीं अब वह नहीं है कहीं भी। मैं भी वहाँ क्यों बँधा रहूँ! जैसे साँप छोड़ देता है केंचुल अपनी, छोड़ दूँ अतीत की केंचुल को, बढ़ जाऊँ आगे।

तो आदमी का शरीर बूढ़ा हो जाएगा, लेकिन आँखें नहीं, आत्मा नहीं। और तब बूढ़े आदमी के भीतर से भी सतत यौवन, वह सतत जीवन, वह जो सदा नया है, वह झाँकना शुरू कर देता है। और इतना ही यौवन, इतनी ही ताजगी, इतनी ही सरलता, इतना ही ताजापन, नयापन चाहिए तब कोई व्यक्ति परमात्मा के मंदिर की तरफ यात्रा करने में सफल हो पाता है।

बूढ़ा आदमी परमात्मा तक कभी नहीं पहुँचता है, नहीं पहुँच सकता। बूढ़ा आदमी सिर्फ कब्र तक पहुँचता है और कहीं नहीं। लेकिन ध्यान रहे। मैं बूढ़े आदमी को—शरीर से बूढ़े आदमी को—बूढ़ा आदमी नहीं कह रहा हूँ। शरीर से तो सभी बूढ़े होते हैं—बुद्ध भी, महावीर भी, कृष्ण भी, क्राइस्ट भी; लेकिन कुछ लोग आत्मा से ताजे, नए और जवान रह जाते हैं।

वे जो लोग आत्मा में, चेतना में ताजे और नए हैं, वे प्रभु के मंदिर में प्रवेश करते हैं।

क्यों? क्योंकि प्रभु के मंदिर का अर्थ ही क्या है सिवाय इसके कि वह जीवन का मंदिर है। प्रभु के मंदिर का अर्थ ही क्या है और! एक ही अर्थ है कि वह जीवन है। और जीवन में तो वे ही प्रवेश कर सकते हैं, जो सतत अतीत को, मुर्दा को छोड़कर पुनरुज्जीवित होने की क्षमता जुटा लेते हैं। मरना पड़ता है साधक को रोज, ताकि वह रोज नया जन्म ले सके।

इन तीन दिनों के शिविर में पहली बात, मर जाएँ अतीत के प्रति, जहाँ से आ गए हैं वहाँ अब नहीं हैं। न कोई संबंधी है आपका, न कोई गाँव, न कोई धंधा, न कोई नाम, न कोई जाति, न कोई धर्म—वह था! अब कहाँ है, भीतर कहाँ है वह? कहाँ हैं वे नाम, कहाँ हैं वे जातियाँ, कहाँ हैं वे संबंध! वहाँ कौन है धनी, कौन है निर्धन, कौन है हिंदू, कौन है मुसलमान। जाने दें उसे। उसकी कोई रेखा मन पर न रह जाए।

आज रात जब सोएँ तो अतीत के प्रति पूरी तरह मर जाएँ ताकि सुबह नया आदमी, नई चेतना आपके भीतर जन्मे और प्रकट हो। वही चेतना जीवन के मंदिर में प्रवेश दिला सकती है। वही चेतना स्वयं को जानने में समर्थ बना सकती है। वही चेतना, उसी चेतना के दर्पण में सत्य का प्रतिबिंब बनता है और तो कोई रास्ता नहीं। जिन लोगों के मनों पर अतीत की धूल की पर्त जमी है, उनके मन के दर्पण कभी भी सत्य की परछाईं नहीं बना पाएँ तो इसमें आश्चर्य क्या, दोष किसका है?

पहला सूत्र, मरना सीखें, रोज-रोज मरना। पल-पल मरना सीखें, एक-एक क्षण मरने की कला जाननी चाहिए, अगर जीवन की कला सीखनी है। आए आप और मुझे गाली दे गए। दिन बीत गया, कभी के आप जा चुके, कभी की गाली गूँजी और शून्य में खो गई और मैं हूँ कि गाली सुने चला जा रहा हूँ। मैं हूँ कि आप मेरे सामने ही खड़े हैं। माह बीत गए, वर्ष बीत गए, कहीं उस गाली की कोई रूपरेखा न रही, कहीं खोजने जाऊँ तो धुआँ भी जो

कभी था शायद मिल जाए, लेकिन वह गाली तो अब कहीं भी नहीं मिलेगी। वह आदमी कहाँ, वह घड़ी कहाँ, वह क्षण कहाँ, लेकिन मैं हूँ कि उसी में जीए चला जा रहा हूँ। वर्ष बीत गया, लेकिन मैं वहीं ठहर गया, जहाँ गाली दी गई थी।

एक दिन सुबह बुद्ध बैठे थे एक वृक्ष के पास। एक आदमी आया था क्रोध से और उनके ऊपर थूक दिया था और भरसक जितनी गाली दे सकता था, दी थी। बुद्ध ने उस थूक को अपनी चादर से पोंछ लिया था और कहा था कि मेरे मित्र! कुछ और कहना है? वह मित्र चौंका होगा, क्योंकि वह शत्रु होकर आया था और उसे आशा न थी कि जिसका वह शत्रु होकर गया है, वह भी मित्र उसे मान सकता है। वह चौंका, चौंका इसलिए भी कि उसने थूका था, कुछ कहा न था। लेकिन बुद्ध पूछने लगे, 'कुछ और कहना है?' बुद्ध का भिक्षु था आनंद, वह क्रोध से भर आया। और उसने कहा कि 'भगवान कैसी बात करते हैं आप, थूका है उस अशिष्ट व्यक्ति ने और आप पूछते हैं और कुछ कहना है!'

बुद्ध ने उसे छोड़ दिया और आनंद को समझाने लगे। कहने लगे, 'आनंद तू समझा नहीं। वह कुछ कहना चाहता है जरूर, लेकिन क्रोध है ज्यादा और शब्द पड़ जाते हैं छोटे। नहीं शब्दों में कह पाता है इसलिए थूककर कहता है। कोई प्रेम से भर जाता है, नहीं कह पाता है शब्दों में, हृदय से लगा लेता है। कोई क्रोध से भर जाता है, नहीं कह पाता है शब्दों में, थूककर कहता है। मैं समझ गया। समझा इस आदमी की मुसीबत। जब भी कोई बड़ा भाव होता है तो कहना मुश्किल होता है। शब्द छोटे पड़ जाते हैं। समझ गया इसकी कठिनाई, तो इसीलिए पूछता हूँ मेरे मित्र! कुछ और कहना है।'

वह आदमी क्या कहता, वह वापस चला गया। वह हारा हुआ वापस आ गया था, क्योंकि जो शत्रु होकर कहीं जाते हैं, वे एक ही शर्त पर हारते हैं कि जहाँ वे शत्रु होकर गए हों, वहाँ शत्रु न मिले, अन्यथा वे कभी नहीं हारते। वह हारकर लौट गया, रात-भर सो नहीं सका होगा। क्योंकि रात-भर उसे वही दोहरता रहा कि वह बुद्ध पर थूक रहा है और उन्होंने पोंछ लिया है। और वे पूछते हैं और कुछ कहना है। वे आँखें बुद्ध की उसकी छाती में छिदी रहीं। रात-भर सो नहीं सका। सुबह भागा हुआ आया। बुद्ध तो उस गाँव से आगे बढ़ गए। जीवन कहीं ठहरता और रुकता है? बढ़ जाता है! किसी दूसरे वृक्ष के नीचे है आज। वह आदमी जाकर सामने खड़ा हो गया और

कहने लगा है, क्षमा कर दें। भूल हो गई जो मैंने थूका।'

बुद्ध ने कहा, 'बात बहुत गई-गुजरी हो गई। गंगा का पानी तबसे बहुत बह चुका, तू वहीं रुका है? कहाँ है वह वृक्ष जिसके नीचे तू थूका था, कहाँ है वे तारे जो गवाही दे रहे होंगे? कहाँ हैं वे लोग? कहाँ की बात ले आया तू? जो हो गया हो गया, हम आगे बढ़ गए। तू वहीं रुका है। लेकिन रुक कैसे सकता है, सारा समय बदल गया, तू रुका कैसे है वहाँ? बात गई हो गई।

वह आदमी कहने लगा, 'नहीं-नहीं, इस भाँति न टालें, मुझे क्षमा कर दें।' बुद्ध ने कहा, 'थूका था तूने कल, आज क्षमा कैसे करूँ? फासला बहुत बड़ा हो गया। जो होना था कल हो चुका है। क्षमा कल ही तू कर दिया गया है, उसी क्षण। और अगर मैं क्षमा नहीं कर सका होता तो वह क्षण बीतता भी नहीं, मुझे भी उसी में जीना होता, जिस भाँति तू उसमें जीया है। बात खत्म हो गई है। तूने थूका था, हमने पोंछा था। और कुछ कहना है? और था क्या वहाँ? तू भूल गया। बहुत देर बाद ... करके आया है। अब तो कोई उपाय नहीं है। अब तो कल्प-कल्प में, युग-युग में भी ... अब तो कोई उपाय नहीं रहा। जो हो गया, हो गया। लेकिन उसे याद रखने की जरूरत कहाँ है?'

और बुद्ध उससे कहने लगे, 'तूने थूककर कोई बड़ी भूल न की थी। आदमी बड़ा असमर्थ है। ऐसी घटनाएँ घटती हैं, ऐसे भाव आ जाते हैं, शब्द नहीं कह पाते। उसके लिए मैं तुझ पर कुछ भी नहीं कहता, लेकिन इतना जरूर कहँगा कि तू वहीं रुक गया है, यह तू जरूर भूल कर रहा है। इसे जाने दे।'

एक फकीर था। चीन में, हुइ हाई। वह अपने गुरु के गाँव, गुरु की खोज में गया हुआ था। वह जब गुरु के पास पहुँचा तो उसका गुरु पूछने लगा कि तू कहाँ से आता है?

हुई हाई ने कहा, 'पेकिंग से आता हूँ।'

गुरु ने पूछा, 'वहाँ चावल के भाव कितने हैं?' हुइ हाई ने कहा, 'आप बड़े पागल मालूम होते हैं। चावल के भाव? मैं जिस रास्ते से गुजर गया गुजर गया, जिस पुल पर से गुजर गया गुजर गया। पेकिंग में मैं था, हूँ नहीं। चावल के भाव रहे होंगे कुछ, लेकिन मैं क्या पागल हूँ कि पेकिंग के चावल के भाव लेकर यहाँ आऊ!'

उसके गुरु ने कहा, 'बात खत्म हो गई। जिस आदमी की तलाश में था, तू आ गया। मैं सबसे यही पूछता हूँ, कहाँ से आते हो? कोई कहता है, पेकिंग

से, कोई कहता है, कहीं और से, शंघाई से। और मैं पूछता हूँ, चावल के भाव और वे लोग चावल के भाव बताने लगते हैं। मैं कहता हूँ जाओ, अभी चावल के भाव ही ठीक करो। अभी परमात्मा का रास्ता बहुत मुश्किल है। तू आदमी पहला है कि नाराज हुआ मुझ पर कि चावल के भाव पूछते हैं? होंगे पेकिंग में कुछ, लेकिन पेकिंग पीछे छूट गया। मैं कोई चावल के भाव ढोता फिरता हूँ?'

लेकिन हम सारे लोग चावल के भाव ढोते फिरते हैं। इस शिविर में जो चावल के भाव लेकर आए, वे खाली हाथ लौट जाएँगे, उन्हें कुछ भी नहीं मिल सकता है। नहीं, चावल के भाव छोड़ दें, चाहे वे बंबई के हों, चाहे पूना के हों, चाहे अहमदाबाद के हों, चाहे बड़ौदा के, चाहे पेकिंग के। चावल के भाव छोड़ दिए जाने चाहिए और चावल के भाव में सभी कुछ आ जाता है। सभी भाव चावल के ही भाव हैं। यह पहली बात कहना चाहता हूँ।

तीन दिन के लिए पूरी तरह यहाँ आ जाएँ और बड़े मजे की बात यह है कि कुछ बहुत करना नहीं पड़ता। एक बोध, एक अंडरस्टैंडिंग, एक समझ कि सच, मैं अतीत में क्यों जीता हूँ? जो बीत गया उसमें क्यों जीता हूँ? इतना बोध काफी है! इतना बोध ही संकल्प पैदा कर देगा कि जाओ, छोड़ दिया! छोड़ने के लिए कोई रस्साकशी से आप बँधे हुए नहीं हो कि कोई जंजीरें कहीं पकड़े हुए नहीं हैं, कोई आपको रोके हुए नहीं है अतीत कि उसको छोड़ने के लिए तलवार चलानी पड़ेगी।

नहीं, एक बोध, एक समझ पर्याप्त है। समझें कि क्यों मैं पीछे से बँधा हुआ हूँ। और पीछे से आप मुक्त हो सकते हैं। समझ को संकल्प बनाएँ। समझ संकल्प बनती है। थोड़ी गहरी होगी, संकल्प बन जाएगी।

तो आज रात समझकर, संकल्पपूर्वक सोएँ कि मैं छोड़ता हूँ बीते को, छोड़ता हूँ अतीत को, जाने देता हूँ उसे। तीन दिन यहाँ अब रहूँगा। और तीन दिन स्मरण रखें इस बात का कि मन लौटकर पीछे तो नहीं जाता और जब भी जाए तब सिर्फ स्मरण रखें कि फिर चला मन वहीं। क्या पागल हूँ मैं? और मन लौट आएगा। थोड़ा-सा बोध और मन वर्तमान में लौट सकता है। तब, तब कुछ हो सकता है—एक बात!

दूसरी बात : मन भरा है अतीत से और हम निरंतर भरे हुए हैं शब्दों से, बातचीत से, विचारों से। घड़ी-भर कोई चुप नहीं है, घड़ी-भर कोई मौन नहीं है, घड़ी-भर शब्दों से कोई मुक्त नहीं होता। और अगर मुक्त होने का

मौका मिल जाए तो हम घबराते हैं, बहुत डरते हैं, बहुत भयभीत होते हैं। मन की आदत है आकुपाइड, मन की आदत है उलझे रहने की। कुछ-न-कुछ चाहिए, कुछ-न-कुछ काम चाहिए। खाली मन नहीं होना चाहता है। क्यों नहीं होना चाहता है?

क्योंकि जैसे ही मन खाली हुआ कि मन की मृत्यु हो जाती है। वह जब तक उलझा रहे, लगा रहे, लगा रहे, लगा रहे तभी तक है। वह जो आकुपाइडनेस है, वह जो व्यस्तता है मन की; वही उसके प्राण हैं। और हम चौबीस घंटे व्यस्त हैं और फिजूल ही व्यस्त हैं। अगर कोई आदमी थोड़ा देखे कि वह क्या-क्या बातें कर रहा है, क्या विचार कर रहा है, किन बातों में उलझा है सुबह से साँझ तक, तो शायद बहुत हैरान हो जाएगा। जिन बातों को करने की कोई जरूरत न थी, वे सारी बातें उसने की हैं।

और स्मरण रहे, जो आदमी उन बातों को करता है, जिनकी कोई जरूरत नहीं उसके जीवन में, वे बातें कभी भी नहीं हो पाएँगी जिनकी जरूरत है। ये दोनों बातें एक साथ नहीं हो सकतीं। व्यर्थ बात और विचार सार्थक तत्त्व तक नहीं पहुँचने देते। लेकिन हम तो सुबह उठे—और उठने का अर्थ ही है बातचीत—फिर हम बातचीत करना शुरू कर दिए। नहीं, साधना-शिविर में यह नहीं चलेगा। साधना-शिविर में यह कैसे चल सकता है?

तो आज रात सोते हैं तो अत्यंत मौन में और सुबह से उठते हैं तो ये तीन दिन मौन का एक गहरा अभ्यास बनना चाहिए। जहाँ तक बन सके मत बोलें। देखें, तीन दिन का प्रयोग कोई बहुत लंबा नहीं है। देखें, सिर्फ तीन दिन के लिए जहाँ तक बन सके न बोलें, जिनकी सामर्थ्य हो वह तीन दिन के लिए बिलकुल चुप हो जाएँ। बोलें ही नहीं। थोड़ा बहुत काम हो, इशारे से चला लें, लिखकर चला लें। बहुत जरूरत मालूम पड़े तो एक-दो शब्द बोलकर चला लें। जिनकी सामर्थ्य हो वह तो बिलकुल चुप हो जाएँ। जो थोड़े कमजोर हों, वह इतना ध्यान रखें कि व्यर्थ न बोलें। लेकिन मैं इतना कमजोर किसी को मानता नहीं हूँ।

कोई आदमी इतना कमजोर नहीं है कि तीन दिन चुप न हो सके। एक बार देखें कि क्या घटना घट सकती है चुप होने से। इतने छोटे-से सूत्र से क्या घट सकता है? इतनी छोटी-सी बात लगती है चुप हो जाना; लेकिन क्या हो सकता है, पता है आपको? आसपास ही मौजूद है वह, जिसकी हमें तलाश है। भीतर ही खड़ा है वह, जिसकी हमें खोज है। लेकिन हम चुप नहीं, हम

हैं व्यस्त, उसका हमें कोई पता नहीं चलता!

स्वामी राम एक कहानी कहा करते थे। वह कहते थे– एक प्रेमी था, वह दूर देश चला गया था। उसकी प्रेयसी राह देखती रही। वर्ष आए, गए। पत्र आते थे उसके, अब आता हूँ, अब आता हूँ, अब आता हूँ। लेकिन प्रतीक्षा लंबी होती चली गई और वह नहीं आया, नहीं आया, नहीं आया। फिर वह प्रेयसी घबरा गई और एक दिन खुद ही चलकर पैदल उस जगह पहुँच गई, जहाँ उसका प्रेमी था। वह उसके द्वार तक पहुँच गई, द्वार खुला था। वह भीतर पहुँच गई। प्रेमी कुछ लिखता था, वह सामने ही बैठकर देखने लगी, उसका लिखना पूरा हो जाए। प्रेमी उसी को पत्र लिख रहा था, प्रेयसी को पत्र लिख रहा था। और इतने दिन से उसने बार-बार वायदा किया और टूट गया तो बहुत-बहुत क्षमा माँग रहा था, बहुत-बहुत प्रेम की बातें लिख रहा था, बड़े गीत और कविताएँ लिख रहा था जैसे कि अकसर प्रेमी लिखते हैं। वह सब लिखे चला जा रहा था–एक पन्ना, दो पन्ना, तीन पन्ना। प्रेमियों के पत्र पूरे तो होते ही नहीं। वह लंबे-से-लंबे होते चले जाते हैं।

वह लिखता ही चला जा रहा है। उसे पता भी नहीं है कि सामने कौन बैठा है। आधी रात हो गई तब वह पत्र कहीं पूरा हुआ। उसने आँखें ऊपर उठाईं तो वह घबरा गया। समझा कि क्या कोई भूत-प्रेत! यह सामने कौन बैठा हुआ है? यह तो उसकी प्रेयसी है। नहीं-नहीं, लेकिन यह कैसे हो सकता है। वह चिल्लाने लगा कि नहीं-नहीं, यह कैसे हो सकता है कि तू है यहाँ, तू कैसे, कहाँ से आई?

उसकी प्रेयसी ने कहा, मैं घंटों से बैठी हूँ और प्रतीक्षा कर रही हूँ कि तुम्हारा लिखने का काम बंद हो जाए तो शायद तुम्हारी आँख मेरे पास पहुँचे। और वह प्रेमी छाती पीटकर रोने लगा कि पागल हूँ मैं। मैं तुझी को पत्र लिख रहा हूँ और इस पत्र के लिखने के कारण तुझे नहीं देख पा रहा हूँ और तू सामने मौजूद है। आधी रात बीत गई, तू यहाँ थी ही!

परमात्मा उससे भी ज्यादा निकट मौजूद है। हम न मालूम क्या-क्या बातें किए चले जा रहे हैं। न मालूम क्या-क्या पत्र लिख रहे हैं, शास्त्र पढ़ रहे हैं, न मालूम कौन-कौन से विचार कर रहे हैं। कोई गीता खोलकर बैठा हुआ है, कोई कुरान खोलकर बैठा हुआ है, कोई बाइबिल पढ़ रहा है, कोई नमो अरिहंताणम् दोहरा रहा है, कोई नमो शिवाय कर रहा है। न मालूम क्या-क्या लोग कर रहे हैं. और जिसके लिए कर रहे हैं वह चारों तरफ हमेशा

मौजूद है। लेकिन फुर्सत हो तब तो आँख उठे। काम बंद हो तो वह दिखाई पड़े, जो है। तीन दिनों में विचार को जाने दें। और विचार के जाने के लिए पहली बात है बातचीत को जाने दें। मौन जितना बन सके, इस सरू वन में, सरू के पौधों को पता भी न चले कि यहाँ इतने लोग आ गए हैं। उनको पता भी न चले कि यहाँ इतने लोग हैं। आप भी सरू के पौधे ही हो जाएँ इन तीन दिन के लिए। उनके पास बैठें तो मौन, जैसे कि पौधे मौन हैं। जैसे कि तारे मौन हैं। जैसे कि सारा जगत मौन है। एक घनघोर चुप्पी है। बातचीत के स्वर सिर्फ आदमी ने पैदा किए हैं और सारे जीवन और सारे संगीत को तोड़ डाला है।

तीन दिनों के लिए दूसरी बात निवेदन करना चाहता हूँ—मौन! और आशा तो मेरी यह है कि सारे लोग बिलकुल मौन हो जाएँ। बहुत जरूरी होगा। कभी दो-चार बात जरूरी हो सकती हैं, तो बने तो लिखकर कर लें, बने तो इशारे से कर लें, न बन सके तो बोलकर कर लें, लेकिन यह ध्यान रखकर कि वह बोलना टेलिग्राफिक हो, वह बोलना ऐसे ही हो जैसा तार करते वक्त आदमी तार करता है। देखता है कि यह एक आना और बढ़ा जा रहा है, एक शब्द और काटो, दूसरा शब्द काटो। आठ से ही काम चल जाए। सरकार पहले दस का दे देती थी हिसाब, अब वह आठ से भी लोग चलाने लगे हैं। वह छह से भी चल सकता है, वह पाँच से भी चल सकता है। काटते चले जाना है। जितना जरूरी हो उतना शब्द और बाकी सब निःशब्द, बाकी सब मौन!

तो देखें कि तीन दिन में क्या नहीं हो सकता है। मैं नहीं चाहता हूँ कि यहाँ से खाली हाथ आप वापस लौटें, लेकिन कुछ करना जरूरी है। मैं चाहता हूँ कि जाते वक्त आप दूसरे आदमी होकर लौटें। और मुझे पक्का खयाल है कि जो मैं कह रहा हूँ उस पर थोड़ा प्रयोग करेंगे तो निश्चित ही आप जो आदमी आए थे वही आपको वापस लौटने की जरूरत नहीं। आप बिलकुल दूसरे आदमी होकर वापस लौट सकते हैं, वह आपके हाथ में है।

लेकिन कुछ करना जरूरी है। और करने के लिए मैं सरल-सी बातें बता रहा हूँ। अगर मैं कहता कि तीन दिन एकदम बातचीत करना, कभी भी एक क्षण चुप मत रहना तो जरा कठिन भी हो सकता था, लेकिन मैं कह रहा हूँ कि चुप हो जाएँ। लेकिन आपको यही कठिन लगेगा, क्योंकि वह बातचीत ने पागल शकल पकड़ ली है। हम उसे कर रहे हैं, हमें पता भी नहीं है कि

हम क्यों कर रहे हैं, किसलिए बोल रहे हैं, क्या बोल रहे हैं, क्या प्रयोजन है उसका बोले जाने का? नहीं, कुछ भी पता नहीं है, क्योंकि खाली नहीं बैठ सकते इसलिए कुछ कर रहे हैं।

एक आदमी सिगरेट पी रहा है क्योंकि खाली नहीं बैठ सकता। दूसरा आदमी बातचीत कर रहा है क्योंकि खाली नहीं बैठ सकता। लेकिन हमारे ओंठ चलते रहने चाहिए। चाहे सिगरेट पीने में, चाहे बातचीत करने में। जिन मुल्कों में स्त्रियाँ भी सिगरेट पीने लगी हैं वहाँ स्त्रियों ने बातचीत कम कर दी है, और जिन मुल्कों में वे सिगरेट नहीं पीतीं, वे आदमियों से ज्यादा बातचीत करती हैं। मामला कुल इतना है कि ओंठ चलते रहने चाहिए। चाहे सिगरेट पियो, चाहे बातचीत करो, ओंठ चलते रहने चाहिए। क्यों? यह ओंठों का इतना ज्यादा चलना भीतर मन के अशांत होने का सबूत है।

मन वाणी से बहुत गहराई से संबंधित है, क्योंकि मन वाणी से ही प्रकट होता है। मन है आंतरिक वाणी, ओंठ हैं बहिर्मन। ओंठ से ही मन प्रकट होता है। मन चूँकि बहुत बेचैन और परेशान है इसलिए ओंठ दिन-रात कँप रहे हैं, बोलना चाहते हैं, कुछ कहना चाहते हैं।

जब परेशानी और बढ़ जाती है तो शरीर के दूसरे अंग भी हिलने लगते हैं। एक आदमी कुर्सी पर बैठा है, सिर्फ टाँगें ही हिला रहा है। कोई उससे पूछे कि भाई साहब! क्या हो गया है आपको, ये टाँगें क्यों हिल रही हैं? वह एकदम रुक जाएँगी टाँगें और वह बहुत क्रोध से आपको देखेगा और उसे खुद भी पता नहीं कि टाँगें क्यों हिल रही हैं। अब ओंठ हिलाने से काम नहीं चलता। अब हाथ-पैर और शरीर के दूसरे अंग भी हिलाने की जरूरत है। मन इतना भीतर कँप रहा है।

बुद्ध की प्रतिमा देखें या महावीर की तो एक बात उस प्रतिमा में दिखाई पड़ेगी कि जैसे कोई निष्कंप, जैसे कहीं कोई हलन-चलन नहीं है। सब मौन, सब चुप, सब शांत हो गया।

एक आदमी बुद्ध के पास गया था, सामने ही बैठा था और जोर से अपने पैर का अँगूठा हिला रहा था। बुद्ध आत्मा-परमात्मा की बातें कर रहे थे, बंद कर दी उन्होंने। उन्होंने कहा कि 'भई एक बड़ी गड़बड़ यहाँ एक आदमी कर रहा है। वह पैर का अँगूठा हिला रहा है। तो जब तक यह अँगूठा बंद नहीं करता, मैं बात नहीं करूँगा, क्योंकि जब तक इसका अँगूठा हिल रहा है तब तक मेरी बात करना फिजूल है।

उस आदमी ने कहा, 'आप भी क्या बात करते हैं, मेरे अँगूठे से आपका क्या बन रहा, बिगड़ रहा है?' बुद्ध पूछने लगे, 'अगर तू बता दे कि अँगूठा क्यों हिल रहा है तो फिर मैं आगे बात बढ़ाऊँ।' उस आदमी ने कहा, 'मुझे कुछ पता नहीं, बस ऐसे ही हिल रहा था।' बुद्ध ने कहा, 'तेरा अँगूठा और ऐसे ही हिल रहा था, हद्द हो गई, अँगूठा तेरा है कि मेरा, अँगूठा किसका है यह?' वह आदमी कहने लगा, 'मेरा है।' बुद्ध ने कहा, 'फिर तू यह क्यों नहीं बताता कि यह हिलता क्यों है? अब क्यों बंद हो गया?'

नहीं, हमें कुछ पता नहीं, भीतर कंपन है मन में। मन बहुत कँप रहा है। उसका कंपन सारे शरीर में फैलता चला जा रहा है। सबसे पहले वह ओंठ पर आता है, क्योंकि मन के निकटतम ओंठ हैं। उसके बाद वह सारे शरीर में फैलना शुरू हो जाता है। नहीं, ओंठ के कंपन को, अति कंपन को रोकना जरूरी है।

तो इन तीन दिनों में ओंठ के कंपन पर जरा कृपा करें, उसे विश्राम में जाने दें; और ध्यान रखें कि बड़ा आश्चर्यजनक अनुभव हो सकता है। क्योंकि जैसे ही आप मौन होंगे आपको चारों तरफ जो प्रकृति और परमात्मा की ध्वनियाँ हैं, वह प्रगाढ़ होकर सुनाई पड़ने लगेंगी। यह समुद्र का गर्जन भी आपको पहली दफा सुनाई पड़ेगा, जब आप मौन होंगे। और मैं जो कह रहा हूँ वह भी आपको तभी सुनाई पड़ेगा, जब आप मौन होंगे, अन्यथा आपके भीतर कंपन चल रहा है और मैं करीब-करीब दीवालों के सामने बोल रहा हूँ।

एक फकीर था बोधिधर्म, वह बहुत बढ़िया फकीर था। दुनिया में थोड़े ही बढ़िया फकीर हुए हैं उनमें एक वह भी था। वह हमेशा, अगर आप उस आदमी से मिलने जाते तो वह आपकी तरफ पीठ करके बैठता। वह हमेशा दीवाल की तरफ मुँह करके बैठता था और आदमियों की तरफ पीठ। लोगों को बड़ा गुस्सा आता और लोग पूछते, 'यह कैसा शिष्टाचार है? हम मिलने आए हैं और आप दीवाल की तरफ मुँह किए हुए हैं और हमारी तरफ पीठ।'

बोधिधर्म कहता, 'कम-से-कम दीवाल की तरफ मुँह करने से एक बात तो मन में रहती है कि कोई हर्ज नहीं, दीवार है, नहीं सुनती तो कोई हर्ज नहीं, लेकिन तुम्हारी तरफ मुँह करने से बड़ी मुश्किल हो जाती है। हम कहे चले जाते हैं, तुम सुनते नहीं। तुम भी दीवाल हो और कहीं गुस्सा न आ जाए मुझे, इसलिए मैं दीवाल की तरफ ही मुँह रखता हूँ। और दीवाल पर गुस्सा करने की जरूरत भी नहीं। दीवाल यानी दीवाल है, नहीं सुनती कोई हर्ज नहीं है। लेकिन तुम हो आदमी, तुम भी नहीं सुनते, इसलिए मैं पीठ करता हूँ

तुम्हारी तरफ।'

आप मौन होंगे, तभी सुन सकेंगे कि मैं क्या कह रहा हूँ या यह जीवन क्या कह रहा है! तो दूसरी बहुत जरूरी बात : यहाँ से लौटते ही एक परिपूर्ण सन्नाटा छा जाना चाहिए। तीन दिन के लिए हिम्मत करें, एक प्रयोग करें। तीन दिन में आपका कुछ बिगड़ नहीं जाएगा चुप होने से। क्या खो देंगे आप? देखें और दूसरों को भी मौन बनाने में सहायक बनें। हम सब ऐसे लोग हैं, जिसका कोई हिसाब नहीं। अगर कोई एक व्यक्ति मौन हो जाएगा तो चार लोग कहेंगे, अरे हो गए क्या मौन, आ गए क्या बातों में? चार लोग उससे कहेंगे अच्छा! आप आ गए, बड़े ध्यानी बन रहे हैं, मौन हो गए हैं?

हम हद के बेवकूफ हैं। हमारी मूढ़ता की कोई सीमा नहीं। हम किसी आदमी के ठीक दिशा में जाने में हमेशा बाधा बनते हैं। नहीं, आपको मौन होना है और पड़ोसी मौन हो सके इसकी सुविधा देनी है। किसी का मौन आपसे न टूटे, इसकी फिक्र करनी है और इन तीन दिनों में यह प्रयोग करना है गहरे से गहरा कि आप इतने चुप हो जाएँ कि आप चुप ही हैं, कुछ भी नहीं है। तब मैं जो कल सुबह से बातें आपसे करने को हूँ, वे सुनाई पड़ सकेंगी। और वे बातें आप तभी प्रयोग कर सकेंगे, जब मौन साथ होगा, अन्यथा उनका प्रयोग नहीं हो सकेगा। यह दूसरी बात है।

तीसरी बात : कल से बल्कि आज से ही, अभी से, आँख को नासाग्र रखना है। पूरी आँख खोलने की जरूरत नहीं है। आँख इतनी खुली हो कि नाक का अगला हिस्सा दिखाई पड़ता रहे। अगर आप रास्ते पर चल रहे हैं तो आपको चार कदम की जमीन दिखाई पड़े, बस इतनी आँख खुली हो, नाक का अग्र भाग दिखाई पड़ता रहे इतनी आँख खुले। आप हैरान हो जाएँगे कि अग्र भाग नाक का दिखाई पड़ता रहे, इतनी आँख खुली होगी तो मन एक अपरिसीम शांति में प्रवेश करता है। जैसे मैंने कहा, ओंठ से संबंध हैं मन के, वैसे ही आँख से गहरे संबंध हैं मन के। और आँख जब थिर हो जाती है और चारों तरफ के व्यर्थ के आघातों को स्वीकार नहीं करती, तब आँख के भीतर जो स्नायुओं का बड़ा जाल है, जिससे मन का संबंध है, वे सारे स्नायु शांत हो जाते हैं।

पूरी आँख इस शिविर में नहीं खोलनी है। नाक दिखाई पड़ें इतनी ही आँख खोलनी है, आधी खुली आँख चलते, उठते, बैठते, खाना खाते हर वक्त ध्यान रखना है कि आँख इतनी ही खुली रहे कि नाक दिखाई पड़ती रहे, तीन

दिन के लिए। और आप हैरान हो जाएँगे, आश्चर्य से भर जाएँगे कि क्या हो सकता है इतने-से, छोटे से प्रयोग से भीतर मन में क्या परिणाम हो सकते हैं।

आँख से प्रवेश करते हैं और चित्त के स्नायुओं को डावाँडोल करते हैं, तनाव से भरते हैं। अगर आँख आधी खुली हो तो रिलेक्स्ड होती है, उसमें कोई तनाव नहीं रह जाता। आप आधी आँख खोलकर देखेंगे और आपको पता चलेगा कि मन एकदम रिलेक्स्ड शिथिल हो गया है। मन भीतर एकदम शांत हो गया है। तो अभी यहाँ इस बैठक के बाद ही आधी आँख, थोड़ा ध्यान रखना पड़ेगा तो कल दोपहर पहुँचते-पहुँचते आँख स्मरण में रह जाएगी और आधी खुली रहेगी। चलें तो भी आधी खुली रहे, उठें तो भी, बैठें तो भी, खाना खाएँ तो भी। वह आपके मौन में भी सहायक होगी। हर स्थिति में आँख आधी खुली रहेगी। आँख की पलक हमारे तनावों के अधिकतम कारण होते हैं और आँख के पलक जितने पूरे खुले हों, उतना ही मन सबसे ज्यादा तनाव से भर जाता है। उस तनाव की हालत में कई तरह के नुकसान पहुँचते हैं।

अगर आपने देखा हो नेताओं की मंच तो आपने खयाल किया होगा, कि पंडित नेहरू की मंच कितनी ऊँची बनती थी। आपको पता है कि उतनी ऊँची मंच बनाने की क्या जरूरत है? शायद आपको पता नहीं होगा। आपकी आँख पूरी-की-पूरी खुली रहे और ऊपर देखती रहे और तनी रहे। हिटलर भी उतनी ही ऊँची मंच बनवाता था। दुनिया के सारे नेता उतनी ही ऊँची मंच बनवाते हैं, उसका मनोवैज्ञानिक कारण है।

उसका कारण है कि आँख जितनी खिंची होगी, मन उतने ही तनाव से भर जाएगा। और आँख जितनी ऊपर की तरफ देखती होगी थोड़ी देर में आपका सोच-विचार क्षीण हो जाएगा। आप हिप्नोटिक हालत में आ जाएँगे, आप सम्मोहित अवस्था में आ जाएँगे। अगर पाँच मिनट तक आँख को पूरी तरह खोला जाए और ऊपर की तरफ देखा जाए तो आँख के भीतर के स्नायु तनाव से भर जाते हैं, सोच-विचार बंद हो जाता है, समझ खतम हो जाती है और आदमी एक तरह की हिप्नोटिक स्लीप, एक तरह की सम्मोहित निद्रा में प्रविष्ट हो जाता है। उस हालत में उससे जो भी कहा जाएगा, वह मान लेगा।

इसलिए दुनिया के राजनीतिज्ञ ऊँची मंच बनाते हैं ताकि वे जो भी कहें, वह आप मान लें। हिटलर तो मंच पर ही प्रकाश रखता था। बहुत हजारों कैंडिल के बल्ब चारों तरफ से, और सारे थिएटर में अंधकार करवा देता था, ताकि किसी आदमी की आँख किसी दूसरे को न देखे-सिर्फ हिटलर दिखाई

पड़े—और उसके चेहरे पर भारी प्रकाश, ताकि वही दिखाई पड़ता रहे घंटे-भर; और ऊँचा मंच, आँखें तनी रहें और उस हालत में हिटलर जो भी कहेगा, लोग मान लेंगे। वह सजेस्टिव हालत हो जाती है आँख में।

आँख जितनी शिथिल होगी, शांत होगी, ढीली होगी, आँधी खुली होगी उतनी ही आप जाग्रत अवस्था में होंगे। और आँख जितनी खुली होगी, तेजी से खुली होगी उतने ही आपको मूर्च्छा में ले जाना आसान है। आपको बेहोश किया जा सकता है। अगर आपने हिप्नोटिक या मेस्मरिज्म करने वाले लोगों को देखा होगा तो आपको पता होगा कि वह कहेंगे कि पूरी आँख खोलकर हमारी आँखों में झाँको, पाँच मिनट बाद आप बेहोशी ही हालत में हो जाएँगे, क्योंकि पूरी आँख खोलना मन पर इतना तनाव, इतना टेंशन डालना है कि उस टेंशन की हालत में मन सजग नहीं रहता। अति तनाव के कारण बेहोश हो जाता है, मूर्च्छित हो जाता है, सुप्त निद्रा में चला जाता है। इसीलिए त्राटक या दीया जलाकर लोग ध्यान करते हैं, वह ध्यान नहीं है। वह खुद को सुलाने की तरकीबें हैं, वह सब नींद में जाने की दवाएँ हैं।

नहीं, ध्यान तो हमेशा आधी खुली आँख से होगा, चूँकि आधी खुली आँख, आँख की सर्वाधिक शांत, जागरूक, अवेयरनेस की अवस्था है। तो आप प्रयोग करेंगे तो आपको दिखाई पड़ेगा कि जैसे ही आँख आधी खुली गई नासाग्र होगी, वैसे ही आप शांति का, भीतर एक झरने का—जैसे कुछ चीज मस्तिष्क पर शांत हो गई, कोई तनाव उतर गया, कोई बादल हट गया, कोई बोझ हट गया—और साथ ही एक नए प्रकार का होश, एक जागृति, एक अवेयरनेस, एक बोध, एक अलर्टनेस पैदा होगी और लगेगा कि मैं ज्यादा होश से भरा हुआ हूँ।

इस प्रयोग को, आँख के आधे खुले होने के प्रयोग को ध्यान में तो हम करेंगे ही, अभी जब रात का ध्यान करेंगे तब भी करेंगे, सुबह के ध्यान में भी करेंगे, लेकिन आपको शेष समय में भी करना है। और सर्वाधिक उपयोगी होगा इन तीन दिनों में, समुद्र के तट पर चले जाएँ अकेले में, थोड़े तेजी से चलें, गहरी श्वास लें और आँख नासाग्र रखें तो आपको घंटे-भर में ही एक अपूर्व जागरण की भीतर प्रतीति होगी। अकेले चले जाएँ तट पर, जोर से चलें, गहरी साँस लें और आँख को नासाग्र रखें। एक घंटे में ही आप पाएँगे कि ऐसी शांति आपने कभी नहीं पाई, ऐसा जागरण आपको कभी अनुभव नहीं हुआ। आपके भीतर एक नई चेतना ही द्वार तोड़ रही है, यह आपको प्रतीत होगा।

तो प्रत्येक साधक दिन में कम-से-कम दो घंटे समुद्र-तट पर जाकर तेजी से चलेगा, वह सक्रिय ध्यान होगा। निष्क्रिय ध्यान हम यहाँ करेंगे। यहाँ दो बार हम ध्यान करेंगे, सुबह और रात। वह शिथिल, शांत अवस्था में करेंगे। वहाँ आप सुबह और दोपहर या जब भी आपको मौका मिले, एक घंटे तेजी से चलें और सक्रिय ध्यान करें। इन तीन दिनों को मैं इंटेंस मैडिटेशन के, सघन ध्यान के दिन बनाना चाहता हूँ कि चौबीस घंटे हम ध्यान की गहरी पर्तों को तोड़ने में सफल हो सकें।

ये तीन बातें मैंने कहीं। ये प्राथमिक बातें हैं। आने वाले तीन दिनों में चार साधना के अंगों पर मैं बात करना चाहूँगा। कल सुबह करुणा, फिर मैत्री, फिर मुदिता, फिर उपेक्षा। ये चार तत्त्व ध्यान के लिए अत्यधिक महत्त्वपूर्ण तत्त्व हैं। इन चार तत्त्वों का जिसके भाव में जन्म हो जाता है, वह इस भाँति ध्यान में प्रविष्ट हो जाता है, जैसे कभी आपने आकाश से गिरते हुए तारों को देखा हो। किस तीव्रता से वे पृथ्वी की तरफ बढ़ते हैं, पृथ्वी का गुरुत्वाकर्षण उन्हें खींचता है। वे भागे चले आते हैं तीर की तरह। जैसे ही चे यार तत्त्व किसी व्यक्ति के जीवन में पूरे हो जाएँ, सारे प्राण परमात्मा की तरफ उल्कापात की तरह, गिरते हुए तारे की तरह भागते हैं। परमात्मा का आकर्षण उसे खींचना शुरू हो जाता है।

एक ग्रेवीटेशन हम जानते हैं पृथ्वी का, एक ग्रेवीटेशन और है, वह है परमात्मा का। उसमें जाने के लिए वह चार तत्त्वों की बात मैं आने वाले दिनों में करने को हूँ, लेकिन वे बातें उन्हीं की समझ में आ सकेंगी, जो मैंने तीन सूत्र कहे, जो उन पर प्रयोग करेंगे। और यहाँ मैंने बुलाया ही इसलिए है कि प्रयोग करना है।

अब हम रात्रि के ध्यान के लिए बैठेंगे। तो उसके पहले दो-चार सूचनाएँ और मुझे देनी हैं, वह आपको दे दूँ।

दोपहर को दो से तीन के बीच मुझसे मिलने का समय है। मुझसे मिलने का अर्थ समझ लेना चाहिए। वहाँ मुझसे प्रश्न पूछने नहीं आना है। प्रश्न तो जो भी पूछने हैं वह रात की बैठक में मैं उत्तर दूँगा तो यहीं पूछ लेने हैं। जो भी प्रश्न पूछने हों वह यहीं पूछ लेने हैं, वहाँ तो मिलने मुझे दूसरे कारण से किसी को आना हो तो आ सकता है। उस एक घंटे में किसी को भी ऐसा लगता हो कि मेरे पास दो क्षण आकर बैठ जाना है तो उसी को आना

है। न मालूम कितने मित्रों को लगता है कि दो क्षण आकर वे मेरे पास बैठ जाएँ। लेकिन उन्हें यह खयाल होता है कि मेरे पास आना है तो कुछ पूछने के लिए आना है, नहीं तो किसलिए जाना है, तो वह कुछ भी पूछने पहुँच जाते हैं। उनके प्रश्न से मुझे पता लगता है कि उन्हें पूछना नहीं था। यह प्रश्न वे सिर्फ इसलिए पूछ रहे हैं कि उन्हें आना था। नहीं, कोई अनावश्यक पूछताछ की जरूरत नहीं।

आपको आकर चुपचाप बैठना है, दो मिनट आकर बैठें। आपके पूछने से और मेरे बताने से वह ज्यादा महत्त्वपूर्ण और कीमती है। किसी को कई बार लगता है–रोज गाँव-गाँव में मित्र आते हैं, कोई आकर हाथ पकड़कर दो क्षण बैठकर रो लेगा। और मैं जानता हूँ कि इसका आध्यात्मिक मूल्य है, उपयोग है, लेकिन उतनी हिम्मत भी लोगों ने खो दी है। न कोई हिम्मत से रो सकता है, न कोई हिम्मत से प्रेम कर सकता है, न हिम्मत से कोई किसी के गले मिल सकता है, न हिम्मत से कोई किसी का हाथ अपने हाथ में ले सकता है। उस घंटे में तो जिनको मेरे पास इंटीमेट रिलेशनशिप के लिए, एक निकटतम और एक आंतरिक संबंध के लिए आना है, उन्हीं को आना है। जिनको प्रश्न पूछना है वह लिखित प्रश्न दे देंगे तो साँझ की बैठक में उनके उत्तर हो सकेंगे।

दो से तीन वहाँ मैं मिलूँगा। फिर तीन से चार हम यहाँ सरू वन में एक घंटा मौन में बैठेंगे, सारे लोग साथ। आप दिन-भर ही मौन में रहेंगे, लेकिन वह एक घंटा मेरे साथ मौन में रहेंगे। आपसे बात करता हूँ रोज। एक बात है, जो शब्दों से कही जा सकती है, कुछ बातें हैं, जो सिर्फ मौन में कही जा सकती हैं।

एक घंटे वह मौन प्रवचन होगा। कुछ मैं आपसे कहूँगा जरूर। कुछ आप सुनेंगे-समझेंगे जरूर, लेकिन शब्दों का उपयोग नहीं होगा। तो आप जितने गहरे मौन में और जितनी प्रतीक्षा में होंगे, उतना वह संबंध स्थापित हो सकेगा। पिछली बार एक घंटे मौन से हम बैठे थे तो किन्हीं लोगों को मेरे पास आने का लगा था तो वे मिलने आए थे, लेकिन अब चूँकि रोज एक घंटा मिलने के लिए है, इसलिए मौन के उस घंटे-भर के प्रयोग में मुझसे मिलने कोई भी नहीं आएगा। जिसको भी मिलने जैसा लगेगा, वह दूसरे दिन दो बजे मुझसे मिलने आएगा। वहाँ हम सिर्फ बैठेंगे। कोई मिलने नहीं आएगा, चुपचाप बैठेंगे। उस चुपचाप बैठने में जो भी हो, होने दें। किसी की आँख से आँसू बहने लगें

तो बह जाने दें, जो होता हो होने दें अपने को बिलकुल– 'लेट गो।'

तो दिन-भर आप मौन रखेंगे। फिर एक घंटे निकट मैं आपके रहूँगा और एक घंटे दोपहर मौन रखेंगे। रात को आपके प्रश्नों के उत्तर होंगे, लेकिन ध्यान रहे आपके सभी प्रश्नों के उत्तर मैं नहीं दूँगा। मैं सिर्फ उन प्रश्नों के उत्तर दूँगा कि जिस संबंध में मैं बोल रहा हूँ, उस संबंध में ही वह प्रश्न हों, ताकि वह आपकी साधना के काम पड़ सके। आप व्यर्थ के, मेटाफिजिक्स के, और तत्त्व-दर्शन के प्रश्न नहीं लाएँगे। उनके लिए मैं गाँव-गाँव में आता हूँ। जब आपके गाँव आऊँ, तब आपको जो भी फिजूल बातें पूछनी हों, वह आप पूछना। यहाँ तो सिर्फ तीन दिन हम एक-एक क्षण भी साधना के लिए ही लगाना चाहते हैं। इसलिए केवल वे ही मित्र पूछेंगे, जिन्हें साधना की दृष्टि से पूछना है, करने की दृष्टि से पूछना है। और जो मैं कह रहा हूँ, उसे कैसे करें, क्या बाधा पड़ रही है, इस दृष्टि से पूछना है। जो मैं कह रहा हूँ वह समझ में नहीं आ रहा है, उस दृष्टि से पूछना है।

लेकिन दूसरी फिजूल की बातें कि कितने स्वर्ग होते हैं और कितने नर्क होते हैं, इन सब बातों की पूछने की यहाँ कोई जरूरत नहीं। वह ध्यान रखेंगे। और पूछेंगे भी आप तो मैं उत्तर उनका देने वाला नहीं हूँ। मैं सिर्फ उनका ही उत्तर दूँगा, जो मुझे लगेंगे कि इस तीन दिन की साधना-प्रक्रिया में सहयोगी प्रश्न हैं।

अब हम रात के ध्यान के लिए बैठेंगे। दो बातें समझ लेनी जरूरी हैं।

आँखें आधी खुली रखनी हैं। आधी खुली रखने का मतलब आप समझ गए होंगे, नाक का अगला हिस्सा दिखाई पड़ता रहे। इतनी पलक खुली रहे कि आँख नहीं खोलनी है–न पूरी आँख बंद करनी है, न पूरी आँख खोलनी है। आधी आँख खोलकर अत्यंत शांति से आराम से बैठ जाना है, कोई तनाव शरीर को नहीं देना है। प्रकाश यहाँ बुझा दिया जाएगा ताकि जो परमात्मा का प्रकाश ऊपर से गिर रहा है, वह निकट आ जाए। आदमी का प्रकाश है बहुत कमजोर, लेकिन परमात्मा के प्रकाश को रोकने को काफी समर्थ है। वह चाँदनी दिखाई नहीं पड़ती, एक बिजली का बल्ब जला हो, तो ये सारे बल्ब बुझा दिए जाएँगे ताकि चाँदनी बरसने लगे और हम चंद्रमा के निकट हो जाएँ और इन सरू के वृक्षों के निकट हो जाएँ।

जैसे ही आप आधी आँख खोलकर शांत बैठेंगे, मैं थोड़ी देर तक कुछ सुझाव दूँगा। पहला सुझाव दूँगा कि आपका शरीर शिथिल हो रहा है तो शरीर

को बिलकुल ढीला छोड़ देना है जैसे कोई प्राण नहीं।

फिर सुझाव दूँगा कि आपकी श्वास शिथिल हो रही है तो श्वास को बिलकुल धीमी छोड़ देना है, जितनी आए आए, न आए न आए, जाए जाए। अपनी तरफ से नहीं लेनी है, बल्कि धीमी छोड़ देनी है। वह धीरे-धीरे धीमी होती चली जाएगी।

फिर मैं तीसरा सुझाव दूँगा कि मन शांत हो रहा है। तब मन को भी शिथिल छोड़ देना है। वह धीरे-धीरे शांत होता चला जाएगा।

फिर मैं कहूँगा कि अब दस मिनट के लिए शांति से बैठे रहेंगे। क्या करेंगे उस शांति में, क्या होगा? जैसे ही मन शांत होगा वैसे ही चारों तरफ की आवाजें सुनाई पड़ने लगेंगी। दूर सागर का गर्जन, हवाएँ आएँगी, सरू के वृक्षों को हिलाएँगी, उनकी आवाजें। कोई पक्षी चिल्लाएगा, कोई बच्चा रो उठेगा, कोई कुत्ता भौंकेगा, चारों तरफ परमात्मा न मालूम कितनी आवाजों में बोल रहा है, वह सब सुनाई पड़ने लगेगा। उसे चुपचाप सुनते जाना है। उसे सुनते-ही-सुनते और गहरा शून्य उत्पन्न हो जाएगा।

प्रभु-मंदिर का पहला द्वार : करुणा

दो

प्रभु-मंदिर का पहला द्वार : करुणा

प्रभु के मंदिर की सीढ़ियों की बात कल मैंने आपसे कही। जैसी सीढ़ियाँ हैं उस मंदिर की, वैसे इस घर की।

पहले द्वार पर आज चर्चा करें। उस तक पहुँचने के लिए तो करुणा की गहराइयों में उतरना जरूरी है। और हम सब कठोरता के सख्त पत्थर बन गए हैं। मनुष्य करीब-करीब एक पाषाण हो गया है, एक पत्थर। पत्थर भी इतने पत्थर नहीं हैं, जितने हम पत्थर हो गए हैं। चारों तरफ देखेंगे समाज में तो मेरी इस बात के लिए कोई प्रमाण खोजने की जरूरत नहीं होगी। अगर मनुष्य इतना कठोर न होता, जितना कि वह है तो हम इतने कुरूप, इतने गंदे, इतने दुखद और इतने हिंसात्मक समाज को जन्म नहीं दे सकते थे।

जन्म से लेकर मृत्यु, सारा जीवन हिंसा का एक जीवन है, कठोरता का, दुख देने का, चारों ओर काँटे फैलाने का। लेकिन शायद कठोरता इतनी हमारी गहराई में प्रविष्ट हो गई है कि उसका हमें कोई पता भी नहीं चलता है। उसका हमें बोध भी नहीं होता है। हमारा सारा व्यक्तित्व भी कठोरता से भर गया है। हमारे जीवन के सारे चरण–हमारा उठना, बैठना, सोचना, देखना तक कठोर हो गया है और प्रभु के मंदिर का द्वार है करुणा। वे वहाँ पहुँचते हैं; सत्य तक, अमृत तक जो अपने जीवन की सारी कठोरता को तोड़कर तरल बनने में समर्थ हो जाते हैं, करुणा में बह जाने में समर्थ हो जाते हैं।

करुणा से मेरा क्या अर्थ है? और कठोरता से क्या? जब मैं कह रहा हूँ कि मनुष्य कठोर हो गया है तो आप ऐसा मत सोचना कि मैं दूसरे मनुष्यों के संबंध में कह रहा हूँ, तो आप भी मेरे साथ अनुभव से गुजर सकेंगे। सोचना अपने लिए कि क्या मैं कठोर हो गया हूँ? अन्यथा यह बात बिलकुल

ठीक मालूम पड़ती है कि लोग कठोर हो गए हैं। हम अपने को बाद देकर, अलग करके सोचते हैं तो बात ठीक मालूम पड़ती है कि लोग कठोर हो गए हें, लेकिन तब इस बात का कोई अर्थ नहीं।

साधक निरंतर जब भी सोचता है तो अपने से शुरू करता है सोचना। मनुष्य कठोर हो गया है या मैं कठोर हो गया हूँ। और जरा-सी भी दृष्टि अपने जीवन में और यह बताने में कोई कठिनाई नहीं रह जाएगी कि हम किस भाँति कठोर हो गए हैं।

हेनरी थारो था अमरीका में एक अद्भुत व्यक्ति। कोई उससे मिलने आया था। हेनरी थारो ने प्रेम से उसका हाथ अपने हाथ में लिया और फिर उदासी से हाथ छोड़ दिया और आँखें बंद कर लीं। वह आदमी तो बहुत हैरान हुआ। उसने कहा, आपको क्या हो गया है? आपने हाथ इतने प्रेम से लिया था, फिर छोड़ क्यों दिया, फिर आँखें बंद कर लीं, फिर आपकी आँखों से ये आँसू क्यों बह रहे हैं! आपको हो क्या गया?

लेकिन हेनरी थारो है कि रोता ही चला जाता है। वह आदमी हिलाने लगा, थारो ने आँख खोली और कहा कि तुझे पता नहीं क्या हुआ? तेरे हाथ को मैंने हाथ में लिया और मुझे ऐसा नहीं मालूम पड़ा कि मैं किसी जीवित मनुष्य का हाथ अपने हाथ में ले रहा हूँ। मुझे ऐसा लगा जैसे कोई लाश है, जिसके हाथ को मैंने पकड़ लिया। मुझे ऐसा लगा जैसे वृक्ष की कोई सूखी शाखा है, जिसे मैंने हाथ में ले लिया। वहाँ न प्रेम था, न करुणा थी, न सौहार्द्र था, न कोई सहानुभूति थी। न उस हाथ में कोई रस था, न कोई जीवंत प्रवाह था। वह हाथ एक मुर्दा हाथ था। आपका हाथ भी तो इतना मुर्दा नहीं हो गया है कि उसमें कोई प्रवाह न हो, कोई रस न हो, कोई सहानुभूति न हो। कभी न हम खोजते हैं, न सोचते हैं कि हमारे हाथ कैसे हो गए, हमारी आँखें कैसी हो गईं? उठते हैं, बैठते हैं, चलते हैं; लेकिन कोई करुणा का, कोई प्रेम का बहाव व्यक्तित्व से नहीं होता। कोई प्रेम की किरणें चारों तरफ बिखरती नहीं, हवाओं में कोई हमारी सुगंध नहीं जाती। अनेक-अनेक तलों पर वह कठोरता है। हम कैसे किसी को देखते हैं? कैसे हम किसी को देखते हैं, कैसे हम किसी से बोलते हैं, कैसे हम चुप होते हैं, कैसा है हमारा व्यवहार, कैसी है हमारी पूरी जीवनचर्या? उसमें करुणा का कोई संस्पर्श है, उसमें करुणा की कोई धारा है?

यह किसी और से नहीं कह रहा हूँ मैं। यह मनुष्यता के लिए नहीं कह

रहा हूँ। एक-एक मनुष्य के लिए, मेरे और आपके लिए कह रहा हूँ। लौटकर देखना जरूरी है जीवन की अपनी पूरी यात्रा को कि वहाँ कभी मेरे जीवन में करुणा आई थी, कभी प्रेम से मैं पिघल गया था और बह गया था? कभी ऐसा हुआ था कि मेरे अहंकार की कठोर चट्टान टूट गई हो? कभी ऐसा हुआ था कि मेरा भय विसर्जित हो गया हो? कभी ऐसा हुआ था किसी क्षण में कि मैं बह गया था पूरा, मेरे पीछे मैंने कुछ भी नहीं बचाया था, सब बँट गया था मेरा।

नहीं, ऐसा नहीं हुआ है, अन्यथा परमात्मा कभी का उपलब्ध हो गया होता। वह तो उसी क्षण में उपलब्ध हो जाता है, जब कोई पूरी तरह से करुणा में बहने को, तरल होने को, विगलित होने को तैयार हो जाता है।

करुणा, यानी एक जीवंत प्रेम का प्रवाह। करुणा का अर्थ है बहता हुआ प्रेम। जिसे हम प्रेम कहते हैं वह प्रेम बँधा हुआ प्रेम है, वह किसी एक पर बँधकर बैठ जाता है। और प्रेम जब बँध जाता है तब वह भी करुणापूर्ण नहीं रह जाता है, वह भी हिंसापूर्ण हो जाता है। जब मैं किसी एक को प्रेम करता हूँ तो अनजाने ही मैं शेष सारे जगत् के प्रति अप्रेम से भर जाता हूँ। और यह कैसे संभव है कि इतने बड़े जगत् को मैं अप्रेम करूँ और किसी एक को प्रेम कर सकूँ?

नहीं, वह एक के प्रति प्रेम भी मेरा झूठा ही होगा, क्योंकि इतने विराट जगत् के प्रति जिसका कोई प्रेम नहीं, उसका एक के प्रति प्रेम कैसे हो सकता है?

एक फूल खिलता है एक रास्ते पर और वह फूल कहने लगे कि मेरी सुगंध सिर्फ एक को मिलेगी और किसी को नहीं—कोई एक है, जो उस रास्ते से आएगा तो मेरी सुगंध मिलेगी उसे, मैं नाचूँगा हवाओं में उस क्षण, लेकिन सबके लिए नहीं। और जो फूल सबके प्रति इतना कठोर हो जाएगा, क्या आप आशा करते हैं, जब वह एक आएगा, जिसकी प्रतीक्षा थी उसे; तो वह नाच सकेगा, गीत गा सकेगा, सुगंध फेंक सकेगा? इतने लोगों के प्रति कठोर होने में वह इतना कठोर हो गया होगा कि जब वह व्यक्ति भी आकर खड़ा हो जाएगा, जिसके लिए उसने चाहा था कि दूँगा प्रेम, तब तक आदत कठोर होने की इतनी मजबूत हो चुकी होगी कि इस एक के प्रति भी प्रेम बहेगा नहीं।

करुणा का अर्थ है, समस्त के प्रति प्रेम। करुणा का अर्थ है, प्रेम कहीं बँधे नहीं, बहता रहे। प्रेम कहीं रुके नहीं, चलता रहे। जहाँ भी कुछ रुकता

है, वहीं गंदगी शुरू हो जाती है। और हमारा सारा प्रेम गंदा हो गया है, क्योंकि वह सब रुका हुआ प्रेम है। वह कहीं रुक जाता है। वह अजस्त्र धारा नहीं रहती, बँध जाता है। बँधकर गंदा होना शुरू हो जाता है, फिर कीचड़-पत्ते उसमें इकट्ठे हो जाते हैं और बदबू, और वह सूखने लगता है। जीवन में जो भी श्रेष्ठ है, वह बहता हुआ ही जीवित रहता है। जहाँ भी कुछ रुका और वहीं उसका अंत हो जाता है, वहीं मृत्यु आ जाती है।

प्रेम हम सबका रुक गया है। और स्मरण रहे, रुका हुआ प्रेम सिर्फ धोखा है, रुका हुआ प्रेम प्रेम ही नहीं है। इसलिए माँ कहती है बेटे कि हम प्रेम करते हैं, पति कहता है पत्नी से कि हम प्रेम करते हैं, कोई प्रेम नहीं कर रहा है। यह असंभव है प्रेम का बँध जाना, यह वैसे ही असंभव है जैसे कोई सूरज को अपने घर में लाकर बंद कर ले।

सूरज से भी ज्यादा बड़ी शक्ति है प्रेम की। उसे किसी छोटे घर में कैसे बंद किया जा सकता है? सूरज से भी ज्यादा ज्वलंत है प्रेम की घटना; उससे भी ज्यादा ऊर्जस्वी। उस प्रेम को किसी घर में कैसे बंद किया जा सकता है? नहीं, वह घर में कभी आ सकता है इसी शर्त पर कि पूरी पृथ्वी पर जाता हो। सूरज आपके आँगन में भी आता है, लेकिन इसी शर्त पर कि सब आँगनों में जाता है। किसी दिन जिस दिन कोई पागल मनुष्य यह चेष्टा करेगा कि बस मेरे ही आँगन तक सूरज बँध जाए, उस दिन पड़ोस के आँगनों में तो नहीं ही जाएगा, उसके आँगन में भी अंधकार ही रहेगा, उसके आँगन में भी नहीं आ सकता है।

प्रेम को हम सबने बाँध लिया है, इस मोह में कि प्रेम को बाँध लेंगे तो ज्यादा पा लेंगे; भूल है यह। प्रेम बँधा कि मरा। फिर बिलकुल भी नहीं पाया जा सकता है। प्रेम जितना बहता है, निर्बाध जाता है दूर और अनंत तक बहता हुआ, उतना ही गहरा होता है, उतना ही जीवित होता है। जितना मैं अनंत को प्रेम करने में समर्थ होता हूँ उतना ही एक को भी प्रेम देने में समर्थ हो पाता हूँ। जो माँ कहती है मेरे बेटे को प्रेम, बस प्रेम मर गया। मेरे से बँधा और मर गया। जहाँ मेरा आया और प्रेम की मौत आ गई।

नहीं, मेरे बेटे को भी प्रेम मिल सकता है, इसी शर्त पर कि और जो बस बेटे हैं उन तक वह प्रेम जाता हो। और जितने मेरे प्रेम का विस्तार होगा उतना ही एक के भीतर मेरे प्रेम की गहराई होगी। प्रेम का विस्तार अनंत तक होगा और प्रेम की गहराई एक-एक के भीतर प्रविष्ट हो जाएगी।

प्रेम उतना ही गहरा होगा, जितना विस्तीर्ण होगा। प्रेम की गहराई और विस्तार सदा समान है। एक वृक्ष, ये सरू के वृक्ष खड़े हैं, ये दूर आकाश तक उठते चले गए हैं। शायद हमें यह खयाल भी न हो इनका ऊपर जो इतना विस्तार हुआ है इससे ही जुड़ी हुई इनकी जड़ें नीचे गहरी चली गई हैं। यह बिलकुल समान है। जितनी गहरे जड़ें इनकी नीचे गहरी गई हैं, उतने ही ये ऊपर उठ सके। जितने ये ऊपर उठ सके हैं उतनी ही इनकी जड़ों को भीतर गहरे जाना पड़ा है। ऊपर इनका फैलाव इनके भीतर की गहराई के अनुपात से बँधा है। प्रेम जितना विस्तीर्ण होता है और खुले आकाश में उठता चला जाता है अनंत के प्रति, उतना ही एक-एक के भीतर उसकी जड़ें गहरी होती चली जाती हैं।

करुणा का अर्थ है विस्तीर्ण प्रेम। इसलिए करुणा में मोह की संभावना नहीं है, करुणा में बँधने का सवाल नहीं है, करुणा में कोई माँग नहीं है। करुणा यह नहीं कहती कि मैं करुणापूर्ण हूँ इसलिए तुम्हें कुछ देना पड़ेगा। जो करुणा माँगती है वह करुणा न रही। जो प्रेम माँगता है, वह प्रेम न रहा।

लेकिन हमारा तथाकथित प्रेम माँगता पहले है, देता बाद में है। सुनिश्चित हो जाए कि इतना मिलेगा तो उसी अनुपात में देता है। देता भी इसीलिए है ताकि मिल सके और इसीलिए प्रेम एक दुखद घटना हो गई है। प्रेम से किसी को सुख मिलता हुआ मालूम नहीं पड़ता, सिर्फ सुख के सपने दिखाई पड़ते हैं। लेकिन सुख मिलता हुआ मालूम नहीं पड़ता।

किर्कगार्ड ने एक अद्‌भुत बात कही है। उसने कहा है कि धन्य हैं वे प्रेमी, जिन्हें प्रेमिकाएँ नहीं मिलीं, क्योंकि जीवन-भर कम-से-कम सपना तो बना रहा कि प्रेम होता तो यह होता, यह होता, यह होता। अभागे हैं वे प्रेमी, जिन्हें प्रेमिकाएँ मिल जाती हैं, क्योंकि तब सपने टूट जाते हैं और जो मिलता है वह बहुत नारकीय है। अजीब-सी बात है, लेकिन सच है। प्रेम सिर्फ सपना बनकर रह गया है। इसलिए सपना बनकर रह गया है कि प्रेम हमारी करुणा से नहीं जन्मता। हमारे भीतर करुणा तो है ही नहीं। हम भीतर तो हैं कठोर, हम भीतर तो बिलकुल असमर्थ हैं बहने में बाहर की तरफ। और क्यों हैं असमर्थ?

जितना तीव्र अहंकार होगा उतनी ही असमर्थता होगी बहने में। क्योंकि अहंकार कहता है आओ बाहर से, लाओ भीतर। अहंकार भीतर से बाहर नहीं जाने देता। बाहर से जो भी आ सके उसे भीतर लाता है—धन आ सके, ज्ञान

आ सके, प्रेम आ सके। अहंकार की माँग है कि जो भी बाहर से लाया जा सके भीतर उसे लाओ ताकि मैं मजबूत हो सकूँ, ताकि मेरी शक्ति बढ़ सके। रुपए आएँ, ज्ञान आए, प्रेम आए, सब आए। प्रेम चिल्लाता है लाओ, लाओ, लाओ। उसकी पुकार एक ही है, वह संग्रह पर जीता है.

जितना संग्रह होगा, उतना बड़ा हो जाएगा। दस रुपयों के ढेर पर आप बैठे हैं, आपका अहंकार बहुत बड़ा कैसे हो सकता है? दस करोड़ पर बैठे हैं तो ढेर बड़ा हो गया; आपका अहंकार बड़ा हो गया, अकड़ बड़ी हो गई। दो-चार किताबें आपने पढ़ी हैं तो बेचारा अहंकार कैसे मजबूत होगा? बहुत ज्ञानी हैं आप, बहुत शास्त्र आप जानते हैं तो फिर ज्ञान मजबूत हुआ। आपने दो-चार उपवास किए हैं तो उससे क्या होगा? अगर आपने सौ उपवास किए हैं तो फिर अहंकार को आया रस। मैं हूँ उपवासी, मैं हूँ त्यागी, मैं हूँ तपस्वी, फिर वह मजबूत होगा।

तो अहंकार कहता है लाओ, चाहे उपवास लाओ, चाहे तप लाओ, चाहे ज्ञान, चाहे धन; लेकिन लाओ। मैं को मजबूत करो। यह इगो, यह अहंकार मजबूत हो।

जो आदमी माँगने लगता है लाओ, लाओ, उसके भीतर से प्रवाह बंद हो जाता है, उसके भीतर से बाहर कुछ भी नहीं जाता। सिर्फ बाहर से भीतर लाने की चेष्टा चलती है। और जिस मनुष्य के भीतर फिर जितना बाहर कुछ भी नहीं वह मनुष्य जीवित नहीं है, क्योंकि जीवन सदा भीतर से बाहर की तरफ जाता है। एक बीज से अंकुर निकलता है, उठता है, आकाश की तरफ। एक नदी निकलती है पहाड़ से और दौड़ती है सागर की तरफ। एक बच्चा माँ से आता है गर्भ से, जाता है बाहर के विस्तीर्ण जगत् में। जैसे बीज अंकुरित होकर जाता है ऐसा एक बच्चा माँ को छोड़ देता है। उससे आता है भीतर से और जाता है बाहर की तरफ।

सारे जीवन की गति भीतर से बाहर की तरफ है और हमारे अहंकार की गति बिलकुल उलटी है। वह कहता है बाहर से भीतर की तरफ। बाहर से भीतर की तरफ़ कभी कुछ नहीं जाता। बाहर से भीतर की तरफ कोई यात्रा नहीं है। बाहर से भीतर की तरफ सिर्फ भ्रम है, इल्यूजन है। करोड़ रुपए के ऊपर बैठा हुआ आदमी सिर्फ इस भ्रम में है कि मैं कुछ हो गया हूँ। वह क्या हो गया है? दिल्ली के सिंहासन पर बैठ गया आदमी इस भ्रम में है कि मैं कुछ हो गया हूँ। वह क्या हो गया है?

च्वांगत्सु एक मरघट से गुजरता था और एक आदमी की खोपड़ी उसके पैर से लग गई। रात थी अँधेरी। उसने उस खोपड़ी को उठा लिया और बहुत क्षमा माँगने लगा। क्योंकि वह मरघट छोटे लोगों का मरघट न था, बड़े लोगों का मरघट था। मरघट भी अलग-अलग हैं छोटे और बड़े लोगों के। जैसे मृत्यु के बाद भी कोई हिसाब रखा जा सकता है कि कौन था बड़ा, कौन था छोटा! लेकिन चूँकि जिंदा आदमी मरघट बनाते हैं इसलिए अपनी जिंदगी की जो नासमझियाँ हैं, वह मरघट तक भी ले जाते हैं।

वह मरघट था बड़े लोगों का, शाही खानदान के लोगों का, राजाओं का, सम्राटों का। च्वांगत्सु फकीर घबरा गया। उस खोपड़ी को घर ले आया, रखकर उसके हाथ-पैर जोड़ने लगा कि मुझे क्षमा कर दो। उसके मित्र इकट्ठे हो गए और कहने लगे, पागल हो गए हो? इस खोपड़ी से क्षमा क्यों माँगते हो?

च्वांगत्सु कहने लगा, यह बड़े आदमी की खोपड़ी है। यह सिंहासन पर बैठ चुकी खोपड़ी है। और मैं क्षमा माँगता हूँ, अगर कहीं यह आदमी आज जिंदा होता और मेरा पैर इसके सिर में लग जाता तो मेरी बड़ी मुसीबत थी। यह तो सौभाग्य समझो कि यह आदमी जिंदा नहीं है। लेकिन क्षमा तो माँग लेनी चाहिए।

वे लोग कहने लगे, तुम बड़े पागल हो। लेकिन वह च्वांगत्सु कहने लगा कि मैं पागल नहीं हूँ। मैं इस मरे हुए आदमी से कहना चाहता हूँ कि पागल! जिस खोपड़ी को तू सोचता था कि सिंहासन पर है, वह लोगों की ठोकरें खाएगी, एक फकीर की ठोकर भी खाएगी और उफ् भी नहीं कर सकेगी और यह भी नहीं कह सकेगी कि यह क्या किया? जानते नहीं, मैं कौन हूँ? कहाँ गई वह तेरी अकड़? कि तू सिंहासनों पर था! कहाँ गए वे खयाल कि करोड़ों रुपए तेरे पैर के नीचे हैं? यही थी खोपड़ी, यही थी हड्डी, यही सब कुछ था, लेकिन यह सब क्या हो गया!

अशोक के जीवन में मैंने पढ़ा है, गाँव में एक भिक्षु आता था। अशोक गया और उस भिक्षु के चरणों में सिर रख दिया। अशोक के बड़े आमात्य, वह जो बड़ा वजीर था अशोक का, उसे यह अच्छा नहीं लगा। अशोक जैसा सम्राट गाँव में भीख माँगते भिखारी के पैरों पर सिर रखे। बहुत ... घर लौटते ही, महल लौटते ही उसने कहा कि नहीं सम्राट, यह मुझे ठीक नहीं लगा। आप जैसा सम्राट, जिसकी कीर्ति शायद जगत् में कोई सम्राट नहीं छू सकेगा

फिर वह एक साधारण-से भिखारी के चरणों पर सिर रखे!

अशोक हँसा और चुप रह गया। महीने-दो-महीने बीत जाने पर उसने बड़े वजीर को बुलाया और कहा कि एक काम करना है। कुछ प्रयोग करना है, तुम यह सामान ले जाओ और गाँव में बेच आओ। सामान बड़ा अजीब था। उसमें बकरी का सिर था, गाय का सिर था, आदमी का सिर था, कई जानवरों के सिर थे और कहा कि जाओ बेच आओ बाजार में।

वह वजीर बेचने गया। गाय का सिर भी बिक गया और घोड़े का सिर भी बिक गया, सब बिक गया, वह आदमी का सिर नहीं बिका। कोई लेने को तैयार नहीं था कि इस गंदगी को कौन ... लेकर क्या करेगा? इस खोपड़ी को कौन रखेगा? वह वापस लौट आया और कहने लगा कि महाराज! बड़े आश्चर्य की बात है, सब सिर बिक गए, सिर्फ आदमी का सिर नहीं बिक सका। कोई नहीं लेता है। सम्राट ने कहा कि मुफ्त में दे आओ। वह वजीर वापस गया और कई लोगों के घर गया कि मुफ्त में देते हैं इसे, इसे आप रख लें। उन्होंने कहा, पागल हो गए हो? और फिंकवाने की मेहनत कौन करेगा? आप ले जाइए। वह वजीर वापस लौट आया और सम्राट से कहने लगा कि नहीं, कोई मुफ्त में भी नहीं लेता।

अशोक ने कहा कि अब मैं तुमसे यह पूछता हूँ कि अगर मैं मर जाऊँ और तुम मेरे सिर को बाजार में बेचने जाओ तो कोई फर्क पड़ेगा? वह वजीर थोड़ा डरा और उसने कहा कि मैं कैसे कहूँ; क्षमा करें तो कहूँ। नहीं, आपके सिर को भी कोई नहीं ले सकेगा। मुझे पहली दफा पता चला कि आदमी के सिर की कोई भी कीमत नहीं है।

उस सम्राट ने, उस अशोक ने कहा कि फिर इस बिना कीमत के सिर को अगर मैंने एक भिखारी के पैरों में रख दिया था तो क्यों इतने परेशान हो गए थे तुम। आदमी के सिर की कीमत नहीं, अर्थात् आदमी के अहंकार की कोई भी कीमत नहीं है। आदमी का सिर तो एक प्रतीक है आदमी के अहंकार का, इगो का। और अहंकार की सारी चेष्टा है भीतर लाने की और भीतर कुछ भी नहीं जाता—न धन जाता है, न त्याग जाता है, न ज्ञान जाता है। कुछ भी भीतर नहीं जाता। बाहर से भीतर ले जाने का उपाय नहीं। बाहर से भीतर ले जाने की सारी चेष्टा खुद की आत्महत्या से ज्यादा नहीं है, क्योंकि जीवन की धारा सदा भीतर से बाहर की ओर है।

करुणा भीतर से बाहर की तरफ बहेगी। प्रेम भीतर से बाहर की तरफ

बहेगा। इसलिए जीवन का सूत्र सदा है बाँटना, देना, लुटा देना, फैल जाना। और मृत्यु का सूत्र है; सिकुड़ जाना, इकट्ठा कर लेना, बाँध लेना। हमारा तो प्रेम भी कहता है कि आओ, हमारा तो प्रेम भी कहता है कि मिलो, दो मुझे प्रेम।

घर-घर में मैं ठहरता हूँ। लाखों लोगों से मेरे निजी और व्यक्तिगत संबंध हैं और हर आदमी को मैं एक ही तकलीफ में पाता हूँ। उसकी तकलीफ एक शब्द में कही जा सकती है। हर आदमी, हर स्त्री, हर पुरुष, हर पत्नी, पति, बाप, बेटा, माँ एक ही बात मुझे घर-घर, गाँव-गाँव में कहता हुआ मालूम पड़ता है कि मुझे कोई प्रेम नहीं देता है। पत्नी कहती है मुझे पति प्रेम नहीं देता, पति कहता है पत्नी मुझे प्रेम नहीं देती, माँ कहती है बेटा मुझे प्रेम नहीं देता, बेटा कहता है कि पिता मेरी कोई फिक्र नहीं करता, कोई प्रेम नहीं दे रहा। बड़े मजे की बात है हर आदमी यह कहता है, कोई मुझे प्रेम नहीं देता और कोई भी यह नहीं सोचता कि प्रेम दिया नहीं जाता। कोई देगा नहीं प्रेम, प्रेम तुम्हें देना पड़ेगा। प्रेम बाँटने की कला है। हम धन की तरह प्रेम भी माँगते हैं और जो व्यक्ति जितना प्रेम बाँटता है, उससे अनंत गुना उसे प्रेम उपलब्ध हो जाता है। प्रेम आता है, माँगा नहीं जाता। वह दिए गए प्रेम में सहज पुरस्कार की तरह लौट आता है। वह दिए गए प्रेम की सहज प्रतिध्वनि है।

करुणा का अर्थ है देना, दान-धन का नहीं-क्योंकि धन को देकर जो समझते हैं कि दानी हो गए, वे पागल हैं। तो जो आपका था ही नहीं, उसे देकर कोई कभी दानी नहीं हो सकता। वह आप न भी देते तो छूट जाता। सिर्फ उस बात को देकर आप दानी होते हैं जो आपका है। क्या है आपका? अपने को देकर ही कोई दानी होता है, उसके अतिरिक्त कोई कभी दानी नहीं होता।

प्रेम का अर्थ है अपने को दे देना। करुणा का अर्थ है अपने को दे देना। और यह जो दे देना है, यह जो अपने को बाँट देना है, यह जो बहाव है भीतर की तरफ से बाहर, इसके क्या चरण होंगे? यह कैसे धीरे-धीरे टूटेगा और बहेगा? थोड़े-से कदम इसके बाबत उठाए जाएँ तो धारा की संभावना टूट पड़ने की हो जाती है। बहुत सचेत होना पड़ेगा, क्योंकि हमारी माँग माँगने की और संग्रह की है, और करुणा कभी भी संग्रह से पैदा नहीं होती, वे विरोधी यात्राएँ हैं। हमारी आदत सदा बाहर से भीतर ले जाने की है, इसलिए जो भीतर हमारी मौजूद है वह हम बाहर नहीं पहुँचा पाते। उसे थोड़ा सचेत होकर नई आदत को जन्म देना होगा।

यहाँ बैठे हैं हम, आप मुझे देख रहे हैं, सुन रहे हैं। यह सुनना दो तरह का हो सकता है। यह सुनना ऐसा हो सकता है कि मैं जो कह रहा हूँ उसको आप संग्रह कर सकते हैं। तब वह अहंकार को ही मजबूत करेगा। आप इस शिविर से ज्यादा ज्ञानी, थोड़े ज्यादा ज्ञानी होकर वापस लौट जाएँगे, आप कुछ बातें सीखकर लौट जाएँगे। और वे सीखी हुई बातें आप दूसरों को बताने में रस और आनंद लेने लगेंगे। अगर इस भाँति आप सुन रहे हैं तो वह सुनना भी आपके अहंकार को ही मजबूत करने की व्यवस्था है।

लेकिन नहीं, आप इस भाँति भी सुन सकते हैं कि जब आप सुन रहे हैं तब मुझसे ही कुछ आपकी तरफ नहीं जा रहा है, आपकी तरफ से भी मेरी तरफ कुछ आ रहा है। आपका प्रेम, आपकी करुणा वहाँ से बहती हुई मेरे पास भी आ सकती है। एक करुणापूर्ण, एक प्रेमपूर्ण भावदशा में भी सुना जा सकता है। एक वृक्ष को आप देख रहे हैं या सागर को, तो आप ऐसे भी देख सकते हैं कि सिर्फ देख रहे हैं और ऐसे भी कि आपकी आँखों से आपके प्राणों की कोई भावधारा भी उस वृक्ष तक जाए; उसे छुए, उसे नहला दे और तब यह देखना बिलकुल दूसरी तरफ का देखना हो जाएगा। तब यह करुणापूर्ण हो जाएगा। रास्ते पर आप चलते हैं। एक-एक पत्थर पर पैर रखते समय इतना प्रेमपूर्ण हुआ जा सकता है, इतना अनुगृहीत, इतनी ग्रेटीट्यूड से भरा जा सकता है कि उस पत्थर तक भी आपके प्राणों का संदेश पहुँच जाए। एक वृक्ष को छूते समय, एक आदमी का हाथ हाथ में लेते समय, किसी को गले लगाते समय आप पूरे-के-पूरे बह सकते हैं। आप पूरी तरलता में, आपके सारे रग-रग, रेशे-रेशे से, कण-कण से कोई चीज बह सकती है और उस व्यक्ति को पूरा घेर सकती है। इस पर तो थोड़े प्रयोग करेंगे तो ही यह हो सकेगा, क्योंकि बहने की हमारी कोई आदत नहीं है, बहने की हमें जन्मों से आदत नहीं है।

न मालूम कितने जन्मों से हमने सिर्फ रोकने का अभ्यास किया है, बहने का अभ्यास नहीं किया। बहाव हमारे भीतर नहीं है। हमारा व्यक्तित्व जड़ हो गया है, कठोर हो गया है, रुक गया है। हम पत्थर हो गए हैं। इस बहाव को तोड़ने के लिए कुछ चेष्टा करनी भी जरूरी है। क्या करेंगे इस चेष्टा में? कैसे यह बहाव हो सकता है?

अभी यहाँ आप बैठे हैं, अभी इसी क्षण शुरू हो सकती है बात। मेरे शब्द आप तक जा रहे हैं, आपका प्रेम मुझ तक लौटना चाहिए। आप सुन सकते हैं, आप जुड़ सकते हैं इस बोलने में भी; यह सुनसान जगह, यह

आपके बहते हुए प्रेम से भर सकती है।

मैंने सुना है, एक कवि था रिंटे। जिन लोगों ने रिंटे को कपड़े ही पहनते देखा है वे कहते थे कि हम हैरान हो जाते थे। जिन लोगों ने उसे खाना खाते देखा है वे कहते थे कि हम हैरान हो जाते हैं। जिन लोगों ने रिंटे को जूते पहनते देखा है, वे कहते थे वह अद्‌भुत थी घटना–यह देखना कि वह कैसे जूते पहन रहा है। वह तो ऐसे जूते पहनता था जैसे जूते भी जीवित हों, वह तो उनके साथ ऐसे व्यवहार करता था जैसे वह मित्र हो। वह कपड़े पहनता तो वह यह ही नहीं पूछता था कि कौन-सी कमीज मुझे अच्छी लगेगी। वह कमीज से यह भी पूछता कि क्या इरादे हैं, मैं तुम्हें अच्छा लगूँगा? वह कोट भी ऊपर डालता तो कोट से भी पूछता, क्या खयाल है, चल सकूँगा मैं तुम्हारे साथ।

यह तो कभी हमने सोचा भी न होगा? हमने यह बात कई बार सोची है दर्पण के सामने खड़े होकर कि यह कोट चल सकेगा मेरे साथ, क्योंकि कोट है मुर्दा, हम हैं जिंदा; कोट को हमारे साथ चलना है। लेकिन रिंटे को लोगों ने सुना है, आईने के सामने खड़ा है और पूछ रहा है कि दोस्त चल सकूँगा मैं तुम्हारे साथ? जूता उतार रहा है तो उसे पोंछ रहा है। उसने जूते को रखा है तो उसे धन्यवाद दिया है कि तुम्हारी कृपा! दो मील तक तुम मेरे साथ थे। दो मील तक तुमने मेरी सेवा की और उसकी आँखों से आँसू बह रहे हैं।

पागल आदमी मालूम होगा हमें। निश्चित ही पागल मालूम होगा, क्योंकि हम सब इतने कठोर हैं कि प्रेम की तरलता हमें पागलपन ही मालूम हो सकती है और कुछ हमें मालूम नहीं हो सकता है। लेकिन यह सवाल भी नहीं है कि इससे जूते को कुछ फायदा हो गया होगा कि नहीं हो गया होगा कि कोट ने सुना होगा कि नहीं सुना होगा। यह इर्रिलेवेंट है, यह असंगत है।

लेकिन जो आदमी कोट और जूते और पत्थर और दरवाजे के प्रति भी इतना सदय, इतना करुणापूर्ण, इतना अनुग्रह से भरा हआ है, यह आदमी दूसरा आदमी हो गया है। इस आदमी से किसी आदमी के प्रति कठोर होने की संभावना हो सकती है? यह असंगत है बात कि कोट ने सुना कि नहीं सुना। मैं तो यही मानता हूँ कि कोट भी सुनता है, लेकिन मेरी बात मानने की कोई जरूरत नहीं है।

लेकिन यह आदमी, यह व्यक्ति, यह जो इतना प्रेमपूर्ण है, इतना करुणापूर्ण है, यह जो इतना धन्यवाद से भरा हुआ है जूते के प्रति भी, यह आदमी इस व्यवहार से रूपांतरित हो रहा है। यह आदमी बदल रहा है, यह

आदमी दूसरी तरह का आदमी हो जाएगा।

यह आदमी कठोर हो सकता है, यह आदमी हिंसक हो सकता है, यह आदमी क्रोध से देख भी सकता है आँख उठाकर? यह असंभव है। और इस आदमी में बहाव होगा, इस आदमी की चेतना एक तरल सरिता बन जाएगी। निश्चित ही ऐसे आदमी को देखना भी एक अनुभव है। लेकिन हमें वह आदमी पागल ही मालूम होगा।

हम सब इतने बुद्धिमान हैं अपनी कठोरता में कि प्रेम सदा ही पागलपन मालूम पड़ेगा। लेकिन अगर तोड़ना है कभी तो थोड़ा पागल होना जरूरी है, प्रेम की दिशा में थोड़ा पागल होना जरूरी है, करुणा की दिशा में थोड़ा पागल होना जरूरी है।

एक जर्मन विचारक था हेरिगेल। वह जापान गया हुआ था। एक फकीर से मिलने गया। जल्दी में था, जाकर जूते उतारे, दरवाजे को धक्का दिया, भीतर पहुँचा। उस फकीर को नमस्कार किया और कहा कि मैं जल्दी में हूँ। कुछ पूछने आया हूँ।

उस फकीर ने कहा, बातचीत पीछे होगी। पहले दरवाजे के साथ दुर्व्यवहार किया है उससे क्षमा माँगकर आओ। वे जूते तुमने इतने क्रोध से उतारे हैं। नहीं-नहीं, यह नहीं हो सकता है। यह दुर्व्यवहार मैं पसंद नहीं कर सकता। पहले क्षमा माँगकर आओ, फिर भीतर जाओ, फिर कुछ बात हो सकती है। तुम तो अभी जूते से भी व्यवहार करना नहीं जानते, तो तुम आदमी से व्यवहार कैसे करोगे?

वह हेरिगेल तो बहुत जल्दी में था। इस फकीर से दूर से मिलने आया था। यह क्या पागलपन की बात है। लेकिन मिलना जरूरी था और यह आदमी अब बात भी करने को राजी नहीं है आगे।

तो मजबूरी में उसे दरवाजे पर जाकर क्षमा माँगनी पड़ी, उस द्वार से क्षमा माँगनी पड़ी, उन जूतों से। लेकिन हेरिगेल ने लिखा है कि जब मैं क्षमा माँग रहा था तब मुझे ऐसा अनुभव हुआ जैसा जीवन में कभी भी नहीं हुआ था। जैसे अचानक कोई बोझ मेरे मन से उतर गया। जैसे एक हल्कापन, एक शांति भीतर दौड़ गई। पहले तो पागलपन लगा, फिर पीछे मुझे खयाल आया कि ठीक ही है। इतने क्रोध में, इतने आवेश में; मैं हेरिगेल को समझता भी क्या, सुनता भी क्या?

फिर लौटकर आकर वह हँसने लगा और कहने लगा क्षमा करना, पहले

तो मुझे लगा कि यह निहायत पागलपन है कि मैं जूते और दरवाजे पर नाराज हो सकता हूँ, क्रोध कर सकता हूँ तो क्षमा क्यों नहीं माँग सकता हूँ?

अगर करुणा की दिशा में बढ़ना है तो सबसे पहले हमारे आसपास, जिसे हम जड़ कहते हैं उसका जो जगत् है, यद्यपि जड़ कुछ भी नहीं है लेकिन हमारी समझ के भीतर अभी जो जड़ मालूम पड़ता है, उस जड़ से ही शुरू करना पड़ेगा। उस जड़ जगत् के प्रति ही करुणापूर्ण होना पड़ेगा, तभी हमारी जड़ता टूटेगी। उससे कम में हमारी जड़ता नहीं टूट सकती।

हम हो गए हैं जड़। और जड़ के प्रति करुणापूर्ण होकर ही हम अपनी जड़ता को तोड़ सकेंगे। उसके बिना हम अपनी जड़ता को नहीं तोड़ सकेंगे। वह जो जड़ दिखाई पड़ता है—एक पत्थर पड़ा हुआ है उस पर आप घंटे-भर बैठे हैं। आपने खयाल भी नहीं किया कि आप एक पत्थर पर घंटे-भर बैठे हैं! नहीं, स्मरण भी नहीं है। आप इस रेत पर बैठे हैं, तीन दिन इन सरू के वृक्षों के पास होंगे। इस समुद्र के निकट, लौटते वक्त आप धन्यवाद दे जाएँगे इस जगह को कि भूल जाएँगे, चल पड़ेंगे बस! क्या सोचेंगे सरू के वृक्ष कि कैसे लोग थे! क्या कहेगा समुद्र कि कैसे थे लोग! तीन दिन तक पास थे, उनके लिए गर्जन किया, नाचा और लौटते वक्त वे धन्यवाद भी नहीं दे गए! क्या कहेगी यह पूरी पृथ्वी, जब आप जीवन से विदा होंगे! क्या कहेगा यह पूरा जीवन! क्या कहेगा सूरज, क्या कहेंगी हवाएँ कि सत्तर वर्ष तक प्राण दिए और जाते वक्त इस आदमी ने धन्यवाद भी न दिया!

संत फ्रांसिस मर रहा था। मरते वक्त एक-एक चीज को धन्यवाद देने लगा। जिस गधे पर बैठकर उसने यात्रा की थी अनेक बार, उस गधे के पास पहुँच गया। उठने में भी तकलीफ थी उसे। मित्रों ने कहा, यह क्या करते हो? उसने कहा कि नहीं, नहीं यह ठीक न होगा कि जो गधा मुझे जीवन-भर अनेक-अनेक यात्राओं पर ले गया, उसके लिए मरते वक्त चार कदम चलकर मैं धन्यवाद देने न जाऊँ, मुझे जाना पड़ेगा।

वह गया है, लोगों की भीड़ इकट्ठी हो गई है। वह गधे को हृदय से लगाए हुए है और कह रहा है कि क्षमा कर देना, न मालूम कितनी बार कठोर हो गया था, न मालूम कितनी बार अपशब्द तुझसे कहे होंगे, न मालूम कितनी बार तुझे तब चलाया होगा जब तुझमें चलने की सामर्थ्य भी न थी। न मालूम कितनी-कितनी यात्राओं में कितनी-कितनी भूलें हो गई होंगी। उनका हिसाब रखना मुश्किल है। सबके लिए क्षमा माँगता हूँ।

और बड़े मित्रों में से एक तू मेरा मित्र था, मौन था, सदा साथ था। कभी इंकार नहीं किया, कभी झगड़ा नहीं किया और आज मैं विदा हो रहा हूँ। तो आज तुझसे क्षमा माँगता हूँ। मुझे क्षमा कर देना।

लोग कहने लगे कि मालूम होता है संत फ्रांसिस का दिमाग आखिर-आखिर में खराब हो गया। यह क्या कर रहे हैं! वह अपने डंडे को भी धन्यवाद देने लगा, जिसे हाथ में लेकर चला था।

हमें पागल मालूम होगा। लेकिन मैं आपसे कहता हूँ ऐसे पागल ही परमात्मा के निकट पहुँचने में समर्थ होते हैं और दूसरे नहीं। क्योंकि जिनकी इतनी करुणा है, इतना प्रेम है, जिनके हृदय में इतना अनुग्रह का भाव है, उनके हृदय का पत्थर टूट जाएगा इस चोट से। पत्थर टूट जाएगा और धारा बह पड़ेगी। निश्चित ही करुणा बहुत सबल है। एक बार फूट पड़े पत्थर तो वह बह जाएगी सागर तक। लेकिन हम तो पत्थर को ही मजबूत किए चले जाते हैं और नए सीमेंट कांक्रीट ईजाद करते हैं और पत्थर को मजबूत किए जाते हैं। धीरे-धीरे करुणा का वह स्रोत भीतर ही बंद रह जाता है।

हमने क्यों इतने ये पत्थर और कांक्रीट और ईंटें लगाकर दीवाल बनाई है? एक है कारण। आदमी बहुत भयभीत है इसलिए अपने को बाँटने में और बहाने में डरता है।

एक मित्र के घर में कुछ दिन तक मैं रहा था। मैं देखकर हैरान हुआ। वे अपने नौकरों से कभी सीधी आँख बात भी नहीं करते थे। कोई घर में मिलने आए तो वे नमस्कार का उत्तर भी सोचकर ही देते थे। मैंने उनसे पूछा कि बात क्या है? वे कहने लगे कि अगर ठीक से बोलो, प्रेमपूर्ण व्यवहार करो तो झंझटें पैदा होनी शुरू होती हैं। रास्ते पर एक आदमी नमस्कार करता है। अगर प्रेम से नमस्कार कर लो, पंद्रह दिन बाद निश्चित है कि वह आदमी आएगा कि सौ रुपए की जरूरत है। वह झंझट की बात है। झंझट आगे बढ़ानी नहीं है। किसी से संबंधित होना, फिर आगे झंझटें आनी शुरू होती हैं। उन्होंने कहा, मैंने तो जीवन का नियम बना रखा है कि सिर्फ उनसे बात करनी है, जिनसे एकदम जरूरी हो, सिर्फ उनसे संबंध बनाना है, जिनसे आगे कोई भय न हो।

मनुष्य भयभीत है संबंधित होने में। क्योंकि हर नया संबंध नई संभावनाएँ लेकर आता है। एक वृक्ष से भी दोस्ती करनी बड़ी कठिन बात है क्योंकि वृक्ष से भी दोस्ती करनी, एक वृक्ष से भी प्रेम बनाना एक नई केयर, एक नई हिफाजत को जन्म देना है।

एक मित्र से मैं ये बातें कर रहा था। वे कहने लगे आप क्या कहते हैं। मैं ऐसी एक झंझट में पड़ गया हूँ। एक वृक्ष था अमलतास का। वे मित्र एक बंगले को नया-नया लिए थे। वह वृक्ष बिलकुल सूख गया था। वह वर्षों से सूखा हुआ था। उसमें न फूल आते थे न पत्ते आते थे। वह एक मुर्दा वृक्ष खड़ा हुआ था। उन मित्र ने कहीं किसी किताब में पढ़ा था कि अगर वृक्ष को, सूखे वृक्ष को व्यवस्था से नीचे से काटा जा सके तो उसमें नए अंकुर आ सकते हैं।

उन्होंने आरी उठाकर एक दिन सुबह उस वृक्ष को काट डाला। वृक्ष कटकर गिर गया। सिर्फ छोटा-सा ठूँठ नीचे रह गया। रात उन्हें चिंता होने लगी कि मुझे काटने का, कहाँ से काटना चाहिए इसका तो कुछ पता नहीं। मैं कोई माली नहीं। मैं कुछ जानता नहीं। कहीं मैंने गलत जगह से तो नहीं काट दिया उस वृक्ष को। कहीं ऐसा तो नहीं है कि उसमें अंकुर अब नहीं आएगा? और तब रात-भर वे सो नहीं सके। करवट बदलते रहे, सो नहीं सके।

सुबह वे मुझसे बोले कि मैं एक झंझट में पड़ गया हूँ। एक वृक्ष से दोस्ती कर ली और मुश्किल आ गई। एक वृक्ष था मेरे द्वार पर, सूखा था। मैंने किसी किताब में पढ़ा कि वृक्ष को बिलकुल नीचे से काटा जाए ढंग से तो उसमें नया अंकुर आ सकता है। मैंने आरी उठाकर काट डाला। अब रात-भर से मैं चिंतित हूँ कि मुझे पता नहीं, कहाँ से काटना चाहिए था कि उसमें नया अंकुर आ सके। उसमें अंकुर आएगा कि नहीं आएगा? कम-से-कम वह था तो सूखा ही सही। वह सूखा भी बहुत शानदार था। और जब चाँदनी आती थी तो उसकी सूखी शाखाएँ भी आकाश में एक गीत बन जाती थीं। और जब सूरज नाचता था तो उसकी इन सूखी शाखाओं पर भी एक मोहिनी छा जाती थी। अब भी कभी कोई पक्षी उस सूखे वृक्ष पर आकर बैठता था और गीत गाता था। मैंने उसे काट डाला। पता नहीं उसमें अंकुर आएगा कि नहीं।

वे तीन महीने तक कितने बेचैन और परेशान थे। मैंने उन्हें कहा, बड़ा शुभ है। वृक्ष में अंकुर आएगा कि नहीं, उसकी मुझे उतनी फिक्र नहीं, लेकिन तुम्हारे जीवन में एक नया अंकुर आया, उससे मैं बहुत खुश हूँ। अच्छा हुआ तुमने वृक्ष काटा। यह तीन महीने वृक्ष के लिए चिंता का क्षण, यह तीन महीने वृक्ष के लिए संताप, यह तीन महीने वृक्ष के लिए पश्चात्ताप, यह तीन महीने वृक्ष के लिए इतना आतुर निवेदन, यह तीन महीने वृक्ष के लिए इतनी गहरी प्रार्थना-न आए वृक्ष में अंकुर कोई फिक्र नहीं। तुम्हारे भीतर एक अंकुर आ गया, एक कंपेशन, एक करुणा, एक प्रेम और वह बड़ी बात है।

और ऐसा कैसे हो सकता था कि उस वृक्ष में इतने प्रेम से अंकुर न आते, उसमें अंकुर आ गए। अब वह वृक्ष हरा हो गया है। अब उस पर पत्ते आ गए। अब उस पर फूल खिलने लगे। लेकिन उस वृक्ष से भी बड़ा अनुभव, एक बड़ा एक्सपीरिएंस उन मित्र के जीवन में हो गया। उन्होंने एक वृक्ष से प्रेम किया है! चारों तरफ जो विराट जगत् है उसे हम तीन हिस्से में बाँट सकते हैं। वह बँटा हुआ नहीं है। वह बाँटना सिर्फ काम-चलाऊ है। जिंदगी कहीं भी बँटी हुई नहीं है। जिंदगी एक अनंत इकट्ठी धारा है, लेकिन हम काम के लिए तीन हिस्सों में तोड़ सकते हैं।

एक जड़ जगत् है। हमें जड़ मालूम होता है, क्योंकि चेतना इतनी प्रसुप्त है उसमें कि जब तक हम उतनी गहराई तक न उतरें, तब तक उसकी चेतना हमें दिखाई नहीं पड़ेगी। सबसे पहले जड़ जगत् के प्रति अपने प्रेम, अपनी करुणा, अपने कंपेशन को विकसित करना जरूरी है।

फिर उसके बाद पौधों का, पशुओं का जगत् है—जीवंत—लेकिन सचेतन नहीं। फिर उस जगत् के प्रति प्रेम और करुणा को विकसित करना जरूरी है। फिर मनुष्यों का जगत् है। फिर उस मनुष्यों के जगत् के प्रति प्रेम को विकसित करना जरूरी है।

लेकिन यात्रा का प्रारंभ जड़ जगत् से शुरू होना चाहिए, क्योंकि जो जड़ को प्रेम कर पाएगा, वह अनिवार्यरूपेण पौधों को, पशुओं को प्रेम कर पाएगा। जो पौधों और पशुओं को प्रेम कर पाएगा, वह मनुष्यों को प्रेम कर पाएगा। लेकिन यात्रा वहाँ से शुरू होनी चाहिए और एक-एक पल खोने की जरूरत नहीं है।

जीवन में जो भी पल मिल जाए और जितना हम करुणापूर्ण और जितने प्रेमपूर्ण हो सकें उसकी सतत चेष्टा चलनी चाहिए। बहुत श्रम की जरूरत है, क्योंकि धारा अनंत जन्मों से रुकी है, बहुत तोड़ने पड़ेंगे पत्थर तब वह बहेगी। लेकिन जरा-सा भी प्रयास शुरू हो जाए और जरा-सी भी झलक करुणा की बहनी शुरू हो जाए तो वह इतनी आनंदपूर्ण है, वह इतनी फलदायी है, वह इतना अनुभव है गहरा कि फिर उसको तोड़ने के लिए जो श्रम करना पड़ेगा, वह श्रम जरा भी श्रम नहीं मालूम पड़ता है।

करुणा की यह धारा बाहर तक बहने लगे—उठते, बैठते, सोते, जागते, चलते। जीवन का प्रति पल, जीवन का प्रति क्षण करुणा की एक अबाध प्रतिध्वनि बन जाए, एक गूँज बन जाए, एक गीत बन जाए तो ही कोई व्यक्ति

परमात्मा के मंदिर के पहले द्वार पर प्रविष्ट होता है।

नहीं, अपने का बाँध-बाँधकर, रोक-रोककर रखना ठीक नहीं है। तोड़ दें, सब द्वार तोड़ दें।

एक सम्राट् था, उसने एकमहल बना लिया था। और उस महल में एक ही दरवाजा रखा था, कोई चोर न घुस जाए, कोई डाकू न आ जाए, कोई हत्यारा न आ जाए। पड़ोस का एक सम्राट् उसके महल को देखने आया था। देखकर बहुत खुश हुआ था और कहा था, 'मैं भी ऐसा ही महल बनाना चाहूँगा। तुमने मुझमें ईर्ष्या जगा दी। अद्भुत बनाया है तुमने यह, इतना सुरक्षित! एक ही द्वार है, उस द्वार पर हजार पहरेदार हैं और सारे भवन में कोई दूसरा द्वार नहीं है। सम्राट् ने कहा, अब कोई भय नहीं रहा, न कोई हत्यारा आ सकता है, न कोई चोर, न कोई डाकू, न कोई दुश्मन। मैं बिलकुल सुरक्षित हो गया हूँ।

वे महल के द्वार पर खड़े होकर यह बात करते थे। एक भिखारी जो वहीं भीख माँगा करता था, वह बैठा-बैठा जोर से हँसने लगा। सम्राट् नाराज हुआ, उसने कहा कि पागल! तू क्यों हँस रहा है, क्या बात है?

वह भिखारी कहने लगा, 'महाराज! आपने पूछ ही लिया तो कहे देता हूँ। जबसे यह महल बना है, मुझे लगता है, एक भूल इसमें रह गई।' सम्राट् ने कहा, 'कौन-सी भूल?'

उसने कहा, 'एक ही भूल रह गई है। एक दरवाजा और आप बंद करवा लें तो फिर आप बिलकुल सुरक्षित हो जाएँगे, फिर कोई भय नहीं रहेगा, फिर सिक्योरिटी पूरी हो जाएगी, फिर तो मौत भी नहीं घुस सकेगी अंदर। अभी खतरा एक है, यह दरवाजा खतरनाक है। चोर नहीं घुसेंगे, हत्यारे नहीं घुसेंगे, दुश्मन नहीं घुसेंगे, लेकिन मौत का क्या होगा? मौत घुस जाएगी इससे, काफी जगह है इसमें और वह आपको ले जाएगी। आप कृपा करें, भीतर हो जाएँ, यह दरवाजा भी बंद कर दें, फिर पहरेदारों की भी कोई जरूरत नहीं है। फिर कोई कभी नहीं घुस सकेगा, फिर आप बिलकुल निर्भय हो गए।'

पर वह राजा कहने लगा, 'पागल! वह निर्भय होना होगा, वह तो मौत हो जाएगी, वह तो कब्र बन जाएगा महल।'

वह फकीर कहने लगा, कब्र अभी भी बन गई है। एक दरवाजे से क्या फर्क पड़ता है? इतना तो आप मान गए कि अगर सब दरवाजे बंद हो जाएँगे तो एक कब्र हो जाएगी। एक दरवाजे से काफी कब्र हो गई है। यह भी आप मान गए कि अगर दरवाजे बिलकुल न हों तो यह मकान पूरा जीवन होगा।

अगर मकान बिलकुल ही न हो तो परिपूर्ण जीवन होगा, क्योंकि मकान बिलकुल न हों, दरवाजे बिलकुल न हों तो मौत हो जाती है। तो दरवाजे से जीवन और मौत का हिसाब है।' वह फकीर कहने लगा।

तो वह फकीर कहने लगा, 'वही तो कभी-कभी रात मैं सोचता हूँ। अभी सुनी आपकी बात तो हँसने लगा। एक मैं भी हूँ, बैठा हूँ इस द्वार पर। न कोई द्वार है, न कोई दरवाजा है–जीवंत–लेकिन पूरा है। और आप भी मानते हैं। समझ गए आप कि एक और दरवाजा बंद हो तो मौत हो जाएगी।'

जितनी सुरक्षा की हम कोशिश करते हैं, उतने ही हम मर जाते हैं। जितने हम भयभीत होते हैं, उतने ही हम बंद हो जाते हैं। नहीं, जीवन उनके लिए है, जो भयभीत नहीं हैं, जीवन उनके लिए है, जो असुरक्षा को वरण करने की तैयारी करते हैं, जो इनसिक्योरिटी में कूदने को राजी हैं।

धार्मिक मनुष्य मैं उसी को कहता हूँ, जो भय को छोड़ता है और असुरक्षा को वरण करता है। जो कहता है कि जिऊँगा मैं, जो उसके भय होंगे स्वीकार करूँगा। जिऊँगा मैं, जो होंगे खतरे उनका आलिंगन करूँगा। जिऊँगा मैं, होगा जो परिणाम होगा। मैं जीने को राजी हूँ, मैं मरने को नहीं। ऐसा आदमी ही करुणापूर्ण हो सकता है, क्योंकि करुणा एक ऐसे अज्ञात जगत् में ले जाती है, ऐसे अंतर्संबंधों में जिनमें खतरे हो सकते हैं।

एक वृक्ष से दोस्ती तक करना खतरनाक है तो एक आदमी के प्रति करुणापूर्वक होना तो बहुत खतरा मोल लेना है, बड़ा कमिटमेंट है वह। वह बड़ी बात है। और उसी भय के कारण हम सब बंद हो गए हैं। उस भय के कारण कि पता नहीं क्या होगा, होने दें जो होगा। जीवन उन्हीं को मिलता है, जो भयभीत नहीं हैं। जीवन उनको मिलता है, जो असुरक्षा में कूदने को तत्पर हैं। जो पूर्ण असुरक्षा में कूद जाता है उसी को मैं संन्यासी कहता हूँ।

ये थोड़ी-सी बातें करुणा के संबंध में मैंने कहीं। इस संबंध में कुछ भी पूछना हो तो रात्रि की बैठक में आप पूछ सकेंगे।

अब हम सुबह के ध्यान के लिए बैठेंगे। उसके लिए दो बातें समझ लेना जरूरी है। सुबह के ध्यान के लिए जैसे रात हम बैठे, नासाग्र-दृष्टि रखनी है। नाक का अग्रभाग दिखाई पड़ता रहे, इतनी भर आँख खुली रहे। फिर शरीर को एकदम शिथिल और शांत करके बैठ जाना है। फिर मन में सुबह के इस ध्यान में एक तीव्र जिज्ञासा करनी है–'मैं कौन हूँ।' बहुत तीव्रता से, पूरी

शक्ति से, पूरे संकल्प से अपने भीतर पूछना है कि 'मैं कौन हूँ, मैं कौन हूँ?'

इसे पूछते ही चले जाना है, कोई उत्तर नहीं देना है अपनी तरफ से कि मैं आत्मा हूँ। वे सब उत्तर झूठे हैं, जो हमने सीख लिए। उत्तर को आने देना है। उत्तर अपने-आप आएगा भी। उसके पहले हमें सिर्फ पूछते चले जाना है, खोदते चले जाना है–'मैं कौन हूँ, मैं कौन हूँ?' एक कुदाली बना लेनी है और खोदना है भीतर कि 'मैं कौन हूँ', 'मैं कौन हूँ', 'मैं कौन हूँ?'

शांत, पूछते चले जाना है। सारे प्राणों में गूँज पैदा हो जाए। भीतर की श्वास-श्वास पूछने लगे कि 'मैं कौन हूँ?' सारा चित्त पूछने लगे कि 'मैं कौन हूँ?' पैर से लेकर सिर तक एक ही गूँज कि 'मैं कौन हूँ?' बस एक ही पूछ, एक प्रश्न, एक ही इंक्वैरी रह जाए तो एक दिन भीतर से उत्तर आता है कि 'मैं कौन हूँ?'

तो एक दिन उत्तर आता है, जो खोल देता है सारे द्वारों को, जो खोल देता है सारे पर्दों को और हम अपने समक्ष खड़े हो जाते हैं।

तो सुबह के इस ध्यान को जिज्ञासा का ध्यान बनाना है। हम बैठेंगे और पूछेंगे, आँख आधी खुली होगी और भीतर पूछते चले जाएँगे। दस मिनट भीतर इस जिज्ञासा को तीव्रता से गुँजाना है। इतनी तीव्र हो यह जिज्ञासा कि जैसे पसीना आ जाए। सारा व्यक्तित्व पूरे प्राणों से जुट जाए।

जब पूरे प्राणों से हम जुटेंगे तो ही जिज्ञासा गहरी होगी और भीतर तक उसकी चोट होगी। वह ऊपर ही गूँज बनकर न रह जाए, वह भीतर तक प्रविष्ट हो जाए। उसका पेनिट्रेशन चाहिए गहराई तक।

तो आप पर निर्भर है कि आप कितनी तीव्रता से यह जिज्ञासा करते हैं? जो जितनी तीव्रता से पूछेगा, उतनी शीघ्रता से उत्तर के आने की संभावना है। उत्तर भीतर है। हमारी जिज्ञासा उस उत्तर तक नहीं पहुँच पाती है, इसलिए वह उत्तर हमें उपलब्ध नहीं होता है।

मौन, उपेक्षा, करुणा और ध्यान

तीन

मौन, उपेक्षा, करुणा और ध्यान

बहुत से प्रश्न पूछे गए हैं।

एक मित्र ने पूछा है कि मौन का प्रयोग करते हैं तो आसपास के वातावरण के प्रति एक तरह की उपेक्षा का भाव आ जाता है—और सुबह मैंने कहा है कि करुणा का प्रयोग करना है—तो उन्हें ऐसा प्रतीत हुआ कि मौन और करुणा दोनों प्रयोग एक साथ कैसे किए जा सकते हैं?

निरंतर बात करने की आदत से ऐसा लगता है कि जब हम मौन हो रहे हैं तो हम उन लोगों के प्रति कठोर हो रहे हैं, जिनसे हम बात करते थे, लेकिन शायद ही आपको स्मरण आया होगा कि आपने अपने को छोड़कर और कभी किसी से बात नहीं की है। जब आप दूसरे से बात करते हैं तो दूसरा सिर्फ बहाना है। जो बात आपको करनी है वही आप करते हैं और अगर आपको अकेले में छोड़ दिया जाये, जहाँ कोई भी न हो तो आप दीवालों से वही बात शुरू कर देंगे। दूसरे लोग खूँटियों की तरह हैं, जिन पर हम अपनी बातें टाँग देते हैं। वह केवल बहाने हैं, उनसे कोई प्रयोजन नहीं है।

एक आदमी सुबह से अखबार पढ़ लेता है और फिर तलाश में घूमता है कि कोई खूँटी मिल जाए, उसने जो पढ़ लिया है वह उससे बोलकर बता सके। और दिन-भर हर आदमी पर खूँटी का प्रयोग करता है और टाँगता चला जाता है।

दूसरे आदमियों से बात करके हम उनके प्रति कोई करुणा और प्रेम जाहिर करते हों, तो यह गलत है खयाल। लेकिन मौन की गहराई में उतरकर जरूर ऐसा हो सकता है कि हमारे पास करने को कोई बात न रह जाए, टाँगने को कोई बात न रह जाए। तब दूसरा व्यक्ति महत्त्वपूर्ण हो सकता है और हम उसके हित के लिए कुछ कह सकते हैं।

दूसरे के हित के लिए जगत् में जो भी विचार पैदा हुए हैं, वह सदा मौन से पैदा हुए हैं। विचारों और बातों से भरे हुए लोग दूसरे का सिर्फ साधन की तरह उपयोग करते हैं। दूसरे की मौजूदगी में वह जो कचरा उनके दिमाग में भरा हुआ है उसे उड़ेलने की कोशिश करते हैं। दूसरा केवल टोकरी का काम करता है, खूँटी का काम करता है। दूसरे का इससे ज्यादा उपयोग नहीं है।

नहीं, आप बात करके दूसरे के प्रति करुणा और प्रेम प्रकट नहीं करते हैं, लेकिन मौन की स्थिति में कभी यह हो सकता है कि आपको दूसरा दिखाई पड़े। उसका हित दिखाई पड़े, उसके लिए क्या जरूरी है यह दिखाई पड़े।

अभी तो आपको क्या कहना आवश्यक है, आप महत्त्वपूर्ण हैं कहते समय, दूसरा नहीं। कभी आपने बातचीत करते समय खयाल किया है, जब दूसरा बोल रहा होता है तब आप केवल बहाना करते हैं कि मैं सुन रहा हूँ। भीतर आप तैयारी करते हैं कि यह कब बंद हो जाए और मैं बोलना शुरू करूँ। आप सिर्फ तलाश में होते हैं कि कब वह मौका मिल जाए कि मैं इसे बंद करूँ और बोलूँ। एक बड़े मनोवैज्ञानिक जुंग के पास दो प्रोफेसर इलाज के लिए ठहरे हुए थे। दोनों का मस्तिष्क खराब हो गया था। दोनों बड़े ज्ञानी थे। और ज्ञानियों के मस्तिष्क अकसर खराब हो जाते हैं। दोनों को निरंतर बात करने की आदत थी। दोनों को साथ ही ठहराया गया था।

वह बड़ा मनोवैज्ञानिक खिड़की से छिपकर देखता था कि वे क्या करते हैं। तो वह बहुत हैरान हुआ। एक बात करता था, घंटे-डेढ़-घंटे तक बोलता था। दूसरा बिलकुल चुपचाप बैठकर सुनता था। ऐसा लगता था कि वह सुन रहा है। फिर उसकी बात बंद होती और दूसरा शुरू करता। जब दूसरा शुरू करता तो पहले वाला चुपचाप बैठकर सुनने लगता। लेकिन दूसरे की बात से पता चलता कि पहली वाली बात से इस बात का कोई भी संबंध नहीं है।

और वह बड़ा हैरान हुआ कि जिन बातों का कोई संबंध न था, वे भी एक-दूसरे को चुप होकर सुनते थे। ज्यादा आश्चर्य की बात यह थी। क्योंकि पागलों की बातचीत में संबंध हो इसकी तो कोई आशा नहीं की जा सकती। लेकिन दोनों पागल इतना शिष्ट व्यवहार करते थे कि जब एक बोलता तो दूसरा बिलकुल चुप रहता। उस मनोवैज्ञानिक ने उनसे पूछा कि दोस्तो! बड़े आश्चर्य में डाल दिया तुमने, एक बोलता है तब दूसरा चुप क्यों रहता है? उन्होंने कहा, क्या तुम समझते हो कि हमें बातचीत करने का नियम मालूम नहीं, हमें कनवर्सेशन का नियम नहीं मालूम? हमें मालूम है कि जब एक

बोले तो दूसरे को चुप रहना चाहिए।

उस मनोवैज्ञानिक ने अपनी डायरी में लिखा है कि मुझे उस दिन पहली बार खयाल आया कि यह तो पागल है, लेकिन हमारा भी बातचीत करने का ढंग क्या है? हम भी दूसरे के चुप होने की प्रतीक्षा करते हैं कि हम बोलें। इसलिए जो आदमी आपको नहीं बोलने देगा, लगेगा कि यह बहुत बोर है। वह इसलिए बोर नहीं लगता–उबानेवाला कि वह बोले चला जा रहा है, वह इसलिए उबाने वाला लगता है कि वह आपको मौका ही नहीं देता कि आप बोल सकें। वह बोलता ही चला जाता है और आपके भीतर गूँज पैदा होती है कि अब मैं बोलूँ लेकिन वह मौका नहीं देता। अगर वह आपको भी बोर करने का मौका दे तो वह आदमी बड़ा अच्छा है। वह आदमी बहुत अच्छे लगते हैं, जो आपकी बातें सुनते हैं।

एक सज्जन ने एक दिन मुझसे कहा कि मैं एक घंटे आपसे बातचीत करने आने को हूँ। कई दिनों से प्रतीक्षा करता हूँ, सिर्फ एक घंटा मुझे चाहिए। मैंने उनसे कहा, आज ही आ जाएँ। वह आए और घंटे-भर तक बोलते रहे और मैं हाँ-हूँ करता रहा, बैठकर सुनता रहा। जब वह जाने लगे, मुझसे कहने लगे कि आपकी बातचीत से बहुत आनंद आया। मैं बहुत चौंका।

मैंने उनसे कहा, मेरी बातचीत से? आनंद आया तो आपकी बातचीत से आया। मुझे तो अवसर कहाँ था कि मैं बोलता। आपने बोलने कहाँ दिया?

वे कहने लगे, नहीं-नहीं, बहुत आनंद आया। कभी-कभी आऊँगा और बहुत-बहुत-सी बातें आपसे मुझे पूछनी हैं। उन्होंने न मुझसे कुछ पूछा, न सुविधा थी उन्हें, न उन्हें जरूरत थी। लेकिन जाते समय उन्हें ऐसा जरूर लगा कि बहुत अच्छा आदमी है, इससे बातचीत में बहुत आनंद आया।

नहीं, इस भ्रांति में आप मत रहना कि जब आप बात कर रहे हैं तब आप दूसरे के प्रति प्रीतिपूर्ण हैं। सच तो यह है कि जिसको आप प्रेम करते हैं उसके पास जब आप बैठेंगे तो बातचीत खो जाएगी। जिसको भी आप प्रेम करते हैं उसके पास बातचीत खो जाएगी, उसके पास कुछ बात करने को नहीं मिलेगा। उसके पास लगेगा कि कितना सोचा था कि बात करेंगे, लेकिन जब प्रेमी पास आ जाता है तो सब शब्द खो जाते हैं, सब बात खो जाती है। प्रेमी के पास मौन पैदा हो जाता है।

जिसने भी थोड़ा भी जीवन में प्रेम जाना है, वे जानते होंगे कि प्रेम के निकट शब्द खो जाते हैं और मौन आ जाता है। और उल्टा भी सच है। अगर

मौन आ जाए तो भी प्रेम आ जाता है। वे दोनों एक-दूसरे के छोर हैं। मौन आ जाए तो प्रेम आ जाता है, प्रेम आ जाए तो मौन आ जाता है। नहीं, ऐसा मत सोचें कि मौन से आप कठोर हो जाएँगे। बड़ी कृपा होगी आपकी, बड़ी करुणा होगी दूसरों पर कि आप मौन हैं, आप चुप हैं।

मौन में और करुणा में विरोध नहीं है। मौन से ही करुणा पैदा होती है और करुणावान व्यक्ति धीरे-धीरे मौन होता जाता चला जाता है। वह बोलता है तो इसलिए नहीं कि उसके भीतर बोलने की कोई जरूरत है। वह बोलता है तो इसलिए कि बाहर कोई जरूरत है, अन्यथा वह नहीं बोले। उसका बोलना रोग नहीं है, उसका बोलना बीमारी नहीं है, उसके भीतर कुछ घुमड़ नहीं रहा है, जिसे उसे बरसा देना है। उसका बोलना, जिससे वह बोल रहा है, उसकी जरूरत है, उसका इलाज है, उसका उपचार है।

दो तरह से लोग बोलते हैं, वे जो करुणावान हैं—इसलिए कि उनका बोला हुआ किसी के काम पड़ सकता है। और वे जो करुणावान नहीं हैं—इसलिए नहीं कि उनका बोलना किसी के काम पड़ सकता है; बल्कि इसलिए कि वे इतने भरे हुए हैं शब्दों और विचारों से कि जब तक उसे उलीचने को कोई न मिल जाए, किसी पर फेंकने का अवसर न मिले तब तक वह दिन-भर परेशानी, बोझिलता अनुभव करेंगे। वह कठोरता नहीं मालूम हुई होगी। वह मालूम हुआ होगा बोझिलपन, क्योंकि रोज-रोज जो निकाल देते हैं हम—आज निकालने का अवसर न रहा; वह इकट्ठा हो गया होगा, घना हो गया होगा, मस्तिष्क भारी हो गया होगा।

वह भार कठोरता के कारण नहीं है, वह गलत आदत के कारण है। प्रयोग करेंगे धीरे-धीरे तो वह आदत चली जाएगी और तब मौन से करुणा का जन्म होगा और करुणा से मौन पैदा होता है। उन दोनों में विरोध नहीं है।

एक मित्र ने पूछा है कि एक घंटे के मौन में आपके मन की अवस्था कैसी होती है? ऐसी स्थिति प्राप्त करने के लिए हमें क्या करना चाहिए?

मौन जब पूर्ण होता है तो मन होता ही नहीं। मन की अवस्था का सवाल नहीं है। मौन का अर्थ है मन की मृत्यु। वहाँ मन नहीं है। वहाँ जो रह गया है उसी को आत्मा कहते हैं। तो मौन मन की अवस्था नहीं है। मौन है मन की मृत्यु, मौन है मन का समाप्त हो जाना, मौन है मन का विलीन हो जाना।

जैसे सागर में लहरें हैं, कोई हमसे आकर पूछे कि जब सागर शांत होता है तो लहरों की क्या अवस्था होती है, तो हम क्या कहेंगे? हम कहेंगे, जब

सागर शांत होता है तो लहरें होती ही नहीं। लहरों की अवस्था का सवाल नहीं। सागर अशांत होता है तो लहरें होती हैं। असल में लहरें और अशांति एक ही चीज के दो नाम हैं। अशांति नहीं रही तो लहरें नहीं रहीं, रह गया सागर।

मन है अशांति, मन है लहर। जब सब मौन हो गया तो लहरें चली गईं, विचार चले गए, मन भी गया, रह गया सागर, रह गई आत्मा, रह गया परमात्मा। परमात्मा के सागर पर मन की जो लहरें हैं वे ही हम अलग-अलग व्यक्ति बन गए हैं। एक-एक लहर को अगर होश आ जाए तो वह कहेगी 'मैं हूँ।' और उसे पता भी नहीं कि वह नहीं है, सागर है। यह जो हमें खयाल उठता है कि 'मैं हूँ,' यह हमारी एक-एक मन की अशांत लहरों का जोड़ है। ये लहरें विलीन हो जाएँगी तो आप नहीं रहेंगे, मन नहीं रहेगा। रह जाएगा परमात्मा, रह जाएगा एक चेतना का सागर।

परिपूर्ण मौन—मन की अवस्था नहीं, मन की मृत्यु है। जैसे-जैसे हम मौन होते हैं वैसे-वैसे हम मन के पार जाते हैं। जितना ज्यादा हम विचार से भरे होते हैं उतना हम मन के भीतर होते हैं, जितना विचार के बाहर होते हैं उतना मन के बाहर होते हैं। तो ऐसा मत पूछिए कि उस समय मन की अवस्था कैसी है। अगर मन की कोई भी अवस्था है तो अभी मौन नहीं हुआ। जब मौन होगा तो मन नहीं होगा। जहाँ मन है वहाँ मौन नहीं, जहाँ मौन है वहाँ मन नहीं।

एक मित्र पूछते हैं, एक भिखारी है—उसको हमेशा माँगने की आदत हो गई है, क्या उसके प्रति, ऐसे लोगों के प्रति भी हमारी करुणा होनी उचित है?

निश्चित ही ऐसे सवाल उठने चाहिए।

एक भिखारी है, भीख माँगता है और उसकी आदत हो गई है भीख माँगने की। लेकिन किसने इसे भिखारी बनाया? लेकिन किसने इसे आदत डालने को मजबूर किया? लेकिन किसने इसे आज तक भिक्षा दी? हमने, मैंने, आपने!

यह भिखारी है, क्योंकि यह समाज भिखारी पैदा करने की व्यवस्था से बना हुआ है। इस भिखारी को आदत पड़ गई, क्योंकि यह समाज भिक्षा की आदत डलवाता है। ऋषि, मुनि, साधु, संन्यासी समझाते हैं कि भिक्षा से, दान से मोक्ष मिलेगा, स्वर्ग मिलेगा, परमात्मा मिलेगा। जिस समाज में इस तरह के समझाने वाले लोग हैं कि भिक्षा देने से, दान देने से, गरीब को रोटी देने से मोक्ष मिलेगा, उस समाज में कुछ गरीब दूसरे लोगों को मोक्ष पहुँचाने की अगर

आदत डाल लें तो कोई आश्चर्य नहीं है। और यह समाज कैसा है, जिसमें कि गरीब आदमी पैदा हो जाता है।

जिस समाज में गरीब आदमी पैदा हो जाता है उस समाज के सारे सदस्य उस गरीब आदमी के लिए जिम्मेवार हैं। जिस समाज में भीख माँगने की स्थिति में किसी मनुष्य की आत्मा को खड़े होना पड़ता है वह समाज निंदा के योग्य है, वह पूरा समाज निंदा के योग्य है। और जो आदमी सोचता है कि भिखारी को रोटी देकर मैं करुणा कर रहा हूँ, वह आदमी भी गलत सोचता है। क्योंकि भिखारी को दी गई रोटी से भिखारी नहीं मिटता है, सिर्फ भिखारी को दी गई रोटी से भिखारी अपने भिखमंगेपन में भी संतुष्ट हो जाता है।

नहीं, जिनके मन करुणा से भरे हैं वे इस पूरे समाज को बदल देंगे, जिसमें भिखारी पैदा होते हैं। भिखारी पर दया और करुणा का अर्थ एक ही है कि ऐसा समाज हम बनाएँ, जहाँ भिखारी पैदा न हो सकता हो। भिखारी को दान दे देने से इस भूल में आप मत पड़ना कि आप भिखारी पर करुणा कर रहे हैं।

सच तो यह है कि करुणा की आड़ में आप भिखारी को संतुष्ट होने की व्यवस्था कर रहे हैं कि वह भीख माँगता रहे और संतुष्ट बना रहे। और जिस समाज में भीख माँगने वाला आदमी संतुष्ट हो जाता है, उस समाज में क्रांति असंभव हो जाती है। ये दान देने वाले लोग, ये भिक्षा देने वाले लोग! इन्हें भिखारी के भिखमंगेपन से, इन्हें उसकी दरिद्रता से कोई भी प्रयोजन नहीं है। बल्कि सच तो यह है कि ये सारे दान और यह भिक्षा और ये धर्मशालाएँ और ये मंदिर—ये सब इसलिए खड़े हैं कि भिखारी और गरीब यह भी एहसास करता रहे कि यह समाज बहुत अच्छा है, हमें रोटी देता है, धर्मशाला बनाता है, कपड़े देता है, दवाई देता है। यह समाज बहुत अच्छा है।

और यह समाज उसे भिखारी बनाता है, यह उसे पता न चल पाए। उसे यह पता न चल पाए कि यह समाज ही उसका खून पीता है, और उसे भिखारी बनाता है और यही समाज उसे दो कौड़ी फेंककर यह भी संतोष दिलवाता है कि समाज दानियों का है, अच्छे लोगों का है। इसका एकमात्र परिणाम यह होता है कि दरिद्र जो क्रांति कर सकता था, उसकी क्रांति मर जाती है और समाज जिंदा रहता है। वह समाज जिंदा बना रहता है, जो कि बुनियादी रूप से गलत है, जहाँ गरीब पैदा होता है।

नहीं, जिनके मन में करुणा है, वे एक ऐसा समाज बनाने का विचार

करेंगे, जहाँ गरीब का पैदा होना असंभव हो। मैं उनको करुणावान नहीं कहता जो ऐसे गरीब को रोटी देते हैं। सवाल गरीबी मिटाने का है, एक गरीब को रोटी देने से गरीबी नहीं मिटती है और न गरीब को दरिद्रनारायण कहने से गरीबी मिटती है और न गरीब की पूजा करने से गरीबी मिटती है। गरीबी एक रोग है, गरीबी एक पाप है, पूरे समाज के माथे पर कलंक है, वह पूरी की पूरी गरीबी जिस व्यवस्था से पैदा होती है वह सारी व्यवस्था जला देने योग्य है।

जिनके मन में करुणा है, वे समाज में क्रांति लाएँगे। दान की बातें खतरनाक, थोथी और शरारत से भरी हैं, उनका एक ही मतलब है कि किसी तरह का कंसोलेशन, किसी तरह की सांत्वना गरीब को देते रहो ताकि गरीब गरीब भी बना रहे, अमीर अमीर बना रहे और गरीब कभी इतना असंतुष्ट भी न हो जाए कि वह क्रांति करने को राजी हो जाए।

इसलिए अमीर की जो समाज-व्यवस्था है, धन की जो समाज-व्यवस्था है, शोषण की जो समाज-व्यवस्था है--हर शोषण की समाज-व्यवस्था दान की व्यवस्था भी पैदा करती है। वह दान की व्यवस्था, शोषण की व्यवस्था की सुरक्षा है। वह आयोजन है कि वहाँ शोषण भी चलता रहे और दान भी। और कभी किसी को यह खयाल भी पैदा न हो कि यह सारी दरिद्रता, ये भिखारी, ये भूखे मरते हुए लोग, ये हमारे समाज का जो ढाँचां है, उसके अनिवार्य परिणाम हैं। और जब तक समाज का ढाँचा नहीं बदलता, तब तक यह गरीब-गरीब रहेगा, भिखारी रहेगा। भिखारी भीख माँगने का भी आदी होगा और लोग भीख भी देते रहेंगे।

नहीं, जिसकी करुणा गहरी है वह आर-पार देखेगा पूरी बात को कि यह गरीब कैसे पैदा होता है? यह भिखमंगा कैसे पैदा होता है! यह समाज कैसा है, जिसमें एक आदमी अपनी आत्मा को इतना पतित करने के लिए मजबूर हो जाता है कि वह भीख माँगने की आदत बना ले! और जो लोग इस दरिद्र भिखारी को दान देकर सुख लेते हैं, वे उस भिखारी से भी नीचे गिर रहे हैं कि इस गरीब आदमी को दो पैसे देकर एक आदमी कहता है कि मैंने स्वर्ग की व्यवस्था कर ली।

एक आदमी कहता है, मैं दानी हूँ क्योंकि मैंने दस हजार भिखमंगों को खाना खिलाया। उन भिखमंगों से बदतर है इस आदमी की आत्मा, क्योंकि उनकी गरीबी का भी शोषण किया जा रहा है, उनकी गरीबी को भी रास्ता बनाया जा रहा है स्वर्ग तक पहुँचने का। उनकी दीनता का भी शोषण किया

जा रहा है। उनका धन भी चूस लिया गया, उनकी दीनता भी शोषित की जा रही है। उनकी दीनता का भी एक उपयोग किया जा रहा है—कि स्वर्ग, मोक्ष, भगवान!

नहीं, करुणा—करुणा बहुत गहरी बात है, बहुत क्रांति की बात है। जगत् में करुणा होगी तो ऐसा गंदा और कुरूप समाज एक दिन भी नहीं चल सकता है। यह पूरा समाज बदल देने जैसा है। एक-एक भिखारी का सवाल नहीं है, भिखारी पैदा करने वाले समाज की व्यवस्था का सवाल है। गरीब का सवाल नहीं है, गरीबी का सवाल है। गरीब आदमी का कोई सवाल नहीं है, सवाल है गरीबी का। गरीबी मिटानी है। भिखारी का सवाल नहीं है, सवाल है भिखमंगेपन का। भिखमंगापन क्यों पैदा होता है; उसे मिटा देना है। और वे लोग जो एक भिखारी को चार पैसा और एक रोटी देकर समझते हैं कि करुणा कर ली—करुणा बड़ी सस्ती समझ रहे हैं! बहुत सस्ते में खरीद लाए करुणा को एक रोटी देकर! करुणा इतनी सस्ती नहीं है।

अगर करुणा होती तो हम वह समाज ही मिटा देते। और जिस दिन करुणा होगी यह सारा समाज आमूल बदलना पड़ेगा। और इसलिए धर्मगुरु करुणा और अहिंसा की सब बातें करते हैं, लेकिन नहीं चाहते हैं कि जगत् में करुणा सच में हो। क्योंकि करुणा बहुत क्रांतिकारी है, आग की तरह है, सारी जिंदगी को बदल देगी। इसलिए करुणा की बातें कही गई हैं और धोखा दिया गया है।

करुणा, अहिंसा, दया और प्रेम इन सब शब्दों के पीछे धोखा दिया गया। अहिंसा इसलिए नहीं कि किसी दूसरे आदमी को दुख पहुँचाना बुरा है। अहिंसा इसलिए कि दूसरे आदमी को दुख पहुँचाने से तुम्हें पाप लगेगा और तुम नरक के भागी हो जाओगे। अहिंसा के भी पीछे बुनियादी मतलब दूसरा है।

मतलब यह है कि मैं नरक न चला जाऊँ इसलिए अहिंसा है। दूसरे के दुख से प्रयोजन नहीं है। अगर यह पता चल जाए कि दूसरे को दुख देने से नरक जाने की कोई जरूरत नहीं है तो ये अहिंसा की बातें करने वाले लोग अहिंसा व हिंसा की बातचीत बंद कर देंगे। अगर इनको पता चल जाए कि हिंसा से स्वर्ग पाया जा सकता है तो ये बराबर हिंसा से स्वर्ग पा लेंगे। इन्हें स्वर्ग पाना है। चूँकि समझाया जाता है कि तुम्हारा स्वर्ग छिन जाएगा, इसलिए अहिंसा करनी जरूरी है। अहिंसा शब्द सूचना देता है अपने ही अहंकार की तृप्ति की।

नहीं, इस तरह की अहिंसा न प्रेम है, न करुणा।

इसी संबंध में एक मित्र ने और पूछा है कि अहिंसा, करुणा, दया, प्रेम–क्या ये शब्द समानार्थी नहीं हैं?

नहीं, ये शब्द समानार्थी नहीं हैं। असल में कोई दो शब्द बिलकुल समानार्थी नहीं होते, न हो सकते हैं। अगर हों तो उनकी जरूरत ही खतम हो गई। उनमें थोड़ा-सा फासला और फर्क होता है। इसीलिए वे ईजाद होते हैं, नहीं तो उनकी कोई जरूरत न थी।

करुणा का अर्थ है एक ऐसा हृदय, जो प्रेम से भरा हुआ है। एक ऐसा हृदय, जिसकी धारा बिना शर्त सबके प्रति मंगल की कामना से भरी हुई है।

दया और करुणा में बहुत फर्क है। दया बहुत बुरी बात है। दया कोई शुभ बात नहीं, क्योंकि दया का अर्थ है दूसरे पर दया। और जिस पर हम दया करते हैं उसे हम दयनीय स्वीकार कर लेते हैं और किसी को भी दयनीय स्वीकार करना उसका अपमान है।

इसलिए दया जिस पर भी आप करेंगे, वह आदमी आपकी दया का बदला लेगा, आज नहीं कल आप दया का बदला जरूर पाएँगे। इसीलिए तो लोग कहते हें कि हमने तो इतनी दया की इस पर, इतनी नेकी की और यह बदी से बदला चुका रहा है–चुकाएगा, क्योंकि दया में बुनियादी रूप से घृणा छिपी है, दया में अपमान छिपा है। दया का मतलब है कि तुम नीचे हो और हम दया कर रहे हैं। तुम दया के योग्य हो।

नहीं, दया कोई शुभ शब्द नहीं है। दया कोई पुण्य अर्थ नहीं रखता।

करुणा यह नहीं कहती कि तुम दया योग्य हो इसलिए हम दया कर रहे हैं। करुणा यह नहीं कहती कि मेरा हृदय करुणा से भरा है, इसलिए हम करुणा बाँट रहे हैं। तुम क्या हो इससे कोई प्रयोजन नहीं। सम्राट निकलेगा मेरे सामने से तो भी मेरा हृदय करुणा से भरा रहेगा। लेकिन सम्राट पर दया नहीं की जा सकती, भिखारी पर दया की जा सकती है। सम्राट पर दया कर सकते हैं आप? कैसे करेंगे? सम्राट दयनीय नहीं है, भिखारी दयनीय है।

लेकिन करुणा सब पर की जा सकती है, क्योंकि किसी दूसरे से करुणा का कोई संबंध नहीं है। करुणा मेरा स्वभाव है। फिर दया चौबीस घंटे नहीं की जा सकती। जब दयनीय आदमी मौजूद होगा तभी की जा सकती है। इसलिए दया करने वालों के लिए यह भी जरूरी है कि दयनीय आदमी दुनिया में रहें, नहीं तो दया खतम हो जाएगी। दया किस पर करिएगा अगर दयनीय आदमी न रहे?

एक संन्यासी को तो यहाँ तक मैंने कहते हुए सुना है कि वे लोगों को यह समझाते हैं कि समाजवाद नहीं आना चाहिए, क्योंकि समाजवाद अगर आ जाएगा तो दान और दया का क्या होगा? क्योंकि जहाँ दान और दया नहीं होंगे तो धर्मशास्त्र तो कहते हैं कि बिना दान और दया के मोक्ष नहीं हो सकता है। तो वे कहते हैं इसलिए समाजवाद नहीं आना चाहिए, क्योंकि समाजवाद अगर आ जाएगा तो दान और दया का क्या होगा? क्योंकि जहाँ दान और दया नहीं होंगे तो धर्मशास्त्र तो कहते हैं कि बिना दान और दया के मोक्ष नहीं हो सकता है। तो वे कहते हैं इसलिए समाजवाद नहीं आना चाहिए दुनिया में कि उससे तो कोई दयनीय नहीं रह जाएगा, कोई दया-योग्य नहीं रह जाएगा, कोई भिखारी, दरिद्र नहीं होगा। और दान और दया नहीं होंगे तो दान और दया के बिना कहीं मोक्ष है? वह बात बिलकुल ठीक ही कहते हैं। अगर दान और दया से ही मोक्ष मिलता है तो जिस दिन दुनिया के सारे लोग सुखी और समान हो जाएँगे, उस दिन मोक्ष नहीं मिल सकेगा।

लेकिन दान और दया से कभी किसी को मोक्ष न मिला है और न मिलने का सवाल है। दान और दया घृणा-योग्य शब्द हैं। दया नहीं करनी है किसी पर, करुणापूर्ण होना है। और एक ऐसी दुनिया बनाएगी करुणा, करुणा जहाँ कोई दया-योग्य न रह जाए और किसी को दया करने की और दया देने की और माँगने की जरूरत न होगी। करुणा होगी तो हम एक ऐसी दुनिया बनाएँगे, जहाँ कोई दयनीय न हो, किसी पर दया न करनी पड़े।

करुणा और दया समानार्थी नहीं हैं, बल्कि उल्टे अर्थ रखते हैं।

अहिंसा और प्रेम में भी ऐसा ही बुनियादी फर्क है। अहिंसा का मतलब है दूसरे को दुख मत पहुँचाओ और प्रेम का मतलब है, दूसरे को सुख पहुँचाओ। अहिंसा निगेटिव है, नकारात्मक; प्रेम पाजिटिव है, विधायक। अहिंसा इतना ही कहती है कि नहीं, दूसरे को दुख मत पहुँचाना। क्यों? क्योंकि दूसरे को दुख पहुँचाने से पाप लगता है, इसलिए अहिंसा एक तरह की कठोरता पैदा करवा देती है। दूसरे को दुख मत पहुँचाओ, बस बात खत्म हो गई। दूसरे से संबंध समाप्त हो गया। दूसरे को सुख पहुँचाने का सवाल नहीं है। दूसरा आनंदित हो यह सवाल नहीं है, दूसरा मेरे कारण दुखी न हो जाए यह सवाल है। क्योंकि मेरे कारण अगर कोई दुखी होता है तो उसकी वजह से मुझे आगे आने वाले जन्मों में दुख भोगना पड़ेगा। अंततः केंद्रीय रूप से मेरे दुख और सुख का सवाल है, मैं अपने सुख की तलाश में हूँ। दूसरे को

दुख नहीं पहुँचाना है कि कहीं मेरे सुख की तलाश में बाधा न पड़ जाए। इसलिए अहिंसा बिलकुल ही नकारात्मक शब्द है।

प्रेम विधायक है। प्रेम कहता है दूसरे को सुख पहुँचाओ। क्यों? क्योंकि दूसरे को सुख पहुँचाने में ही तुम्हारा भी सुख है। दूसरे को सुख पहुँचाओ, क्योंकि दूसरे को सुख पहुँचाने में आने वाले जन्मों में तुम्हें सुख मिलेगा, ऐसा नहीं। दूसरे को सुख पहुँचाने की प्रक्रिया में तुम सुखी हो ही जाते हो। दूसरे को आनंदित कर देने में तुम आनंदित हो ही जाते हो।

अहिंसा अहंकार को मजबूत करेगी। और प्रेम अहंकार को विलीन कर देगा, विसर्जित कर देगा, क्योंकि प्रेम की अंतिम मंजिल उस दिन पूरी होती है जिस दिन दूसरा, दूसरा न रह जाए। दूसरे को सुख पहुँचाओ ही नहीं, जिस दिन दूसरा दूसरा भी न रह जाए। अंततः वह जगह आ जाती है प्रेम में, जहाँ दूसरा समाप्त हो जाता है। लेकिन अहिंसा में दूसरा कभी समाप्त नहीं हो सकता। दूसरे से इतना ही प्रयोजन है कि उसको दुख नहीं पहुँचाना। बात खतम हो गई, इससे आगे कोई संबंध नहीं।

ये सारे शब्द अलग अर्थ रखते हैं। मैं, अहिंसा शब्द से जैसी ध्वनि निकलती है, उसके पक्ष में नहीं हूँ और न दया शब्द के पक्ष में हूँ। मैं प्रेम और करुणा के जरूर पक्ष में हूँ। प्रेम और करुणा में समानधर्मा अर्थ है, लेकिन वे, पर्यायवाची वे भी नहीं हैं, वे भी एक ही अर्थ नहीं रखते। प्रेम जैसा कि प्रचलित है, जैसा कि हम उसे उपयोग करते हैं; हमेशा दो व्यक्तियों के बीच संबंध है। करुणा दो व्यक्तियों के बीच संबंध नहीं है, एक व्यक्ति की मानसिक दशा है, स्टेट आफ माइंड है। करुणा में दूसरे का प्रश्न नहीं है, दूसरे का सवाल नहीं है। वह व्यक्ति करुणापूर्ण है। कोई दूसरा है, नहीं है, इसका कोई सवाल नहीं है।

एक निर्जन रास्ते पर फूल खिला है। रास्ते से कोई निकले या न निकले, फूल सुगंध बिखेरता रहेगा। फूल नहीं कहेगा कि अभी रास्ते पर आने वाले लोग नहीं हैं, दरवाजा बंद है, अभी सुगंध नहीं फेंकते, अभी कोई निकल ही नहीं रहा है तो किसको! नहीं, फूल को फिक्र नहीं है कि कौन निकला; कि कौन नहीं निकला। फूल के तो प्राणों में सुवास भरी है वह बही चली जा रही है, बही चली जा रही है। उसका दूसरे से कोई भी लेना-देना नहीं है। दूसरे की कोई अपेक्षा नहीं है; दूसरे की कोई शर्त नहीं है। फूल अपने प्राणों में सुगंध से भरा है, वह बँटती चली जा रही है। करुणा इस तरह की बात है।

लेकिन प्रेम, जिसे हम प्रेम कहते हैं वह प्रेम सदा दूसरे की अपेक्षा में;

जैसे ही कोई कहे कि मैं प्रेम करता हूँ, हम फौरन पूछेंगे किससे? किससे हो गया प्रेम आपका?

लेकिन करुणा में यह पूछने का सवाल नहीं है कि किस पर? यह सवाल नहीं है। करुणा एक रिलेशनशिप नहीं है। वह एक अंतर्संबंध नहीं है। करुणा एक भावदशा है। अकेला व्यक्ति करुणापूर्ण हो सकता है। लेकिन जैसा हम प्रेम का उपयोग करते हैं उस प्रेम में एक अंतर्संबंध है, दो व्यक्तियों के बीच एक नाता है।

अगर ठीक से समझें तो प्रेम ही जब विकसित होकर विराट हो जाता है और संबंधों के पार चला जाता है तो करुणा हो जाती है। करुणा जो है, वह प्रेम की परिपूर्णता है। जब प्रेम दो व्यक्तियों के बीच का संबंध नहीं रह जाता, बल्कि प्रेम फैलकर एक और अनंत के बीच की अवस्था हो जाता है, तब वह करुणा बन जाती है। प्रेम का ही परिपूर्ण विकास करुणा है। प्रेम पहला चरण है, करुणा अंतिम मंजिल है। लेकिन उनमें फर्क है, उनमें बुनियादी फर्क है।

और करुणा इन चारों शब्दों में सबसे ज्यादा मूल्यवान है। करुणा जैसा प्यारा शब्द खोजना मुश्किल है। कंपेशन—वह बात ही बहुत अद्‌भुत है, वह शब्द ही बहुत अद्‌भुत है। उस पर जितना सोचें, जितना उसका अनुभव करें उतने नए अर्थ और नई गहराइयाँ दिखाई पड़नी शुरू हो सकती हैं।

एक मित्र ने पूछा है कि ध्यान में आँसू क्यों आने लगते हैं, रोना क्यों होने लगता है? क्या यह रुदन स्वाभाविक प्रक्रिया है ध्यान में?

ध्यान में एक ही घटना घटती है कि आप सरल हो जाते हैं और आपके सारे बंधन टूट जाते हैं। और आदमी इतना जटिल हो गया है कि उसने आँसुओं तक पर रोक लगा रखी है, उनको भी वह सप्रेस करता है और दमन करता है। आदमी ऐसा समझता है कि आँसू कमजोरी हैं। और आँसू से ज्यादा पवित्र कुछ भी नहीं है और आँसू से ज्यादा इन्नोसेंट और निर्दोष कुछ भी नहीं है। कोई हीरे, कोई मोती एक आँसू के बराबर भी मूल्य नहीं रखते।

लेकिन आदमी की बुनियादी भ्रांतियों में एक भ्रांति यह भी है कि आँसू कमजोरी के लक्षण हैं। इसलिए खासकर पुरुषों ने जोकि अपने को शक्तिशाली समझता है उसने ... तो आँसुओं को बिलकुल ही पी गया है। उसने तो आँसू बिलकुल रोक लिए हैं। वह उसके प्राणों में रुके हुए, अटके पड़े हैं।

जैसे ही मन सरल होगा, आँसू बहने शुरू हो जाएँगे। वह बाँध टूट

जाएगा, जो रोका था। आँसू नहीं बहते हैं। उसका अर्थ यह है कि आप कठोर हो गए हैं, अन्यथा आँसू जीवन के अनिवार्य हिस्से हैं। और जिस आदमी की आँखों ने आँसू बहाना छोड़ दिया वह या तो पत्थर हो गया या परमात्मा हो गया। आदमी तो नहीं रह गया है। वह जो आदमी की सरलता है, वह जो आदमी का प्रेमपूर्ण व्यक्तित्व है, उस व्यक्तित्व में आँसू फूल की तरह हैं।

यह भी एक भ्रांति है कि आँसू सिर्फ दुख में आते हैं। नहीं, आँसुओं का दुख से कोई अनिवार्य संबंध नहीं। आँसू आते हैं अतिरेक में। चाहे दुख अतिरेक हो जाए, चाहे सुख, चाहे आनंद, चाहे खुशी। जो भी चीज अतिरेक हो जाएगी, अतिशय हो जाएगी, इतनी हो जाएगी कि आपके भीतर समाएगी नहीं, ओवरफ्लो होने लगेगी; वही आँसू बन जाएगी।

अगर आनंद इतना भर जाएगा भीतर कि बहने लगे चारों तरफ तो कैसे बहेगा, वह आँसू बन जाएगा। अगर दुख ज्यादा हो जाएगा तो दुख आँसू बन जाएगा। जो भी चीज भीतर ज्यादा हो जाएगी—प्रेम ज्यादा हो जाएगा तो आँसू बन जाएगा, श्रद्धा ज्यादा हो जाएगी तो आँसू बन जाएगी। आँसू सिर्फ अतिरेक की अभिव्यक्ति का माध्यम है, वह ओवरफ्लोइंग है। आँसू का कोई संबंध दुख से नहीं है। दुख से संबंध मान लेने के कारण मनुष्य को ऐसा लगने लगा कि अपने पर नियंत्रण होना चाहिए।

और आँसू रोककर मनुष्य जितनी कठिनाइयों में पड़ा है उतना और कम ही चीजों को रोककर पड़ा है। मनोवैज्ञानिक तो कहते हैं कि आदमी को फिर से रोना सिखाना पड़ेगा। क्योंकि पाया यह गया है स्त्रियों की बजाय पुरुषों में मानसिक रूप से तनाव और विक्षिप्तता की मात्रा ज्यादा है। और उसके ज्यादा होने के कुछ थोड़े-से बुनियादी कारणों में एक कारण यह है कि स्त्रियाँ अब भी रो लेती हैं, पुरुष ने रोना बिलकुल बंद कर दिया है। स्त्रियाँ इसलिए आज भी थोड़ी हल्की और सरल हैं—थोड़ी कम वजनी, कम गंभीर! और स्त्रियों के सौंदर्य के बहुत-से हिस्सों में एक हिस्सा यह भी है कि आज भी उनके आँसू बिलकुल समाप्त नहीं हो गए हैं। हालाँकि जैसे-जैसे सभ्यता विकसित होती है और जैसे-जैसे स्त्रियों को ठीक पुरुषों जैसा बनाने की चेष्टा चलती है वैसे-वैसे उनके आँसू भी क्षीण होते चले जा रहे हैं।

पश्चिम की स्त्री रोने में उतनी समर्थ नहीं रह गई, जितना पूरब की स्त्री। उसको भी खयाल आ गया है कि मैं और रोऊँ! रोना कमजोरी है? रोना कमजोरी नहीं है। असल में जो नहीं रो सकता, वह इस बात का सबूत देता

है कि उसके भीतर ऐसे कोई भी भाव नहीं उठते, जो ओवरफ्लो हो जाते हों, जो ऊपर से बह जाते हों। जो नहीं रोता उसका मतलब है कि वह भावातिरेक के नीचे जीता है। वह कभी भावातिरेक के क्लाइमेक्सेस को, चरम अवस्थाओं को, पीक एक्सपिरिएंसेस को नहीं छू पाता, वह कभी जीवन की उन ऊँचाइयों को नहीं छूता, जहाँ से चीजें बहती हैं। वह हमेशा नीचे जीता है।

नहीं, आँसू का न होना बहादुरी का लक्षण नहीं है और न शक्ति का लक्षण है। आँसू के संबंध में यह धारणा मनुष्य को एक दमन में ले गई है कि रोक लो, और जिस आदमी ने अपने आँसू रोक लिए हैं, उसकी करुणा रुक जाएगी। उसका कंपेशन रुक जाएगा। और जिन-जिन देशों में, धर्मों ने अनासक्ति की और अमोह की अतिवादी धारणाएँ प्रचलित की हैं, उन-उन देशों में मनुष्य अत्यंत कठोर हो गया है। उसकी कठोरता को हम शक्ति समझते हैं।

नहीं, कठोरता मनुष्य की शक्ति नहीं है। शक्ति तो सदा सरलता है।

जापान में एक भिक्षु था, उसकी मृत्यु हो गई। उस भिक्षु की दूर तक ख्याति थी। लाखों उसके प्रेम करने वाले, पूजने वाले थे। उसका एक प्रमुख शिष्य भी था। उस शिष्य की ख्याति अपने गुरु से भी ज्यादा थी। लोग कहते थे, वह स्थितप्रज्ञ है। लोग कहते कि उसे तो बोध हो गया। उसने परमात्मा को अनुभव कर लिया है।

फिर उसके गुरु की मृत्यु हुई तो लाखों लोग इकट्ठे हुए। वहाँ तो मेला भर गया। वे सारे लोग देखकर हैरान हुए कि वह प्रमुख शिष्य, जिसको वे समझते थे, ज्ञान को उपलब्ध हो गया है, छाती पीट-पीटकर रो रहा है। उसकी आँखों से आँसुओं की धाराएँ बही जा रही हैं। वह गिर-गिर पड़ता है, वह बेहोश हो जाता है।

निकट के लोगों ने कहा, यह तुम क्या करते हो? तुम्हारी सारी इज्जत पानी में मिल जाएगी। लोग क्या कहेंगे कि इतना बड़ा ज्ञानी और यह भी रोता है।

वह रोता था, हँसने लगा। उसने कहा, तुमसे किसने कहा कि ज्ञानी नहीं रोते? तुमसे कहा किसने कि ज्ञानी नहीं रोते हैं?

वे लोग कहने लगे कि क्यों रोएँगे ज्ञानी, क्योंकि ज्ञानी तो कहते हैं; आप ही तो समझाते हैं कि आत्मा अमर है। अगर आत्मा अमर है तो फिर रोते क्यों हैं? वह आदमी कहने लगा कि मैं आत्मा के लिए रो कब रहा हूँ? वह शरीर भी बहुत प्यारा था, जो चला गया। वह शरीर भी बहुत प्यारा था, वह कहने लगा फकीर। वह शरीर अब कभी भी नहीं हो सकेगा, वह शरीर गया,

गया—सदा—सदा के लिए। अनंत काल बीत जाएगा, वह शरीर फिर दोबारा नहीं होगा। मैं उस शरीर के लिए ही रोता हूँ। आत्मा के लिए कौन रोता है? और यह तुमसे किसने कहा कि ज्ञानी नहीं रोते!

वह फकीर कहने लगा ज्ञानी भी रोते हैं, अज्ञानी भी रोते हैं। अज्ञानी अज्ञान के कारण रोते हैं। ज्ञानी ज्ञान के कारण रोते हैं। ज्ञानी के रोने के कारण दूसरे होते हैं, अज्ञानी के रोने के कारण दूसरे होते हैं। दोनों के आँसुओं में फर्क होता है। लेकिन आँसू समाप्त नहीं हो जाते।

यह जो ध्यान की अवस्था में आँसू बहने लगेंगे, यह बिलकुल ही एक अर्थों में स्वाभाविक है। बहुत दमन किया है मन का, उसे बह जाने दें। इधर ध्यान में भी मैं देखता हूँ कि उन आँसुओं को भी रोकने की चेष्टा चलती है कि कहीं वे निकल न जाएँ। कोई पड़ोस का क्या कहेगा। हमने कुछ ऐसी बेवकूफी की धारणाएँ बना रखी हैं कि कोई रो रहा है, तो पड़ोस का क्या कहेगा? कोई क्या कहेगा?

कोई क्या कहेगा! क्या इतना भी हक नहीं है आदमी को कि अपनी आँखों से आँसू बहा सके? तो यह समाज फिर हद परतंत्रता का समाज है। यहाँ कोई आदमी रोने के लिए भी स्वतंत्र नहीं, फिर और किस चीज के लिए स्वतंत्र हो सकोगे!

नहीं, जरा भी न रोकें, बह जाने दें पूरे अपने हृदय को। उसके बह जाने पर पीछे एक अत्यंत गहरी शांति और साइलेंस छूट जाएगी। वे आँसू मन के बहुत—से भार को ले जाएँगे, वे आँसू मन के बहुत—से तनाव को ले जाएँगे, वे आँसू मन की बहुत—सी बोझिलता को बहा देंगे। जैसे नदी में पूर आता है तो किनारे की सारी गंदगी बहा ले जाती है और पीछे किनारे साफ और ताजे और स्वच्छ हो जाते हैं। वैसे आँखें जब पूर से भर जाती हैं तो मन के बहुत—से कचरे को, बहुत—सी रुकावट को, बहुत—सी गंदगी को बहा ले जाती हैं और पीछे मन हल्का हो जाता है।

मैं तो कहता हूँ, जो आदमी भी रोने की कला सीख लेता है, वह आदमी रोज अपने मन को स्नान करने की कला सीख लेता है। प्रार्थना में रोना न आया, ध्यान में रोना न आया तो और कब रोना आएगा? लेकिन कोई बनकर के रोने के लिए नहीं कह रहा हूँ कि आप बनकर रोने लगें। क्योंकि हम ऐसे अजीब लोग हैं कि हम बनकर भी रोते हैं और बनकर भी रो सकते हैं। हमने सारी चीजें आर्टिफिशियल और कृत्रिम बना लीं। अनेक लोग रोते हुए दिखाई नहीं पड़ते हैं

कभी, एक पागलपन यह है। एक पागलपन यह भी है कि लोग झूठे ही रोते भी दिखाई पड़ते हैं। कोई मर गया है और कोई भी जाकर रोने लगा है और सारे आँसू बिलकुल झूठे हैं। क्योंकि वह आदमी अभी हँसता था। वह आदमी घर के बाहर आकर फिर सिगरेट जला ली और हँस रहा है, और अभी वह रो रहा था।

रोना कुछ इतनी आसान बात है कि आप गए भीतर और बाहर आ गए। तो आदमी रोता ही नहीं है। रोता है तो झूठा रोता है। हमने कुछ अजीब, एब्सर्डिटी, अपने व्यक्तित्व में कुछ अजीब बेबूझपन और बिलकुल ही दिवालियापन पैदा कर लिया है। हम सच्चे रो भी नहीं सकते हैं।

वह मैं नहीं कह रहा हूँ कि आप रोएँ। लेकिन अगर ध्यान के क्षणों में हृदय सरल हो और आँसू बह जाना चाहें, तो भूलकर भी उन्हें रोकना मत, उन्हें बह जाने देना। उन्हें कहना कि जाओ बह जाओ और उन्हें धन्यवाद देना, क्योंकि उसके पीछे मन हल्का और शांत हो जाएगा। ध्यान की गहराई बढ़ेगी। ध्यान की निश्चित गहराई बढ़ेगी। करुणापूर्ण व्यक्तित्व को तो निरंतर आँखें भरी ही रहती हैं। जरूर बुद्ध और महावीर रोते हुए दिखाई नहीं पड़ते हैं। लेकिन इसका कारण यह नहीं है कि उनकी करुणा मर गई है। इसका कारण कुल इतना है कि चौबीस घंटे ही उनका हृदय करुणा और आँसुओं से भरा हुआ है। हर घड़ी रोने की जरूरत नहीं रह गई। उसका कारण यह नहीं है।

एक आदमी किसी को प्रेम करता है तो कभी दिन में एकाध-दो बार कर लेता है। एक आदमी इतना भी प्रेम कर सकता है कि दिन-भर ही याद बनी रहती हो कि याद करने का सवाल ही न रह जाए। वे जो लोग करुणा में गहरे चले गए हैं, जरूर उनकी आँखों में आँसू दिखाई नहीं पड़ेंगे, क्योंकि उनके आँसू तो उनकी सारी आत्मा पर फैल गए हैं। उनकी करुणा तो उनका पूरा व्यक्तित्व बन गई है। लेकिन उस दिशा में जो यात्रा है, वह आँसुओं से होकर जाती है।

जीवन की कोई भी गहरी यात्रा आँसुओं के बिना नहीं है—चाहे हो प्रेम, चाहे हो प्रार्थना, चाहे हो सत्य, चाहे हो परमात्मा। जीवन में जो भी महत्त्वपूर्ण है, वह आँसुओं के मार्ग से गुजरता है। और घबराने की जरा भी जरूरत नहीं है। आँसू मित्र हैं। लेकिन हमें पता ही नहीं कि पीछे हम कितने हल्के हो जाएँगे, क्या हो जाएँगे। कोई आदमी जब बच्चे की तरह रो लेता है, आनंद में, प्रेम में, करुणा में तो पीछे क्या हो जाता है? कैसी फ्रेशनेस, कैसी ताजगी, ऐसे फूल जैसे वर्षा में नहा गए हों—या आकाश के तारे वर्षा के बाद जैसे दिखाई पड़ते हैं, सद्य:स्नात, अभी नहाए-नहाए। वैसे ही मन भी अभी नहाया-नहाया हो जाता है।

ध्यान तो एक स्नान है अंतस का। अगर आँसू बहते हों तो बह जाने दें। जरा भी उन्हें रोकने की जरूरत नहीं है। पूरे हृदय में जो होना हो, हो जाने दें। कुछ भी रोकने की जरूरत नहीं है, ताकि पीछे ज्वार जाए, ताकि पीछे से सारा ज्वर निकल जाए और भीतर एक वेटलेसनेस, एक शून्यता, एक भार-रहितता पैदा हो सके। एक निर्भार भाव पैदा हो सके।

तो आँसू आते हों तो रोकें न, न आते हों तो कृपा नहीं, कोई जरूरत नहीं। लाने की कोई कोशिश न करें। कोई उनकी आवश्यकता नहीं है कि आप उन्हें लाएँ। आ जाएँ तो ठीक, आ जाएँ तो बह जाने दें। न आएँ तो ठीक। उस दिशा में कोई ध्यान देने की भी जरूरत नहीं है। सरल होने की जरूरत है। जैसा हो वैसा हो जाने दें।

एक प्रश्न और—फिर बाकी प्रश्नों पर कल मैं बात करूँगा।

एक मित्र ने पूछा है कि कभी किसी के सुधार के लिए कठोर होना पड़ता है तो क्या वैसा कठोर होना बुरा है?

बहुत सोचने जैसा है इसमें। सुधार के कई तरह के मजे हैं। सुधार का सौ में से निन्यानबे प्रतिशत मजा तो यह होता है कि मैं किसी को सुधार दूँ। असल में किसी को बनाने और सुधारने में बड़ा रस आता है, क्योंकि हम उसके मालिक हो जाते हैं बनाने और सुधारने में। अधिकतम लोग सुधारने के लिए इसलिए आतुर नहीं होते कि सुधार से उस दूसरे का कुछ हित हो जाएगा, बल्कि सुधार का एक रस है और एक आनंद है। सुधार का मतलब है दूसरे को अपनी मुट्ठी में बंद कर देना और जैसा मैं चाहूँ वैसा बनाऊँ। क्या होगा उसका, यह कुछ पता नहीं है। क्या किसी को मुट्ठी में बंद करके जबरदस्ती बनाना हितकर होगा, यह भी पता नहीं है।

लेकिन सुधार में एक तरह की हिंसा, एक तरह की लाइसेंस है। बाप कहता है अपने बेटे को, मेरे जैसा बनाऊँगा तुझे। जैसे कि बाप सच में कुछ बन गया हो। क्या पा लिया है उस बाप ने, जो बेटे को अपने जैसा बनाने की कोशिश कर रहा है? वह खुद दीन-हीन खड़ा है, हारा हुआ। लेकिन बेटे को अपने जैसा बनाना है। अपने जैसे बनाने में बेटे के हित का कोई सवाल नहीं है।

लेकिन अपने जैसा किसी को बनाकर खड़ा करने में अहंकार को बड़ी तृप्ति मिलती है। यह जो अपनी शक्ल-सूरत का फैलाव करने वाली गुरुडम है, कि एक आदमी गेरुआ वस्त्र पहने हुए है तो पचास लोगों को गेरुआ वस्त्र

पहनवा देगा, एक आदमी मुँह पर पट्टी बाँधे हुए है तो न मालूम दस-पच्चीस बेवकूफ इकट्ठे कर लेगा, उनके मुँह पर पट्टी बँधवा देगा। इनका जो रस है, यह रस किसी के सुधार का रस नहीं है। यह अहंकार के विस्तार का रस है, कि मैं– मैंने पचास आदमी बदल दिए और बना दिए।

नहीं, अगर इस तरह बनाने और सुधारने की कोशिश में लगे हैं तो वह कठोरता कठोरता है, करुणा नहीं।

लेकिन सच में ही किसी के प्रेम में, किसी के प्रति करुणा में, किसी के मार्ग से एक काँटा हटाने में अगर कुछ करना पड़ता हो तो कोई फिक्र नहीं है। दुनिया कहेगी उसे कठोर, लेकिन आप भली-भाँति जानते हैं कि उस काम को करने में आपका हृदय कठोर नहीं हुआ है। बल्कि और भी करुणा से विगलित हो गया है।

दुनिया की क्या फिक्र है! यह सवाल किसी दूसरे को नापने-जोखने का नहीं है। ये सवाल तो अपने भीतर नापने और जोखने के हैं। अगर एक आदमी आग में जलने जा रहा है और किसी ने उसका हाथ पकड़कर जोर से खींच लिया है, दुनिया कहेगी, यह कैसा आदमी है। इसने इतने जोर से हाथ खींचा कि उसके हाथ में चोट लग गई। लेकिन यह आदमी कहेगा कि लग जाए चोट, आग में इसे मैं नहीं जाने देना चाहता था। यह जल सकता है।

दुनिया का सवाल नहीं है, साधक के लिए सवाल है अपनी अंतर-परीक्षा का। क्या मेरे सुधार करने का असली मजा और रस कठोर होने में तो नहीं है; कि कठोर होने का रस लेना चाहता हूँ, इसलिए सुधार कर रहा हूँ। यह जरा जाँचना चाहिए। यह तो बारीक सवाल है और बारीक जाँच भीतर चलनी चाहिए या कि मेरी करुणा कह रही है कि मैं बदलूँ, बदलने का कुछ उपाय करूँ। और स्मरण रहे, जितने आप कठोर हो जाएँगे, उतना ही किसी को बदलना मुश्किल है, क्योंकि कठोरता के उत्तर में आती है कठोरता। कठोरता के उत्तर में जितनी आपकी चेष्टा होती है कि मैं बदलूँ, दूसरे का अहंकार कहता है कि मुश्किल है मुझे बदलना। मैं भी कोई साधारण नहीं हूँ। इसलिए अच्छे माँ-बाप के बेटे बुरे होते देखे जाते हैं।

गांधी जैसे अच्छे बाप के बेटे भी बिगड़ गए। और कारण था यह खयाल कि उनको बदलना है। तो उन लड़कों का भी अहंकार है अपना। वह कहते हैं तो ठीक है, बदल लो। कैसे बदलना है देखें। एक लड़का शराब पीने लगा, धर्म परिवर्तन किया, कहीं गलत जगह शादी की; गांधी को खबर लगी तो दुख हुआ।

उस लड़के को खबर मिली कि गांधी दुखी हुए हैं तो वह हँसा और उसने कहा, अच्छा तो वह अभी दुखी होते हैं! वह तो कहते थे कि दुख सुख के बाहर हो गए हैं। और मैंने हिंदू धर्म छोड़कर कोई दूसरा धर्म पकड़ लिया तो दुख की क्या बात है? वह तो कहते हैं, अल्लाह-ईश्वर तेरे नाम। तो दुख की क्या बात है? कोई भी धर्म हुआ, जैसे हिंदू वैसा मुसलमान, वैसा कोई और। फर्क क्या है?

अच्छे बाप बेटों को बिगाड़ने के कारण बनते हैं, सुधारने के नहीं। क्योंकि जितना अहंकार उनका कहता है कि बदल दूँगा, उतना ही बेटे का अहंकार कहता है कि देखें कौन बदल सकता है? नहीं, कठोरता से कोई कभी बदला नहीं गया। इसलिए जो बदलने की, सच में किसी के प्रति प्रेमपूर्ण आतुरता से उत्सुक होता है, इसलिए नहीं कि मैं उसे अपने विचार का बना लूँ, बल्कि इसलिए कि उसके मार्ग पर जो पत्थर मुझे दिखाई पड़ता है, मैं उस मार्ग से गुजरा हूँ; व्यर्थ ही उस पत्थर से वह चोट न खाए, उस पत्थर को हटाने की कोशिश करूँ। वह बहुत करुणापूर्ण होगा। उसकी कठोरता दुनिया को कठोरता दिखाई पड़े, उसकी कठोरता करुणा का ही हिस्सा होगी।

करुणा अगर महान है तो कठोर भी हो सकती है, लेकिन वह कठोरता कहीं भी नहीं होगी, एक कोने में भी नहीं हृदय के उसके। दुनिया उसको कहेगी कठोर। दुनिया कहे उससे कोई सवाल नहीं है। परीक्षण भीतर है कि मैं कठोर होने का रस तो नहीं ले रहा हूँ। कहीं यह विधि, नियम और निषेध जो मैं बना रहा हूँ कि उठो चार बजे सुबह, यह सिर्फ यह मजा तो नहीं ले रहा हूँ कि एक आदमी को सुबह चार बजे ठंड में उठवाने का एक मजा है, एक रस है। कहीं वह मजा तो नहीं ले रहा हूँ।

यह ध्यान में स्पष्ट हो तो करुणा बदलने की अद्‌भुत शक्ति रखती है। लेकिन बदलने में मेरा रस नहीं है। और तब बदलने की उतनी आतुरता भी नहीं है, तब सिर्फ दूसरे के प्रति प्रेम प्रकट कर देना पर्याप्त है उसे बदलने को। अगर करुणा से भरी आँखें हों तो दूसरा आदमी उन आँखों को देखते तक बदल सकता है। करुणा से भरा हुआ हाथ हो तो हाथ का इशारा और स्पर्श भी बदल सकता है। और कठोरता की तलवारें भी कुछ नहीं कर पातीं। आदमी बड़ी-से-बड़ी तलवार से बड़ा है, लेकिन आदमी छोटी-से-छोटी करुणा के सामने एकदम कमजोर हो जाता है।

वह तो एक-एक व्यक्ति को भीतर नापने और जोखने की बात है कि हम जो कर रहे हैं वह कहीं धोखेबाजियाँ तो नहीं हैं। सौ में निन्यानबे मौकों पर

धोखेबाजियाँ हैं। इसलिए किसी को सुधारने के लिए बहुत उत्सुक मत होना। किसी को सुधारने के लिए आप कृपा ही करेंगे तो बहुत है। आप अपने को ही सुधारें तो काफी है। और आपका सुधर जाना और आपका करुणापूर्ण व्यक्तित्व जरूर आसपास ऐसे बीज फेंकता है कि दूसरे लोग भी सुधरते हैं। लेकिन सुधारने में न आपकी आकांक्षा होती है, न प्रयास होता है। न सुधरने की हिंसा होती है।

नहीं, मैं किसी के सुधारने के पक्ष में नहीं हूँ। अपने को हम सुधारें, बनाएँ, निर्मित करें। अगर उसमें सुगंध होगी, उस दीये में रोशनी होगी तो जिनके दिये बुझे हैं; वे आ जाएँगे पास और पूछने लगेंगे कहाँ से लाए यह रोशनी, कैसे आया यह प्रकाश! हमारे घर में अँधेरा है, हम भी दीया जलाना चाहते हैं। तब वे आ जाएँगे आपके सुगंध के घेरे में और भर जाएँगे सुगंध से। तब वे आ जाएँगे आपके संगीत को सुनने और डूब जाएँगे उसमें और बदल जाएँगे।

लेकिन नहीं, आपको उन्हें बदलना नहीं है। किसी को बदलने की सचेष्ट चेष्टा, बहुत सजग चेष्टा खतरनाक बात है। और यह दुनिया जो इतनी बदतर हालत में पहुँची है, यह दुनिया को बदलने वाले लोगों की वजह से। दुनिया को बदलने वाले लोग इतने बड़े मिस्चीफ मांगर्स रहे हैं, इतने उपद्रवी रहे हैं, जिसका हिसाब लगाना कठिन है। क्योंकि उन्होंने बदलने की जो अति चेष्टा की है, आदमी के अहंकार को उतना ही मुश्किल हो गया है बदलाहट को स्वीकार करना। वह सख्त हो गया है, वह कठोर हो गया है। उसने कहा कि नहीं बदलेंगे। अगर तुम्हें रस आता है हमें तोड़ देने में तो हम टूटेंगे नहीं, हम झुकेंगे नहीं। हम मिट जाएँगे लेकिन हम ऐसे ही खड़े रहेंगे।

अहंकार, सिर्फ अहंकार को चुनौती दे देता है और खड़ा कर देता है। अहंकार सिर्फ अहंकार से संघर्ष में पड़ जाता है। नहीं, करुणा के पास कोई अहंकार नहीं है, उसके पास बहुत नाजुक इशारे हैं। उसके पास आँखें हैं, उसके पास प्रेम के हाथ हैं। उसके पास प्रेम का एक व्यक्तित्व है। उसी व्यक्तित्व से जो कुछ हो जाएगा अपने आप, अपने से, वही ठीक। जो करना पड़े और चेष्टा करनी पड़े, वह गलत है। इसलिए भूलकर कठोर होने की जरूरत नहीं है।

लेकिन करुणा जानती है अपने रास्ते और जब करुणा हृदय में होती है तो उसे जो भी जरूरत होती है वह करती है। लेकिन उसका कोई पता भी नहीं चलता है कि पीछे करुणा है। और जब कोई प्रेमपूर्ण व्यक्ति, कोई करुणा से भरा हुआ व्यक्ति किसी के प्रति कठोर दिखाई पड़ता है तो सारी दुनिया को दिखाई पड़ता होगा, लेकिन जिसके प्रति वह कठोर हो गया है, वह अगर

उसके प्रेम से थोड़ा भी परिचित है तो सपने में भी उसे खयाल नहीं आता कि मेरे प्रति कठोर हुआ है। बल्कि उसकी कठोरता के प्रति भी अनुग्रह का भाव होता है, ग्रेटीट्यूट का भाव होता है कि कितना प्रेम था उसका मेरे प्रति कि वह कठोर भी हो सका।

प्रेम कठोर होता है। उसकी जैसी शक्ति और फौलाद किसी और चीज में नहीं है। लेकिन वह कठोरता, वैसी कठोरता नहीं है, जिसकी मैंने बात कही। वह कठोरता भी करुणा का ही रूप है। वह करुणा का ही सघन, कंडेंस्ड रूप है।

और बहुत से प्रश्न रह गए। वह कल हम बात करेंगे।

अब हम रात के ध्यान के लिए बैठेंगे।

इतनी बढ़िया रात है। इतनी बढ़िया रात को देख लें। जरा-सा चूक जाना बहुत नासमझी है। कौन जाने यह सागर-तट मिले या न मिले। यह चाँद, यह चाँदनी, यह सरू का वन फिर हो न हो। कोई पल लौटकर तो आता नहीं, कोई क्षण वापस तो आता नहीं। कल का कोई भरोसा नहीं। आज जो हाथ में है वही हाथ में है। उसका हम पूरा उपयोग कर लें। इसके अतिरिक्त साधना का और कोई अर्थ नहीं होता है।

ध्यान में हम बैठेंगे। सारे शरीर को शिथिल छोड़ देना है। कुछ मित्रों ने पूछा है, आधी आँखें खोल रखने से तनाव होता है! जिनको भी आधी आँख खोले रखने से तनाव होता हो, वे आँख बंद कर लें। सवाल हमेशा यही है कि सब तरह से चित्त शिथिल हो जाए। अगर आपकी आँख पर तनाव पड़ता है आधी खोलने से तो आप बंद कर लें। जिनकी आँख पर आधी खोलने से तनाव नहीं पड़ता हो वे आधी खोलें, अन्यथा बंद कर लें। अब मैं सुझाव दूँगा थोड़ी देर तक कि आपका शरीर शिथिल हो रहा है, तो अनुभव करना है कि शरीर बिलकुल शिथिल हो गया है।

फिर सुझाव दूँगा कि श्वास शांत हो रही है तो धीरे-धीरे अनुभव करना है कि श्वास बिलकुल शांत हो गई है। उसे रोकना नहीं है। सिर्फ धीमी छोड़ देना है। अपने आप आए-जाए। न हमें गहरी लेनी है, न धीमी लेनी है, छोड़ देनी है!

फिर मैं कहूँगा, मन शांत हो रहा है। और जब सब शांत हो जाएगा तो फिर यह सागर का गर्जन सुनाई पड़ेगा। जंगल की आवाजें सुनाई पड़ेंगी, रात का

सन्नाटा आपको घेर लेगा। फिर दस मिनट तक उसको ही सुनते चले जाना है। जस्ट लिसनिंग, सुनते ही चले जाना है, सुनते ही चले जाना है, सुनते ही चले जाना है। ऐसा हो जाए कि जंगल ही रह जाए, चाँदनी रह जाए, सागर रह जाए और हम बिलकुल मिट जाएँ। और यह हो सकता है और यह हो जाएगा।

तो अब बैठें, शरीर को शिथिल छोड़ दें। आँख चाहें तो बंद कर लें, चाहें तो आधी खुली रखें।

अब मेरे साथ अनुभव करें कि शरीर शिथिल हो रहा है और उसे ढीला छोड़ दें। जैसे कोई प्राण नहीं है, जैसे शरीर बिलकुल शांत हो गया है, शरीर शिथिल हो रहा है, शरीर शिथिल हो रहा है। छोड़ दें बिलकुल ढीला, एकदम ढीला। जैसे शरीर है ही नहीं, शरीर शिथिल हो गया।

श्वास शांत हो रही है। श्वास को भी ढीला छोड़ दें।

मन शांत हो रहा है, शांत हो रहा है। बिलकुल ढीला छोड़ दें मस्तिष्क को। सब ढीला छोड़ दें भीतर तक। मन शांत हो रहा है, मन शांत हो रहा है, मन शांत हो गया। बिलकुल सब शांत और शिथिल हो गया। अब दस मिनट के लिए सुनें सागर का गर्जन, रात का सन्नाटा सुनते रहें, सुनते रहें। बस सारा शरीर जैसे कान हो गया है। बस सुन रहे हैं, सुन रहे हैं और सुनते ही सुनते सब शून्य हो जाएगा। आप मिट जाएँगे और इस रात के साथ एक हो जाएँगे। दस मिनट के लिए सुनें, बस सुनते रहें।

प्रभु-मंदिर का दूसरा द्वार : मैत्री

चार

प्रभु-मंदिर का दूसरा द्वार : मैत्री

मेरे प्रिय आत्मन्!

प्रभु के मंदिर के दूसरे द्वार पर आज बात करनी है। वह दूसरा द्वार है मैत्री, फ्रेंडलीनेस। करुणा है पहला द्वार, मैत्री है दूसरा द्वार। करुणा है बरखा के दिनों में आकाश में छाए हुए बादलों की भाँति, जो पानी से भरे हैं। मैत्री है उस पानी की भाँति, जो जमीन पर बरस आता है। आकाश में बादल छाते हैं पानी से भरे हुए, लेकिन पृथ्वी की प्यास उनसे नहीं बुझती है। जब तक कि पानी आकाश से पृथ्वी तक उतर न आए, तब तक उसकी प्यास नहीं बुझती। करुणा है हृदय से भरा हुआ बादल। जब तक वह मैत्री बनकर जग तक पहुँच न जाए, फैल न जाए, तब तक पूरे अर्थों गें सार्थक नहीं होती।

करुणा है आत्मा, मैत्री है अभिव्यक्ति। करुणा है आत्मा, मैत्री है शरीर। करुणा है निराकार, मैत्री है साकार। करुणा अप्रकट है, जब तक वह मैत्री न बन जाए तब तक प्रकट नहीं होती। करुणा है ऐसा गीत, जो कवि के मन में गूँजा हो और मैत्री है ऐसा गीत, जो उसके होंठों से प्रकट हो गया हो और गा दिया गया हो और सब तक पहुँच गया हो।

इसलिए मैत्री करुणा के बाद, ठीक से कहें तो मैत्री का अर्थ है सक्रिय करुणा, एक्टिव कंपेशन। जब करुणा सक्रिय हो जाती है तो मैत्री बन जाती है। लेकिन मैत्री का अर्थ मित्रता नहीं है। मैत्री का अर्थ मित्रता नहीं है, फ्रेंडशिप नहीं है। मैत्री का अर्थ है फ्रेंडलीनेस, मैत्री का अर्थ है मित्रत्व। और इन दोनों में सबसे पहले फर्क समझ लेना जरूरी है। और यह फर्क बहुत गहरा है। आमतौर से हम समझेंगे कि मैत्री का अर्थ है मित्रता। नहीं, मैत्री का अर्थ मित्रता नहीं–मित्रत्व।

इनमें फर्क क्या होगा?

मित्रता जब तक रहेगी तब तक शत्रुता भी रहेगी। जिनके कोई मित्र होते हैं उनके शत्रु भी होते हैं। मैत्री का अर्थ है, वैर-भाव समाप्त हो गया। अब कोई शत्रुता शेष न रही। मित्रता में शत्रुता की गंध बाकी रहेगी, मैत्री में शत्रुता तिरोहित हो गई। अब कोई शत्रुता का सवाल न रहा। जो मित्र बनाता है वह शत्रु भी बना लेता है, लेकिन जो मैत्री भाव को जगाता है उसका कोई शत्रु नहीं रह जाता। मित्रता में मित्र का गुण और योग्यता महत्त्वपूर्ण होते हैं। मैत्रीभाव में गुणों की, योग्यता की कोई अपेक्षा नहीं। मैं अगर आपसे मित्रता करूँ तो आपकी योग्यता, आपके गुण महत्त्वपूर्ण होंगे; उनको देखकर मित्रता बनेगी। अगर वे गुण मिट जाएँगे तो शत्रुता आ जाएगी।

मित्रता आप पर निर्भर है, मित्रता दूसरे पर निर्भर है। मैत्री का भाव मुझ पर निर्भर है, दूसरे से उसका कोई संबंध नहीं। मैत्री मेरी अंतर्भाव-दशा है, इसलिए मैत्री को मैं कह रहा हूँ मित्रत्व, फ्रेंडलीनेस—फ्रेंडशिप नहीं।

यह मैत्री क्या है? और मैंने कहा है कि मैत्री है सक्रिय करुणा। करुणा जब साकार हो उठती है, सगुण हो जाती है; करुणा जब सक्रिय हो उठती है और काम में संलग्न हो जाती है, तब वह मैत्री बनती है। पहले तो करुणा का जन्म होता है, हृदय में उतरती है वह। प्राण भर जाते हैं अनुकंपा से, कंपेशन से, करुणा से। जैसे बादल भर जाते हैं पानी से; फिर बादल बरसते हैं, फिर खाली करते हैं अपने को, उड़ेल देते हैं और तब पृथ्वी तक पहुँच पाते हैं, फिर बीज अंकुरित होते हैं, पृथ्वी की प्यास बुझती है। करुणा है हृदय में उठा हुआ बादल। फिर जब वह व्यक्तित्व के सब द्वारों से प्रकट होने लगता है और व्यक्तित्व के सारे द्वारों से वे जल-स्रोत बहने लगते हैं और अनंत तक पहुँचने लगते हैं, तब वह मैत्री बन जाती है।

विवेकानंद अमरीका जाते थे। रामकृष्ण की तो मृत्यु हो गई थी। रामकृष्ण की पत्नी शारदा से वे आज्ञा माँगने गए कि मैं जाता हूँ। परदेश खबर ले जाना चाहता हूँ, धर्म की, सत्य की—मुझे आशीर्वाद दें कि मैं सफल होऊँ।

शारदा तो ग्रामीण स्त्री थी। वे उससे आशीर्वाद लेने गए। उन्होंने सोचा भी न था कि शारदा आशीर्वाद देने में भी सोच-विचार करेगी। उसने विवेकानंद को नीचे से ऊपर तक देखा। वह अपने चौके में खाना बनाती थी। फिर बोली, 'सोचकर बताऊँगी।'

विवेकानंद ने कहा, 'सिर्फ आशीर्वाद माँगने आया हूँ, शुभाशीष चाहता हूँ, तुम्हारी मंगल-कामना कि मैं जाऊँ और सफल होऊँ।'

उसने फिर उन्हें गौर से देखा और उसने कहा, 'ठीक है। सोचकर कहूँगी।'

विवेकानंद तो खड़े रह गए अवाक्। कभी आशीर्वाद भी किसी ने सोचकर दिए हों और आशीर्वाद सिर्फ माँगते थे शिष्टाचारवश।

वह कुछ सोचती रही और फिर उसने कहा विवेकानंद को 'कि नरेंद्र, वह जो सामने पड़ी हुई छुरी है, वह उठा लाओ।'

सामने पड़ी हुई छुरी विवेकानंद उठा लाए और शारदा के हाथ में दी। हाथ में देते ही वह हँसी और उसकी हँसी से उन्हें आशीर्वाद बरस गए उनके ऊपर। उसने कहा कि जाओ। जाओ, तुमसे सबका मंगल ही होगा।

विवेकानंद कहने लगे कि 'इस छुरी के उठाने में और तुम्हारे आशीर्वाद देने में कोई संबंध था क्या?'

शारदा ने कहा, 'संबंध था। मैं देखती थी कि छुरी उठाकर तुम किस भाँति मुझे देते हो। मूठ तुम पकड़ते हो कि फलक तुम पकड़ते हो। मूठ मेरी तरफ करते हो कि फलक मेरी तरफ करते हो।' और आश्चर्य कि विवेकानंद ने फलक अपने हाथ में पकड़ा था छुरी का और मूठ लकड़ी की शारदा की तरफ की थी।

आमतौर से शायद ही कोई फलक को पकड़कर मूठ दूसरे की तरफ करे। गूठ कोई पकडेगा सहज, खुद।

शारदा कहने लगी, 'तुम्हारे मन में मैत्री का भाव है, तुम जाओ, तुमसे कल्याण होगा। तुमने फलक अपनी तरफ पकड़ा, मूठ मेरी तरफ। अपने को असुरक्षा में डाला। हाथ में चोट लग सकती है और मेरी सुरक्षा की फिक्र की। तुम जाओ, आशीर्वाद मेरे तुम्हारे साथ हैं।'

इतनी-सी, छोटी-सी घटना में मैत्री प्रकट होती है, साकार बनती है! बहुत छोटी-सी घटना है! क्या है मूल्य इसका कि क्या पकड़ा आपने, फलक या मूठ? शायद हम सोचते भी नहीं। और सौ में निन्यानबे मौकों पर कोई भी मूठ ही पकड़ता है। वह सहज मालूम होता है। अपनी रक्षा सहज मालूम होती है, आत्मरक्षा सहज मालूम होती है।

मैत्री आत्मरक्षा से भी ऊपर उठ जाती है। दूसरे की रक्षा, वह जो जीवन है हमारे चारों तरफ, उसकी रक्षा महत्त्वपूर्ण हो जाती है। मैत्री का अर्थ मुझसे भी ज्यादा मूल्यवान है, सब कुछ जो है।

वैर का अर्थ है मैं सबसे ज्यादा मूल्यवान हूँ। सारा जगत् मिट जाए

लेकिन मेरी रक्षा जरूरी है। मैं हूँ केंद्र जगत् का। वैर-भाव तक आधार है, मैं हूँ जगत् का केंद्र। सारा जगत् चलता है मेरे लिए, सारा जगत् मिट जाए, लेकिन मैं बचूँ।

मैत्री का केंद्र मैं नहीं हूँ, सर्व है। मैं मिट जाऊँ, सब बचें। मैं खो जाऊँ, सब रहें। मैत्री है मंगल की कामना, सर्व-मंगल की कामना; कामना ही नहीं, सक्रिय जीवन भी। उठूँ, चलूँ और मेरा उठना, बैठना, मेरा श्वास लेना भी सर्व-मंगल के लिए समर्पित हो जाए; तो मनुष्य परमात्मा के दूसरे द्वार में प्रवेश पाता है।

साधारणतया हम वैर-भाव में ही जीते हैं, मैत्री का हमें कोई पता नहीं। हम जिन्हें मित्र भी कहते हैं उन्हें भी इसी कारण कि वे हमारी आत्मरक्षा में सहयोगी हैं, वे हमारी रक्षा में सहयोगी हैं। हम जिन्हें मित्र कहते हैं इसी कारण कि वे भी मेरे अहंकार के, मुझे बचाने में साथी हैं, संगी हैं, इसलिए।

हमारी परिभाषा ही क्या है मित्र की और शत्रु की? जो मुझे मिटाने को उत्सुक हो जाए उसे हम शत्रु कहते हैं और जो मुझे बचाने को आतुर है उसको हम मित्र कहते हैं। लेकिन केंद्र 'मैं' हूँ। इसलिए एक क्षण पहले तक जो मित्र था, एक क्षण बाद शत्रु हो जाएगा। जो शत्रु था एक क्षण पहले, मित्र हो सकता है। अगर वह मेरे मैं को बचाने में सहयोगी हो जाए तो मित्र हो जाएगा। मित्र और शत्रु तत्क्षण बदले जा सकते हैं।

अमरीका और रूस मित्र थे हिटलर के खिलाफ, क्योंकि तब वे एक-दूसरे को बचाने में सहयोगी थे। अब वे शत्रु हैं, क्योंकि अब वे एक-दूसरे के बचाने में सहयोगी नहीं हैं। कल वे फिर मित्र हो सकते हैं चीन के खिलाफ, तब वे फिर एक-दूसरे के बचाने में सहयोगी हो जाएँगे। जो मुझे बचाता है वह मित्र है, जो मुझे मिटाना चाहता है, वह शत्रु है। और हम सब इसी भाव में जीते हैं कि मैं बचूँ, मैं बचूँ, मैं बचूँ। और स्वयं को बचाने में सारा जगत् मुझे शत्रु-जैसा मालूम पड़ता है, क्योंकि प्रत्येक चीज ऐसी लगती है कि डुबा देगी, मिटा देगी। वैर-भाव में जीनेवाला सदा भय में जीता है, फियर में जीता है। जो मैत्री को उपलब्ध होते हैं वे ही फियरलेसनेस को, अभय को उपलब्ध होते हैं, क्योंकि फिर मिटने-मिटाने का सवाल न रहा। वे खुद ही मिट गए, अब उन्हें कोई मिटाएगा कैसे?

लाओत्से कहता था, धन्य हैं वे लोग, जो हारे ही हुए हैं, क्योंकि उन्हें कोई हरा नहीं सकता। मैं फिर दोहराता हूँ, अद्‌भुत है यह पंक्ति। लाओत्से कहता

है, धन्य हैं वे लोग, जो मिट ही गए क्योंकि अब उन्हें कोई मिटा नहीं सकता। धन्य हैं वे लोग, जो हैं ही नहीं, क्योंकि अब उनकी कोई मृत्यु संभव नहीं।

हम जितना अपने को बचाते हैं, उतना हम अपने को मिटाए जाने के लिए आमंत्रण भेज देते हैं। तूफान आता है हवा का एक। छोटे-छोटे वृक्ष झुक जाते हैं, हवाएँ निकल जाती हैं, वे फिर खड़े हो जाते हैं और हँसने लगते हैं। उनमें फूल फिर खिल आते हैं, वे फिर हवाओं में नाचने लगते हैं। बड़े वृक्ष–अहंकार से भरे वृक्ष, ऊँचे वृक्ष–नहीं, झुकने के लिए तैयार नहीं होते। वे टकराते हैं, वे प्रतिरोध करते हैं, वे रेजिस्ट करते हैं। वे तूफान के दुश्मन हो जाते हैं। तूफान के सामने वे अकड़कर खड़े हो जाते हैं। जितनी उनकी तेज अकड़ होती है उतनी ही उनके टूटने की संभावना बढ़ जाती है। जितने वे कड़े होते हैं उतने ही टूटने के लिए मौके बढ़ जाते हैं। उनका कड़ापन, उनके खड़े रहने का भाव, उनकी जिद्द उनकी मौत बन जाती है। और वे छोटे-छोटे पौधे जो झुक गए हैं और लेट गए हैं और समर्पित हो गए हैं; जिन्होंने तूफान से शत्रुता नहीं साधी है, जो तूफान के खिलाफ खड़े नहीं हो गए हैं, जिन्होंने तूफान को भी अंगीकार कर लिया है और उसके साथ ही डूब गए हैं और कहा है, जो तेरी मर्जी! अगर पूरब बहना है तो हम पूरब बहे जाते हैं, अगर पश्चिम झुकना है तो हम पश्चिम झुके जाते हैं।

जिन्होंने तूफान के आते ही अपने को झुका लिया है, तूफान उनके ऊपर से निकल जाता है–एक मित्र के प्रेम की तरह, वे वापस खड़े हो जाते हैं। उनके झुकने की क्षमता ही उनके जीने की क्षमता बन जाती है। कड़े होने की, अकड़ के खड़े होने की क्षमता मौत की क्षमता है, जीवन की नहीं।

शत्रुभाव मृत्यु का आमंत्रण है। मैत्री जीवन का बुलावा है।

मैत्री का अर्थ है, जिसने यह खयाल छोड़ दिया कि मुझे मिटाया क्या? मिटाएगा कौन? कौन है शत्रु? 'मैं हूँ नहीं' तो शत्रु का प्रश्न न रहा। 'मैं' जब तक हूँ तब तक शत्रु है। 'मैं' जब तक हूँ और जितना घनीभूत हूँ उतना ही घनीभूत शत्रु होगा। मेरा कड़ा होना ही शत्रुता निर्मित करता है। इसलिए जितना अहंकारी व्यक्ति होता है, उतने ही शत्रु निर्माण कर लेता है। यह पृथ्वी उसे चारों तरफ से शत्रु मालूम पड़ने लगती है। कोई मित्र नहीं रह जाता।

मैंने सुना है, हिटलर को कोई भी 'तू' कहकर संबोधित नहीं कर सकता था। हिटलर का कोई भी मित्र नहीं था। हिटलर का नाम भी लेकर कोई संबोधित नहीं कर सकता था। फ्यूहरेर ही कहना पड़ता था। हिटलर ने कभी

किसी से मित्रता नहीं साधी। कभी कोई आदमी को इसने करीब नहीं आने दिया कि उसके कंधे पर हाथ रख ले—इतना भयभीत था।

हिटलर ने विवाह नहीं किया। मरने के आखिरी दिन दो घंटे पहले विवाह किया। इसलिए विवाह नहीं किया कि विवाह करने का मतलब एक स्त्री इतने निकट आ जाएगी। और जिस आदमी का अहंकार जितना विक्षिप्त है वह किसी को निकट पाने में घबराता है, क्योंकि खतरा हो सकता है। निकट का व्यक्ति नुकसान पहुँचा सकता है। पत्नी को भी इतने निकट नहीं आने देना है, किसी स्त्री को कि वह रात एक ही कमरे में सो जाए, खतरा है। वह रात को उठे और छुरे भोंक दे, जहर पिला दे।

तो एक स्त्री उसे बारह वर्षों से प्रेम करती थी और वह उसे टालता रहा। वह कहता रहा कि रुको, अभी समय नहीं आया है कि मैं विवाह करूँ। जिस दिन बर्लिन पर बम गिरने लगे और हिटलर के मकान के सामने तोपें दुश्मन की आ गईं और हिटलर की खिड़कियों से आकर गोलियाँ टकराने लगीं, तब हिटलर ने खबर भेजी उस औरत को कि तू जल्दी आ जा, हम विवाह कर लें।

और आप हैरान होंगे, बिना किसी साक्षी के एक पादरी को जल्दी जबरदस्ती चर्च से नींद से उठवाकर बुलवाया गया। दो-चार मित्रों के बीच एक नीचे के तलघर में जल्दी से शादी हो गई और एक घंटे बाद दोनों ने जहर खाकर गोली मार ली—पति-पत्नी दोनों ने। जब मौत बिलकुल ही करीब आ गई तब उसने सोचा कि अब कोई फिक्र नहीं है, अब किसी को पास लिया जा सकता है। इतना भय! किसी के निकट आने में इतना डर!

जितना अहंकार प्रबल होगा उतना ही सारा जगत् शत्रु मालूम पड़ने लगता है। जितना व्यक्ति विनम्र होगा, उतना ही सारे जगत् के प्रति मैत्री की धाराएँ बहने लगती हैं। मैत्री का अर्थ है—निरहंकारिता, इगोलेसनेस। मैत्री तभी जन्मेगी और सक्रिय होगी जब भीतर यह 'मैं' का भ्रम टूट जाए। हम तो इस 'मैं' के भ्रम को ही मजबूत करते चले जाते हैं। जितना इस 'मैं' को मजबूत करते हैं, उतना ही डर लगता है कि कोई तोड़ न दे, कोई मिटा न दे। तो उतनी ही हम दीवाल खड़ी करते हैं, उतने ही दूसरे को दूर करते हैं, निकट नहीं आने देते हैं।

अहंकार से भरा हुआ आदमी प्रेम कर ही नहीं सकता, क्योंकि प्रेम में किसी को निकटता देनी पड़ती है। इतनी निकटता देनी पड़ती है कि वह जितने हम अपने निकट हैं उतने ही निकट वह भी हो जाता है। इसलिए अहंकारी प्रेम से भागता है और डरता है। क्योंकि प्रेम का मतलब है कि दूसरे को इतने निकट

ले आना, जहाँ कि खतरा हो सकता है, जहाँ कि कोई हमें मिटा सकता है।

इसलिए अहंकारी प्रेम से बचता है और अगर प्रेम-जैसी घटना भी उसके जीवन में घटती है तो वह घटना ऐसी ही होती है जैसे एक आदमी लोहे के एक खोल में खड़ा हो जाए और थोड़ा-सा एक छेद बना ले, उसमें से हाथ निकाले और दूसरे से थोड़ा हाथ मिलाए और फिर भीतर कर ले। बस ऐसा ही प्रेम है हमारा। अपने लौह-कवच को हम हमेशा तैयार रखते हैं कि हम उस खोल में ... जैसे कछुआ जल्दी से अपनी खोल में सब सिकोड़कर अंदर हो जाता है, थोड़ा-सा बाहर निकलता है। जरा ही भय और अपनी खोल में वापस हो गया।

हम सब भी अपने आसपास लोहे के खोल बनाए हुए हैं। थोड़ा-सा निकलते हैं प्रेम के लिए, जरा-सा झाँकते हैं कि अच्छा, मेरा बेटा आ रहा है! अच्छा, मेरी पत्नी आ रही है! थोड़ा-सा निकलते हैं डरे-डरे और चौंके हुए कि कोई हमला न हो जाए और जरा-सा भय, जरा-सी पत्नी की आँख में दूसरा भाव और हम कछुए की तरह भीतर सरक गए हैं और अपनी खोल मजबूत कर ली है और पूछने लगे; क्या मतलब है, क्या बात है? यह जो एक लौह-कवच हम भय का बनाए हुए हैं, यह कैसे मैत्री-भाव को जन्म देगा? यह इतनी सुरक्षा की पागल प्यास, यह इतनी सिक्योरिटी की आकांक्षा! कैसे मित्र बनाने देगी! यह कैसे फैलेगी भीतर छिपी हुई मैत्री की धारा?

नहीं, इस लौह-कवच को तोड़ देना जरूरी है। यह लौह-कवच हमने बनाया इसलिए है कि अपने को बचाना है। और मजा यह है कि हम हैं कहाँ, जिसको बचाना हो। जिसे हम बचाने चले हैं, सपना है। और एक झूठ, एक सूडो रियलिटी, एक फिक्शन, एक सपना, एक झूठ, एक कल्पना, एक कविता! यह मैं हूँ कहाँ, जिसको हम बचाने चले हैं। यह है कहाँ? इसकी सच्चाई क्या है, इसका अर्थ कितना है? हम सच में अलग हैं इस विराट् जगत् से। इस जीवन से हमारी कोई भिन्नता है?

एक क्षण को भी हम अलग नहीं हैं, विराट् के हिस्से हैं। सागर में लहरें नाच रही हैं। हर लहर को खयाल हो सकता है कि मैं हूँ, लेकिन हम जो किनारे पर खड़े देख रहे हैं वे हँसेंगे और कहेंगे पागल, लहर! तू कहाँ है, सागर है, तू नहीं है। तू तो सिर्फ हवा के एक झोंके में उठ आई हुई एक रूपाकृति, हवा के झोंके में उठ आया एक रूप, एक फार्म, हवा के झोंके में पैदा हो गया एक नाम। नाम, रूप-इससे ज्यादा तू क्या है?

लहर एक नाम है, हवा के झोंके में उठ गई एक आकृति है। झोंका

निकल जाएगा, आकृति गिर जाएगी। सागर पहले भी था, बीच में भी था, पीछे भी होगा। कभी आपने सोचा, सागर बिना लहरों के हो सकता है, लेकिन कभी आपने लहर देखी बिना सागर के? लहर बिना सागर के नहीं हो सकती, सागर बिना लहर के हो सकता है। इसलिए सागर है सत्य, लहर है सपना। लहर का अपना कोई अस्तित्व नहीं है।

यह जीवन हमारे बिना था। यह जीवन हमारे बिना होगा, लेकिन हम इस जीवन के बिना हो सकते हैं? यह पूछ लेना जरूरी है, इसे बहुत गहराई में अपने से पूछ लेना जरूरी है। मैं नहीं था और जीवन था। और चाँद निकलता था और चाँदनी बरसती थी और सूरज उगता था और पक्षी गीत गाते थे और वृक्ष उगते थे और फूल लगते थे और आकाश में तारे आते थे और बादल आते थे। सब चलता था। जीवन था, जीवन अपने पूरे रंगों में था। मैं नहीं था, उससे जीवन रत्ती-भर भी कम नहीं था। मैं नहीं रहूँगा कल, जीवन रत्ती-भर भी कम नहीं हो जाएगा, जीवन रहेगा। लहर नहीं होगी, सागर फिर भी होगा।

लेकिन क्या मैं यह सोच सकता हूँ कि सूरज न हो, चाँद न हो, तारे न हों, वृक्ष न हों, पौधे न हों, पक्षी न हों?—यह जो जीवन का विस्तीर्ण फैलाव है, यह न हो और मैं हो जाऊँ? लेकिन मेरे बिना तो जीवन था और कल फिर होगा। इससे क्या मतलब होता है?

इसका मतलब होता है कि मैं लहर से ज्यादा नहीं। जीवन है सागर है। मैं उठता हूँ एक रूप, एक आकृति और गिर जाता हूँ और जीवन सदा है—सदा है, सदा था, सदा होगा। जीवन है सत्य, मैं हूँ एक सपना। आया और गया, हवा की एक लहर। लेकिन इस तरह लहर को हम सब कुछ मान लेते हैं और जब सब मान लेते हैं तो इसे बचाने के लिए आतुर हो जाते हैं और भयभीत हो जाते हैं कि कोई मिटा न दे। जो है ही नहीं, उसको कोई मिटा कैसे सकेगा? जो होता तो मिटाया भी जा सकता था, लेकिन जो है ही नहीं, उसे कोई कैसे मिटा सकेगा? मैं हूँ ही नहीं, मिटाने का सवाल कहाँ है? मैं होता तो मिटाया भी जा सकता था, मैं हूँ नहीं!

यह जिस दिन जितनी गहरी प्रतीति होती है कि मैं हूँ नहीं, उतने ही जीवन से शत्रुता गिर जाती है, क्योंकि फिर कोई मिटाने वाला न रहा, कोई मिटाने की संभावना न रही, कुछ मिटाया नहीं जा सकता। और मैंने कहा कि मैं हूँ नहीं तो मिटाया क्या जा सकेगा। और मैंने कहा कि अगर मैं होता तो मिटाया भी जा सकता था, लेकिन और थोड़ी गहराई समझ की बढ़ेगी तो पता

चलेगा कि जो है उसे तो मिटाया जा सकता है। जो है वह है, उसे कैसे मिटाया जा सकेगा? एक रेत के छोटे-से कण को भी तो नहीं मिटाया जा सकता है। जो है, जो एक्जिस्टेंस है, जो अस्तित्व है उसे कैसे मिटाया जा सकता है। जो नहीं है उसे नहीं मिटाया जा सकता है, जो है उसे नहीं मिटाया जा सकता। जो दोनों के बीच में है, केवल सपना है, वही बनता है और मिटता है। जो न है और न नहीं है। यह–यह बहुत गहरे में स्पष्ट होना चाहिए–यह प्रतीति, यह साक्षात, मैं हूँ कहाँ, मेरा होना क्या है? और जिस दिन यह स्पष्ट हो जाएगा कि मैं नहीं हूँ उस दिन कैसी शत्रुता, कैसा वैर? उस दिन कौन है जो शत्रु है, कौन है जो बुरा है, कौन है जिससे मैं भयभीत हो जाऊँ, कौन है जिससे मैं डरूँ, कौन है जिससे मैं बचूँ। कौन-सा है तूफान जिसके खिलाफ मुझे खड़े हो जाना है और लड़ना है। नहीं, नहीं, मैं ही हूँ। अगर मैं नहीं हूँ तो फिर जो कुछ है वह सब मैं ही हूँ। तूफान भी मैं ही हूँ। अगर मैं नहीं हूँ तो फिर जो कुछ है वह सब मैं ही हूँ।

गदर के दिनों में अठारह सौ सत्तावन में एक संन्यासी को कुछ अँग्रेजों ने भाला भोंककर मार डाला था। वह संन्यासी पंद्रह वर्षों से मौन था। पंद्रह वर्षों से मौन, जब उसने मौन लिया था तब उसने कहा था कि कभी जरूरत होगी तो बोलूँगा। फिर पंद्रह वर्ष तक कोई जरूरत न पड़ी और वह नहीं बोला। अँग्रेजों की एक छावनी के पास से वह निकलता था। उन्होंने यह समझकर कि कोई भेदिया, कोई जासूस, कोई सी.आई.डी.–रात अँधेरी थी और वह वहाँ से निकल रहा था। वह था अपनी मौज का आदमी। कहाँ रात थी उसे, कहाँ दिन था। जब आँख खुल जाती थी तो दिन था, जब आँख बंद हो जाती थी तो रात थी।

वह निकल रहा था छावनी के पास से। उसको पहरेदारों ने रोक लिया और पूछने लगे, कौन हो तुम? तो वह हँसने लगा। वह हँसने लगा। उसकी हँसी देखकर वे पहरेदार संदिग्ध हुए। पूछने लगे जोर से कि बोलो कौन हो तुम। लेकिन वह तो था मौन। बोलता क्या? और अगर बोलता भी होता तो भी क्या बोलता? कौन हैं आप? तब भी तो सन्नाटा छा जाता।

तो वह हँसने लगा, लेकिन उसकी हँसी को तो गलत समझा गया। हँसी को हमेशा ही गलत समझा जाता है।

उन्होंने उसे घेर लिया और कहा, 'बोलो अन्यथा मार डालेंगे।'

तो वह और हँसने लगा। उसे और जोर से हँसी आई, क्योंकि वे मारने की धमकी दे रहे थे। लेकिन मारेंगे किसको! वहाँ कोई हो तो मारा जाए!

वह और भी हँसने लगा तो उन्होंने भाले उसकी छाती में भोंक दिए। मरते

क्षण में उसने सिर्फ एक शब्द बोला था। शायद जरूरत आ गई थी इसलिए। उसने कहा, 'तुम वही हो, दैट आर्ट दाऊ, तत्वमसि, तुम वही हो।' वही जो है, और मर गया। तुम वही हो जो मैं हूँ, तुम वही हो जो है। जिस दिन पता चलता है कि मैं नहीं हूँ, उसी दिन पता चलता है कि सभी कुछ मैं हूँ। जब तक मैं हूँ, तब तक सब और मेरे बीच एक फासला है। जिस दिन मैं नहीं हूँ, जिस दिन लहर नहीं है उस दिन पड़ोस की लहर और दूर की लहर सब वही हो गई। सारा सागर वही हो गया। जरूरत आ गई थी तो उसने कहा था, तुम भी वही हो। बड़ी अद्‌भुत बात कही थी मरते क्षण में कि, 'तुम भी वही हो।'

'जो आदमी जीवन में ही यह कह देता है कि, 'तुम भी वही हो' वह मैत्री भाव को उपलब्ध हो जाता है।'

मैत्री भाव का अर्थ है कि कोई दूसरा नहीं है। और दूसरा तब तक रहेगा जब तक मैं हूँ, क्योंकि दूसरा सिर्फ मेरे 'मैं' की रिएक्शन है, उसकी प्रतिक्रिया है। जब तक 'मैं' हूँ,' तब तक 'तू है।' जिस दिन 'मैं' नहीं है उस दिन कोई 'तू' न रहा। जिस दिन कोई 'तू' न रहा उस दिन जो भाव जन्मेगा उस भाव का नाम है मैत्री, उसका नाम है फ्रेंडलीनेस। और जब कोई पराया न रहा, जब कोई अन्य न रहा, दी अदर, वह दूसरा न रहा, तब मैं किस तरह जीऊँगा? तब मैं किस तरह जीऊँगा–तब किसी रोते हुए आदमी के आँसू क्या मेरे आँसू नहीं हो जाएँगे? तब किसी आदमी की हँसती हुई मुस्कुराहट क्या मेरी मुस्कुराहट नहीं हो जाएगी? तब खिला हुआ फूल क्या मेरी खिली हुई आत्मा नहीं हो जाएगी? तब सागर की गरजती हुई लहरें क्या मेरा गर्जन न बन जाएँगी?

जब मैं नहीं हूँ और तू नहीं है तो फिर जो रह गया, वह सब एक है। और तब सक्रिय होती है करुणा। जब एक ही शेष रह गया, तब जो सक्रियता जीवन में पैदा होती है, तब मैं जो करता हूँ, तब वह सभी कुछ मैत्रीपूर्ण है। तब जीवन के सारे दुख मेरे हैं और सारे सुख भी। तब जीवन के सारे आँसू मेरे हैं और सारी मुस्कुराहटें भी। तब जीवन और मैं एक हूँ। वैसा जो तादात्म्य है, वैसा जो अद्वैत भाव है, उस अद्वैत भाव का नाम है मैत्री। इसलिए मैत्री दूसरा द्वार है।

कैसे पहुँचेंगे इस मैत्री के जगत् तक? कैसे उठेंगे इस मित्रत्व में? कैसे उठेंगे इस एकता में? कैसे यह अद्वैत फलित होगा? कैसे तोड़ेंगे अपने को? तीन बातें ध्यान में रहें तो यह टूटना हो सकता है।

पहली बात, इस बात की अथक् खोज चाहिए कि मैं हूँ। इस बात की अथक् खोज चाहिए–मैं हूँ, मेरा कोई अलग होना है? मैं कोई अलग-थलग,

कोई जीवन से टूटा हुआ, कोई खंड, कोई पृथकता है कहीं मेरे होने में—या कि एक अपृथक् अस्तित्व है, एक इंटीग्रेटेड एक्जिस्टेंस है?

मैं श्वास ले रहा हूँ लेकिन श्वास तो मेरी नहीं है। यह जो चारों तरफ भरा हुआ श्वास का सागर है, ये जो हवाएँ हैं उनसे श्वास मुझ तक आती है और जाती है। अगर हवाएँ बंद हो जाएँ, इनकार कर दें कि बस बहुत हो गया, अब नहीं आदमियों से संबंध रखना है; तो मैं और आप तत्क्षण यहीं शून्य हो जाएँगे। जीवन विलीन हो जाएगा।

सूरज की किरणें आ रही हैं, बहुत लंबी यात्रा करके हम तक आती हैं, कोई आठ नौ करोड़ मील दूर से। सूरज तय कर ले कि बस हो जाओ ठंडे, बहुत दिन हो गए। बहुत दिन हो गए और ठंडा हो जाए वहीं अभी; तो हमें पता भी नहीं चलेगा कि सूरज ठंडा हो गया है। क्योंकि उसके ठंडे होते ही हम भी ठंडे हो जाएँगे। वह जो यह दूर से आती हुई किरणें यहाँ गिर रही हैं आपके ऊपर, यह नौ करोड़ मील दूर से जीवन बरस रहा है। नौ करोड़ मील दूर से जीवन के सूत्र और धागे बँधे हैं। ये किरणें धागे हैं जीवन के। ये किरणें बंद और हम समाप्त! लेकिन हम कहे चले जाते हैं कि मैं हूँ।

नहीं, मैं नहीं हूँ। हवाएँ हैं, सूरज है, पृथ्वी है, सब कुछ है—मैं कहाँ हूँ! इन सबका अद्‌भुत जोड़ है, इन सबका एक क्रास प्वाइंट है। इन सबसे मिलकर एक रूपाकृति है। उस रूपाकृति को यह भ्रम है कि मैं हूँ।

एक भिक्षु था नागसेन। एक सम्राट् मिलिंद ने उसे निमंत्रण भेजा था। निमंत्रण लेकर सम्राट् का दूत गया और कहा, कि भिक्षु नागसेन! सम्राट् ने निमंत्रण भेजा है। आपके स्वागत के लिए हम तैयार हैं। आप राजधानी आएँ। तो उस भिक्षु नागसेन ने कहा कि आऊँगा जरूर, निमंत्रण स्वीकार। लेकिन सम्राट् को कह देना कि भिक्षु नागसेन जैसा कोई व्यक्ति है नहीं। ऐसा कोई व्यक्ति है नहीं। आऊँगा जरूर, निमंत्रण स्वीकार है। लेकिन कह देना सम्राट् को कि भिक्षु नागसेन जैसा कोई व्यक्ति, कोई इंडीविजुअल है नहीं।

राजदूत तो चौंका, फिर आएगा कौन, फिर निमंत्रण किसको स्वीकार है? लेकिन कुछ कहना उसने उचित न समझा। जाकर निवेदन कर दिया सम्राट् से। सम्राट् भी हैरान हुआ, लेकिन प्रतीक्षा करें? आएगा भिक्षु तो पूछ लेंगे कि क्या था उसका अर्थ!

फिर भिक्षु को लेने रथ चला गया। फिर स्वर्ण-रथ पर बैठकर वह भिक्षु चला आया। वह कमजोर भिक्षु न रहा होगा कि कहता कि नहीं, सोने

को हम न छुएँगे। कमजोर भिक्षु होता तो कहता कि नहीं सोने को हम न छुएँगे, सोना तो मिट्टी है। लेकिन बड़ा मजा यह है कि सोने को मिट्टी भी कहता और छूने में डरता भी है!

नहीं, वह सचमुच भिक्षु रहा होगा अद्भुत। उसको सोना मिट्टी ही रहा होगा। सो बैठ गया शान से वह उस सोने के रथ पर। लेने वालों ने सोचा भी था, कि शायद भिक्षु कहेगा कि सोने का रथ! नहीं, मैं नहीं बैठता। उन्हें पता न था कि यह सब कमजोर भिक्षुओं की आदतें हैं, कि सोने का रथ—मैं नहीं बैठता! सोने से जिनको बहुत डर है कि कहीं सोना पकड़ न ले, वे सोने से भागते हैं, भाग सकते हैं।

वह बैठ गया रथ पर, चल पड़ा रथ। आ गई राजधानी, सम्राट् नगर के द्वार पर लेने आया था। सम्राट् ने कहा कि भिक्षु नागसेन! स्वागत करते हैं नगर में। वह हँसने लगा भिक्षु। उसने कहा, स्वागत करें, स्वागत स्वीकार, लेकिन भिक्षु नागसेन जैसा कोई है नहीं। सम्राट् ने कहा, फिर वही बात! हम तो सोचते थे महल तक ले चलें फिर पूछेंगे। आपने महल के द्वार पर ही बात उठा दी है तो हम पूछ लें कि क्या कहते हैं आप? भिक्षु नागसेन नहीं है तो फिर आप कौन हैं?

भिक्षु उतर आया रथ से और कहने लगा कि महाराज! यह रथ है? महाराज ने कहा, रथ है। भिक्षु ने कहा, घोड़े छोड़ दिए जाएँ रथ से। घोड़े छोड़ दिए गए और वह भिक्षु कहने लगा, ये घोड़े रथ हैं? महाराज ने कहा, नहीं, घोड़े रथ नहीं हैं। घोड़ों को विदा कर दो। चाक निकलवा लिए रथ के और कहने लगा भिक्षु, कि यह रथ है? महाराज ने कहा, नहीं, यह तो चक्के हैं, रथ कहाँ! —कहा, चक्कों को अलग कर दो!

फिर एक-एक अंग-अंग निकलने लगा उस रथ का और वह पूछने लगा, यह है रथ, यह है रथ, यह है रथ? और महाराज कहने लगे, नहीं-नहीं, यह रथ नहीं है, यह रथ नहीं है! फिर तो सारा रथ ही निकल गया और वहाँ शून्य रह गया, वहाँ कुछ भी न बचा। और तब वह पूछने लगा, फिर रथ कहाँ है? रथ था, और मैंने एक-एक चीज पूछ ली और आप कहने लगे नहीं, यह तो चाक है, नहीं यह तो डंडा है, नहीं यह तो यह है, नहीं यह तो घोड़े हैं; और अब सब चीजें चली गईं जो रथ नहीं थीं। रथ कहाँ है, रथ बचा था पीछे। रथ कहाँ गया? वह मिलिंद भी मुश्किल में पड़ गया। वह भिक्षु कहने लगा, रथ नहीं था। रथ था एक जोड़। रथ था एक संज्ञा, एक रूपाकृति।

वह भिक्षु नागसेन कहने लगा, मैं भी नहीं हूँ, हूँ अनंत की शक्तियों का

एक जोड़। एक रूपाकृति उठती है, लीन हो जाती है, उठती है, लीन हो जाती है। एक लहर बनती है, बिखर जाती है। नहीं हूँ मैं, वैसा ही हूँ जैसा रथ था, वैसा ही नहीं हूँ जैसा अब रथ नहीं है। खींच लें सूरज की किरणें, खींच लें पृथ्वी का रस, खींच लें हवाओं की ऊर्जा, खींच लें चेतना के सागर से आई हुई आत्मा। फिर कहाँ हूँ मैं? हूँ एक जोड़, हूँ एक रथ, है बहुत कुछ जो काट गया है एक किनारे पर आकर, एक बिंदु पर बहुत रेखाएँ कट गई हैं और एक बिंदु मालूम पड़ने लगा है, जहाँ बिंदु नहीं है, सिर्फ रेखाओं की कतार है। एक रेखा खींची गई, दूसरी, तीसरी, चौथी, हजार रेखाएँ खींची गईं तो बीच में एक बिंदु मालूम पड़ने लगा है। जहाँ-जहाँ रेखाएँ कट गई हैं और बिंदु मालूम हो रहा है, बिंदु वहाँ है नहीं। दो रेखाओं की कतार, एक चौरस्ता है, बहुत से रास्ते कट गए हैं और एक चौरस्ता बन गया है। चौरस्ता कहीं है? चार रस्ते कटते हैं, उस जगह को हम चौरस्ता कहते हैं। चौरस्ता कहीं भी नहीं है।

व्यक्ति कहीं भी नहीं है। अनंत जीवन की ऊर्जा और शक्तियाँ कटती हैं और व्यक्ति निर्मित होता है। यह जो व्यक्ति अहंकार है, यह जो इगो सेंटर है, यह जो खयाल है कि मैं हूँ, इसकी खोज करनी जरूरी है कि मैं हूँ।

एक वृक्ष के पत्ते से हम पूछें, वह कहेगा कि मैं हूँ, जरूर मैं हूँ। उससे हम पूछें कि तुम्हारे पास की शाखा पर लगे हुए दूसरे पत्ते? वह कहेगा कि दूसरे हैं क्योंकि उस पत्ते को कैसे पता हो सकता है कि बगल की पड़ोस में लगी शाखा पर जो पत्ते आए हैं, वे उसी रस-स्रोत से आए हैं, जिससे मैं आया हूँ। मेरे प्राणों के धागे उसी शाखा से जुड़े हैं, जिससे उनके प्राणों के धागे भी जुड़े हैं। हमारे प्राण एक ही ऊर्जा से निष्पन्न हुए हैं, प्रकट हुए हैं। एक पत्ते को कैसे पता चल सकता है?

लेकिन हम चूँकि बाहर खड़े हैं, हमें दिखाई पड़ता है कि पागल है यह पत्ता बहुत कहता है कि मैं हूँ और वह पत्ता दूसरा है और दोनों एक ही वृक्ष के पत्ते हैं। हम वृक्ष की शाखा से पूछें कि यह पड़ोस की शाखा? वह कहेगी, होगी कोई। हमेशा इससे डर लगा रहता है, न मालूम कैसी शत्रुता कर दे, न मालूम क्या कर दे। होगी कोई, मैं और हूँ। शाखाओं को क्या पता हो सकता है? एक ही पेड़ से वे बँधी हैं। वृक्ष को हम पूछें कि यह जो पड़ोस में खड़ा हुआ वृक्ष है ... ! वह कहेगा, है दूसरा, है शत्रु। लेकिन उस वृक्ष को क्या पता कि दोनों की जड़ें एक ही पृथ्वी से जुड़ी हैं और एक ही प्राण से संयुक्त हैं। और पृथ्वी को हम पूछें कि तुम? पृथ्वी भी कहेगी, मैं हूँ और ये चाँद-तारे,

और ग्रह-नक्षत्र होंगे दूसरे, लेकिन पृथ्वी को भी कैसे पता हो कि सारे चाँद-तारे और सारे ग्रह-नक्षत्र किसी एक ही जीवन-ऊर्जा से संयुक्त हैं।

सारा जीवन एक ही संयुक्त है। उस एक का नाम ही प्रभु है। और उस एक की तरफ जाने के लिए मैत्री दूसरा द्वार है, क्योंकि वह एकता में प्रवेश है। उस एक का नाम परमात्मा है और उस एकता की तरफ जो सबसे बड़ा कदम है वह है फ्रेंडलीनेस, वह है मैत्री। लेकिन मैत्री घटित होगी जब हम मैं को खोजने जाएँगे और पाएँगे **कि 'मैं** नहीं'-एक बात!

दूसरी बात : इसे केवल सोच लेना काफी नहीं है। आदमी अच्छी-अच्छी बातें सोच सकता है, सोच लेना पर्याप्त नहीं है, अनुभव से गुजरना भी जरूरी है। तो मैत्री सिर्फ एक फिलॉसफिक कंसेप्ट, एक दार्शनिक धारणा नहीं है। एक अनुभव, एक एक्सपीरिएंस, एक अनुभूति है।

तो जब यह लगे कि मैं नहीं हूँ तो इसके थोड़े प्रयोग करने जरूरी हैं।

किसी वृक्ष के पास टिककर बैठ गए हैं और तब यह अनुभव करना जरूरी है कि मैं नहीं हूँ। और मैं आपसे कहता हूँ कि किसी घड़ी में आपको लगेगा कि आप और वृक्ष एक हैं। सागर के तट पर बैठकर यह अनुभव करना कि मैं नहीं हूँ और एकदम से हैरानी की धारा आएगी एक, और लगेगा कि मैं एक लहर हूँ, लहर का गर्जन हूँ। किसी फूल के पास बैठकर यह अनुभव करना कि 'मैं नहीं हूँ' और लगेगा कि भीतर कब फूल छा गया सारी आत्मा पर, रह गया फूल और 'मैं नहीं हूँ'! किसी व्यक्ति का हाथ हाथ में लेकर अनुभव करना कि 'मैं नहीं हूँ' और पता चलेगा कि दोनों हाथ दो नहीं रहे, जुड़ गए कहीं किसी तल पर और एक रह गया है।

विचार के तल पर जानना है कि 'मैं नहीं हूँ' और अनुभव के तल पर अनुभव करना है कि 'मैं नहीं हूँ' ताकि वह जोड़ एक जीवंत प्रतीति बन जाए। जीवन के चारों तरफ से विस्तार में जगह-जगह अनुभव करना है कि 'मैं नहीं हूँ।'

रामकृष्ण दक्षिणेश्वर से एक दिन गंगा पार करते थे। नाव पर बैठ गए, नाव चलन लगी। एकदम जोर-जोर से चिल्लाने लगे, मत मारो मुझे। मत मारो मुझे। लोग तो घबरा गए जो पास बैठे थे। दो-चार मित्र साथ थे, वे पूछने लगे, कि परमहंस क्या कहते हैं आप? कौन मारता है आपको, हम और आपको मारेंगे?' और वह हैं कि उनकी आँख से आँसू की धारा बहने लगी और चिल्लाने लगे, 'नहीं-नहीं, मत मारो मुझे, मैंने क्या बिगाड़ा है!'

आप भी होते तो घबड़ा गए होते और कहते कि पागल हो गए हैं। कोई मारता नहीं, कोई छूता नहीं, नाव पर चार-छह साथी हैं; और वे हैं कि चिल्लाने लगे, और आँख से आँसू की धारा बहने लगी। और बड़ा आश्चर्य तो यह था कि वे अपनी पीठ पकड़ लिए और कहा कि नहीं, मत मारो, मत मारो। पीठ को देखें तो कोड़े के निशान हैं। सारी चमड़ी उखड़ गई है। तब पागल कहना मुश्किल हो गया। आँखें उठाकर देखा उस पार, जहाँ नाव जा रही है, एक आदमी को लोग कोड़े मार रहे हैं।

उस पार जाकर नाव लगी है। उस आदमी की पीठ के पास जाकर देखा है, रामकृष्ण और उसके पीठ पर एक-सा निशान आ गया है। तब तो बहुत हैरान हुए। रामकृष्ण से पूछने लगे, यह क्या हुआ? रामकृष्ण ने कहा कि जब उसे वे मारने लगे, मैं नाव पर चढ़ता था और उन्होंने उसे कोड़ा मारा। फिर मुझे पता नहीं क्या हुआ! बस मेरे भीतर से एकदम उठने लगा, मुझे मत मारो, मुझे मत मारो! इतनी एम्पैथी, इतना तादात्म्य! तो परिणाम यह हो जाएगा। यह परिणाम हो जाएगा।

यूरोप में हजारों ईसाई फकीर हुए हैं, आज भी हैं—जिस दिन जीसस को फाँसी हुई और जिस दिन उनके हाथ में कीले ठोंके गए उस दिन शुक्रवार को, सैकड़ों फकीर हुए हैं पश्चिम में, आज भी दो-चार लोग हैं कि उस दिन उनके पास हजारों लोगों की भीड़ इकट्ठी हो जाती है। उनके दोनों हाथ लिए वे बैठे रहते हैं आँख बंद किए और ठीक वक्त पर जब जीसस को सूली हुई थी और हाथ में कीले ठोंकें गए थे उनके हाथ से खून की धाराएँ बहनी शुरू हो जाती हैं। बहुत मेडिकल परीक्षण हुआ है इसका। क्योंकि पश्चिम में कोई ऐसे नहीं मान लेता किसी बात को। बहुत चिकित्सकों ने जाँच-पड़ताल की है कि कोई धोखाधड़ी नहीं है। हाथ से खून बहने लगता है। इतनी एम्पैथी, इतनी एकात्म अनुभूति हो सकती है कि उस क्षण में वे जीसस हो जाते हैं। वे क्राइस्ट हो गए। उनको सूली लगा दी गई। उस क्षण में सूली लग गई है।

भाव इतनी तीव्र एकता में ले जा सकता है! सोच ही नहीं लेना है, उसके प्रयोग करने हैं जीवन में कि वह गहरे में प्रविष्ट हो जाए और वहाँ पता चले। तब, तब एक बार पता चलेगा कि यह जो जीवन में एक तरफ घट रहा है, यह हमसे जुड़ा है, सिर्फ हमने मैत्री का संबंध नहीं जोड़ा है इसलिए धागे बीच में से कट गए हैं, एक दीवाल खड़ी हो गई है; अन्यथा जीवन बह रहा है, जा रहा है, आ रहा है! सारा जीवन एक है—मैत्री का दूसरा अनुभव!

और तीसरी बात : न केवल विचार पर्याप्त हैं, न केवल अनुभव; बल्कि तीसरी बात मैत्री के अनुभव का सक्रिय प्रकाशन। मैत्री का सक्रिय जीवन। उठते-बैठते, चलते-फिरते मैत्री का सक्रिय जीवन।

क्या अर्थ है मैत्री के सक्रिय जीवन का? धार्मिक जीवन उसी का नाम है। वह जो रिलीजस, धार्मिक जीवन जिसे कहें, वह मैत्री का जीवन है। मेरे कृत्य मेरे विचार में, मेरे अनुभव में और मेरे कृत्य में मैत्री प्रविष्ट हो। मैं जो करूँ, वह मैत्री-प्रेरित हो। मैं जो करूँ उसका एक ही आधार और एक ही कारण हो कि वह मैत्री है पीछे—मैं जिऊँ तो मैत्री के लिए, मरूँ तो मैत्री के लिए। मेरी श्वास उसके लिए चले, मेरा हृदय उसके लिए धड़के—सक्रिय मैत्री का तीसरा चरण। चारों तरफ जीवन में कितना दुख है, कितनी पीड़ा है, कितनी चिंता है। चारों तरफ जीवन कितना कुरूप है, चारों तरफ जीवन कितना विकलांग है, चारों तरफ जीवन कितना पक्षाघात से घिरा है, चारों तरफ कितने घाव हैं, चारों तरफ कितनी पीड़ा का विस्तार है। मेरी मैत्री सक्रिय होनी चाहिए। एक छोटा-सा घाव भी भर सकूँ, एक छोटी-सी पीड़ा दूर कर सकूँ, एक छोटा-सा काँटा किसी रास्ते से उठा सकूँ, किसी मार्ग से एक पत्थर हटा सकूँ, किसी के जीवन में एक सीढ़ी बना सकूँ—कुछ भी जो मैं कर सकूँ चारों तरफ के जीवन के लिए। मैत्री मेरी सक्रिय होनी चाहिए तो मुझे मैत्री का उन तीनों आयामों में पूरा का पूरा, उनके तीनों डायमेंशन में मैत्री की ऊँचाई में, गहराई में, चौड़ाई में मेरा अनुभव होगा।

विचार में, अनुभव में, अभिव्यक्ति में जीवन को छोटी-सी पीड़ा भी मैं दूर कर सकूँ। नाम गिनाने की जरूरत नहीं है। हम सब जीवन की पीड़ाएँ जानते हैं। चारों तरफ जीवन पीड़ा से भरा हुआ है। कोई बहुत बड़ा उपक्रम करने का भी सवाल नहीं है, क्योंकि एक छोटा-सा गेश्चर, एक छोटा-सा इशारा, आँख की एक मुस्कुराहट, किसी का हँसकर स्वागत भी किसी की गहरी-से-गहरी पीड़ा को उतार दे सकता है। किसी को हाथ का छोटा-सा स्पर्श भी न मालूम कितनी घनी पीड़ा का भार उतार दे सकता है। लेकिन हम मुस्कुराना भूल गए हैं। हमारी आँखों ने प्रेम बरसाना छोड़ दिया है। हमारे हाथों में वह पुलक नहीं उठती, हमारे प्राणों में वह गीत पैदा नहीं होता। वह हमें खयाल ही भूल गया है। हम पत्थर की तरह जी रहे हैं।

इस जीवन को चौबीस घंटे निरंतर उठने से सोने तक, चारों तरफ की पीड़ाओं का दर्शन करना है और चारों तरफ की पीड़ा से संवेदित होना है, चारों तरफ की पीड़ा से पीड़ित होना है। चारों तरफ के दुख और काँटों को

प्रतीत करना है और जो बन सके प्रत्येक व्यक्ति से उन काँटों और उन पीड़ाओं को दूर करने का उपाय करना है–तो मैत्री सक्रिय बनती है।

एक फकीर था जापान में, वह बुद्ध के ग्रंथों का अनुवाद करवा रहा था। पहली बार जापानी भाषा में पाली से बुद्ध के ग्रंथ जाने वाले थे। गरीब फकीर था, उसने दस साल तक भीख माँगी। दस हजार रुपए इकट्ठे कर पाया लेकिन तभी अकाल आ गया, उस इलाके में अकाल आ गया।

उसके दूसरे मित्रों ने कहा कि नहीं-नहीं, ये रुपए अकाल में नहीं देने हैं, लोग तो मरते हैं, जीते हैं, चलता है यह सब। भगवान के वचन अनुवादित होने चाहिए, वह ज्यादा महत्त्वपूर्ण है।

लेकिन वह फकीर हँसने लगा। उसने वह दस हजार रुपए अकाल के काम में दे दिए। फिर बूढ़ा फकीर, साठ साल उसकी उम्र हो गई थी, फिर उसने भीख माँगनी शुरू की। दस साल में फिर दस हजार रुपए इकट्ठे कर पाया कि अनुवाद का कार्य करवाए, पंडितों को लाए। क्योंकि पंडित तो बिना पैसे के नहीं मिलते। पंडित तो सब किराए के होते हैं। तो पंडित को तो रुपया चाहिए था तो वह अनुवाद करे पाली से जापानी में। फिर दस हजार रुपए इकट्ठे किए लेकिन दुर्भाग्य कि बाढ़ आ गई और वह दस हजार रुपए वह फिर देने लगा।

तो उसके भिक्षुओं ने कहा, यह क्या कर रहे हो? यह जीवन-भर का श्रम व्यर्थ हुआ जाता है। बाढ़ें आती रहेंगी, अकाल पड़ते रहेगे, यह सब होता रहेगा। अगर ऐसा बार-बार रुपए इकट्ठे करके इन कामों में लगा दिया तो वह अनुवाद कभी भी नहीं होगा।

लेकिन वह भिक्षु हँसने लगा। उसने वह दस हजार रुपए फिर दे दिए। फिर उम्र के आखिरी हिस्से में दस-बारह साल में फिर वह दस-पंद्रह हजार रुपए इकट्ठे कर पाया। फिर अनुवाद का काम शुरू हुआ और पहली किताब अनुवादित हुई। तो उसने पहली किताब में लिखा, थर्ड एडीशन, तीसरा संस्करण।

तो उसके मित्र कहने लगे, पहले दो संस्करण कहाँ हैं? निकले ही कहाँ? पागल हो गए हो? यह तो पहला संस्करण है।

लेकिन वह कहने लगा कि दो निकले, लेकिन वे निराकार संस्करण थे। उनका आकार नहीं था। वे निकले, एक पहला निकला था, जब अकाल पड़ गया था। तब भी बुद्ध की वाणी निकली थी। फिर दूसरा निकला था, जब

बाढ़ आ गई थी तब भी बुद्ध की वाणी निकली थी। लेकिन उस वाणी को वे ही सुन और पढ़ पाए होंगे, जिनके पास मैत्री का भाव है। यह तीसरा संस्करण सबसे सस्ता है, सबसे साधारण है, इसको कोई भी पढ़ सकता है। अंधे भी पढ़ सकते हैं, लेकिन वे दो संस्करण वे ही पढ़ पाए होंगे, जिनके पास मैत्री की आँखें हैं।

जीवन है चारों तरफ बहुत दुख और पीड़ा से भरा हुआ। उसमें मैत्री के संस्करण, उसमें मैत्री की अभिव्यक्ति प्रकट होती रहनी चाहिए और वह प्रत्येक व्यक्ति को अपने लिए चुनना होता है कि उसकी मैत्री किन-किन मार्गों से प्रकट हो और बहे।

तो ये तीन बातें मैत्री के संबंध में स्मरण रखनी जरूरी हैं। फिर से मैं दोहरा दूँ, करुणा है निराकार। वह है आकाश में छा गया बादल, जो पानी से भरा है। मैत्री है वर्षा, जो आ गई पृथ्वी तक और फैल गई पृथ्वी की जड़ों में। करुणा है भाव, मैत्री है क्रिया। करुणा है आत्मा, मैत्री है शरीर। करुणा भीतर जन्मती है, वह है केंद्र; मैत्री है अभिव्यक्ति, वह है परिधि। जिसकी करुणा मैत्री तक पहुँच जाती है, वह भगवान के दूसरे द्वार में प्रविष्ट हो जाता है। शेष दो द्वारों की बात हम आगे करेंगे।

अब हम सुबह के ध्यान के लिए बैठेंगे।

बैठ जाने के बाद आँखें जो आधी खुली रख सकते हो नासाग्र, वे आधी खुली रखेंगे। जिन्हें जरा भी तकलीफ मालूम होती है, आँखें बंद रखेंगे।

शरीर को हम शिथिल छोड़ देंगे और फिर भीतर संकल्प करेंगे, पूछेंगे 'मैं कौन हूँ' इतनी तीव्रता से पूछना है, इस जिज्ञासा को कि 'मैं कौन हूँ' कि प्राण का रोआँ-रोआँ कँप जाए। व्यक्तित्व के कोने-कोने तक यह आवाज गूँज जाए, धड़कन-धड़कन में, श्वास-श्वास में एक ही भाव रह जाए कि 'मैं कौन हूँ।'

पूछते ही चले जाना है सतत जैसे कोई पत्थर तोड़ता हो और चोट करता ही चला जाता है सतत। चोट करते ही चले जाना है कि 'मैं कौन हूँ, मैं कौन हूँ।' धीरे-धीरे प्रश्न ही रह जाए और हम मिट जाएँ! बस प्रश्न ही रह जाए कि 'मैं कौन हूँ?'

जब हमारी पुकार और हमारे प्रश्न उस तक पहुँचेंगे तो वह भीतर जो है– वह सबके भीतर एक ही है, उस तक हमें प्रश्न को पहुँचा देना है, निवेदन करना है। बस हमारा काम इतना काफी है कि हम प्रश्न पहुँचा दें

प्राणों की गहराई तक, उत्तर वहाँ है। वह आएगा, वह अपने से आएगा।

एक कुएँ में पानी भरा हुआ है। हम अपनी बाल्टी और रस्सी पहुँचाते हैं उस पानी तक, फिर वह भर जाएगी। प्रश्न की रस्सी और बाल्टी पहुँचा देनी है वहाँ तक, जहाँ चेतना और ज्ञान भरा हुआ है। जहाँ हो एक अस्तित्व वहाँ तक। इतनी तीव्रता से पूछना है कि सारे पर्दे बीच से टूट जाएँ और आवाज भीतर तक पहुँच जाए।

जब पूरी तीव्रता से आप पूछेंगे तो यह सारा समुद्र भी यही पूछते हुए मालूम पड़ेगा कि 'मैं कौन हूँ'। ये सरू के वृक्ष पूछते हुए मालूम पड़ेंगे कि 'मैं कौन हूँ'। ये सारी हवाएँ पूछती मालूम पड़ेंगी कि 'मैं कौन हूँ।' एक तूफान खड़ा हो जाएगा चारों तरफ कि 'मैं कौन हूँ', 'मैं कौन हूँ'?

और उस तूफान में आप कँप जाएँगे तो घबराना नहीं। आँसू बहने लगें तो घबराना नहीं। रोना आ जाए तो घबराना नहीं, गिर पड़ें तो घबराना नहीं, पूछते ही चले जाना है। तीव्रता से जितना मैं पूछ सकता हूँ, पूछते चले जाना।

निश्चित ही इस पूछने से एक अद्‌भुत शांति फलित होने लगेगी। इस तीव्र जिज्ञासा में ही प्राण शांत होने लगेगा। एक अनुभव में से गुजरना होगा, एक अद्‌भुत अनुभव में से गुजरना हो सकता है। हम पर निर्भर है कि हम कितनी तीव्रता से पूछते हैं। तो अब हम बैठ जाएँ!

हिंसा, अहंकार : प्रेम और ध्यान

पाँच

हिंसा, अहंकार : प्रेम और ध्यान

मेरे प्रिय आत्मन्!

एक मित्र ने पूछा है कि हम उन लोगों के प्रति तो प्रेमपूर्ण हो सकते हैं, जो हमारे प्रति प्रेमपूर्ण हों, लेकिन उन लोगों के प्रति प्रेमपूर्ण कैसे हो सकते हैं, जो हमारे प्रति प्रेमपूर्ण नहीं हैं, बल्कि हमें हर तरह की चोट पहुँचाने की भी कोशिश करते हैं?

नहीं, हम चूँकि प्रेमपूर्ण नहीं हैं, इसलिए हमें यह देखना पड़ता है कि कौन हमें प्रेम करता है और कौन हमें चोट पहुँचाता है। हम प्रेमपूर्ण हों तो इससे कोई फर्क नहीं पड़ता कि कौन हमें प्रेम करता है और कौन हमें चोट पहुँचाता है? हमारा प्रेमपूर्ण होना हमारा स्वभाव हो तो इससे कोई भी फर्क नहीं पड़ता है कि कौन हमारे साथ क्या करता है?

लेकिन हम प्रेमपूर्ण नहीं हैं, हमें कोई प्रेम करता है तो हम प्रेमपूर्ण होने की व्यवस्था कर लेते हैं। और हमें कोई प्रेम नहीं करता है तो हम घृणा की व्यवस्था कर लेते हैं। हमारे प्राणों में कहीं ऐसा नहीं हो गया है कि प्रेम हमारी अवस्था हो।

प्रेम भी हमारा एक उत्तर है। जब कोई प्रेम करता है तो हम प्रेम का उत्तर देते हैं। वह हमारे बहुत ऊपर से आता है, हमारे गहरे से नही। हमारे गहरे से जब प्रेम आएगा तो इससे कोई भी फर्क नहीं पड़ता है कि कौन हमारे साथ क्या करता है, क्योंकि वह प्रेम यह नहीं माँगेगा कि तुम मेरे साथ प्रेम करो तो मैं प्रेम करूँगा। ऐसी कंडीशन, ऐसी शर्त प्रेम के साथ नहीं हो सकती। अभी हमारा प्रेम कहता है कि प्रेम दोगे तो हम प्रेम देंगे। अभी हमें प्रेम मिलता है तो अच्छा लगता है और उत्तर में हम प्रेम देते हैं। अगर प्रेम नहीं मिलता

तो बुरा लगता है और उत्तर में हम प्रेम नहीं देते।

जिस प्रेम की मैं बात कर रहा हूँ, जब मन प्रेम की अवस्था में प्रवेश करता है तो हमें यह अच्छा नहीं लगता है कि दूसरे प्रेम दें। हमें यही अच्छा लगता है कि हम प्रेम दे रहे हैं। यह फर्क समझ लेना जरूरी है।

जिसका हृदय प्रेम में प्रतिष्ठित हुआ है, उसे प्रेम देना अच्छा लगता है। उसे प्रेम करना ही आनंद है। वह प्रेम दे पाता है, बस यही उसके भीतर एक खुशी और एक आनंद की घटना बन जाती है। प्रेम देने में ही वह आनंदित हो जाता है। जैसे बादल भर गए हैं और बरस जाते हैं, और फूल खिल गया है, और सुगंध बिखर जाती है; और दीया जल गया और प्रकाश भर जाता है, ऐसे ही जब प्राण प्रेम से भरते हैं तो प्रेम बँटना शुरू हो जाता है। जरूरत तब यह नहीं रह जाती कि कोई हमें प्रेम करे, तब हम प्रेम देंगे। नहीं, प्रेम देने के अतिरिक्त कोई उपाय नहीं रह जाता।

तो वह जो हमारे सामने दुश्मन की तरह आकर खड़ा हो जाएगा, उसे दिखाई पड़ेगा कि वह दुश्मन है, लेकिन प्रेमपूर्ण हृदय को नहीं दिखाई पड़ सकता कि वह दुश्मन है। प्रेमपूर्ण हृदय को ऐसा ही दिखाई पड़ेगा कि कोई पागल है, कोई बीमार है, कोई रुग्ण है, कोई विक्षिप्त है। इस बेचारे को क्या हो गया है। मनसूर का नाम सुना होगा। मनसूर को सूली दी गई। एक लाख लोग इकट्ठे थे मनसूर को सूली पर लटकाते समय। लोग पत्थर फेंक रहे थे और गालियाँ दे रहे थे और मनसूर हँस रहा था। और जब सूली पर उसे लटकाया गया तो उसने हाथ जोड़े और परमात्मा से कहा कि 'देखते हो, इन प्यारों को? यह सोच रहे हैं कि मुझे मारकर, मेरी हत्या करके ये तेरे प्यारे बन जाएँगे, लेकिन इन पागलों को कुछ भी पता नहीं कि ये क्या कर रहे हैं।'

लेकिन उसके शब्द जब वह कह रहा है, ये पागल! जब वह कह रहा है, ये बेचारे! तो इनके प्रति न तो क्रोध है, न दुश्मनी है, बल्कि इनके प्रति भी कितना प्रेम है कि वह कह रहा है कि इन प्यारों को पता नहीं कि ये क्या कर रहे हैं?

जीसस को सूली दी गई। सूली पर लटकाते वक्त उनसे कहा गया कि तुम्हें कुछ अंतिम बात कहनी है? तो जीसस ने कहा, 'एक ही बात कहनी है कि हे परमात्मा! इन सबको क्षमा कर देना, क्योंकि इन्हें पता नहीं है कि ये क्या कर रहे हैं।' जीसस का प्रेम से भरा हुआ हृदय यह नहीं समझ पाया कि ये दुश्मनी कर रहे हैं कि ये चोट पहुँचा रहे हैं कि ये शत्रु हैं मेरे, कि

इनके लिए मेरे मन में घृणा जगनी चाहिए। जिस मन में प्रेम जाग गया है, उस मन में घृणा के जागने का उपाय भी नहीं है, चाहे कोई कुछ भी करे।

एक फकीर औरत थी राबिया। धर्मग्रंथ में, उसके धर्मग्रंथ में कहीं एक पंक्ति आती थी कि शैतान से घृणा करो। उसने वह पंक्ति काट दी। अब धर्मग्रंथों में सुधार नहीं किया जा सकता!

एक फकीर उसके घर मेहमान था। उसने धर्मग्रंथ पढ़ा सुबह, तो देखकर हैरान हो गया कि एक लकीर कटी हुई है। उसने राबिया से कहा कि 'किसने की है यह अशिष्टता। धर्मग्रंथ में सुधार? यह किसने पंक्ति काट दी है? राबिया ने कहा, 'और किसी ने नहीं, मैंने ही काटी है। लेकिन मैं बड़ी मुश्किल में पड़ गई तो मुझे काटना पड़ा।'

वह फकीर पूछने लगा, 'क्या जरूरत थी? यह तो ठीक ही लिखा है कि शैतान को घृणा करो।'

राबिया कहने लगे, 'वह तो ठीक लिखा है। जब तक मेरे भीतर प्रेम पैदा न हुआ था तब तक मुझे भी ठीक लगता था, लेकिन अब तो मैं बड़ी मुश्किल में पड़ गई। जब से प्रेम पैदा हुआ तो मैं घृणा करने में असमर्थ हो गई हूँ। शैतान को घृणा करो, वह ठीक है; लेकिन मैं घृणा कैसे करूँ? मेरे भीतर घृणा तो बची नहीं, मेरा तो कोना-कोना हृदय का प्रेम में भर गया है। मैं घृणा कहाँ से लाऊँ? नहीं, अब तो मैं घृणा करने में असमर्थ हो गई हूँ। अगर शैतान भी मेरे सामने खड़ा हो जाएगा तो मैं प्रेम ही कर सकती हूँ। क्योंकि प्रेम ही मेरे भीतर बचा है और शायद अब मैं पहचान भी न सकूँगी कि कौन शैतान है और कौन भगवान! क्योंकि प्रेम की आँख कैसे फर्क कर पाएगी कि कौन, कौन है।'

नहीं, हम प्रेम जानते नहीं हैं। हम जिसे प्रेम कहते हैं, वह सब लेन-देन और सौदा है—वह सब बारगेनिंग है। हम कहते हैं कि तुम मुझे प्रेम करोगे तो मैं करूँगा। हम पहले चाहते हैं फिर देते हैं। सब सौदा है। सब नाप-जोख है। प्रेम में भी कोई नाप-जोख हो सकती है? कोई सौदा हो सकता है? प्रेम भी कहेगा कि तुम मुझे प्रेम करोगे तो?

नहीं, प्रेम ने यह कभी नहीं कहा। ये सिर्फ वही लोग कह रहे हैं, जो प्रेम से परिचित भी नहीं हैं, जो केवल प्रेम के शब्द बोलते हैं, प्रेम की बातें करते हैं, लेकिन जिनके हृदय में प्रेम का जादू पैदा नहीं हुआ हो, प्रेम की कीमिया पैदा नहीं हुई, वहाँ प्रेम की रसधारा नहीं जगी है।

प्रेम सदा बेशर्त है, अनकंडीशनल है। वह कोई शर्त नहीं बाँधता कि इसलिए करूँगा प्रेम, इस कारण से करूँगा प्रेम। जहाँ कारण है, और जहाँ शर्त है, वहाँ सौदा है। प्रेम कहाँ? प्रेम तो कहता है कि चूँकि मैं भरा हूँ प्रेम से तो अब मैं क्या करूँ, करूँगा प्रेम। क्योंकि प्रेम ही मेरे पास है, वही मैं दे सकता हूँ, वही मैं बाँट सकता हूँ। तो जिस प्रेम की मैं बात कर रहा हूँ कि वह प्रेम—नहीं, उस प्रेम को नहीं दिखाई पड़ता है कि कौन चोट पहुँचा रहा है; बल्कि उल्टी बात भी हो सकती है।

जीसस एक गाँव से गुजरते थे। एक पागल कुत्ते ने एक बाजार की भीड़ में उनके पैर में काट लिया। भीड़ इकट्ठी हो गई। लोगों ने उस कुत्ते को पकड़ लिया और कहा कि इसकी हत्या कर दो। यह न मालूम और किनको काट लेगा! लेकिन जीसस उस कुत्ते के ऊपर हाथ फेर रहे हैं और लोग कहने लगे कि यह आदमी उस कुत्ते से भी ज्यादा पागल मालूम होता है। इसके पैर में काट लिया है, लहू बह रहा है और यह कुत्ते पर हाथ फेर रहा है।

और जीसस कहने लगे दोस्तो! तुम सिर्फ यही देखोगे कि क्या उसने मेरे पैर में काट लिया। और उसके दाँत नहीं देखते कि कितने चमकदार हैं, कितने ताजे, कितने प्यारे! तुममें से किसी के दाँत इतने साफ नहीं हैं। तो एक आदमी भीड़ में से चिल्लाया कि जरूर यह आदमी जीसस होगा, क्योंकि सिर्फ वही आदमी एक ऐसा है कि कुत्ता उसे काटे तो भी उसे कुत्ते के चमकदार दाँत दिखाई पड़ें और काटा हुआ दिखाई न पड़े। जरूर यह आदमी जीसस होगा, लोगों से वह कहने लगा।

यह संभावना है। प्रेम अगर हृदय में पूरा हो तो जिस कुत्ते ने काट लिया है, उस कुत्ते में भी कुछ दिखाई पड़ सकता है जो सुंदर है और धन्यवाद देने योग्य है। वह प्रेम भीतर है तो दिखाई पड़ सकता है। वह प्रेम भीतर न हो तब बहुत कठिनाई है, तब बहुत मुश्किल है और वह प्रेम हमारे भीतर नहीं है।

इसी संबंध में एक मित्र ने और पूछा है कि यह तो ठीक है कि हम प्रेम करें, करुणा से भरे हुए हों, लेकिन अगर कोई देश हम पर हमला कर दे, कोई राष्ट्र हम पर हमला कर दे तो फिर हम कैसे करुणा को बचाएँगे, फिर कैसे हम प्रेमपूर्ण होंगे?

सच तो यह है, अगर कोई भी देश, कोई भी समाज प्रेमपूर्ण हो जाए तो उसे कोई भी दूसरा देश, दूसरा नहीं दिखाई पड़ेगा। वह दूसरा देश दूसरा

दिखाई पड़ता है, क्योंकि हमारे हृदय प्रेमपूर्ण नहीं हैं। दुनिया को बाँटने वाली जितनी रेखाएँ हैं, वे सारी रेखाएँ घृणा ने खींची हैं। वे रेखाएँ प्रेम के द्वारा नहीं खींची गई हैं। हिंदुस्तान और पाकिस्तान को जो रेखा बाँटती है, वह रेखा घृणा की रेखा है। हिंदुस्तान को और चीन को जो रेखा बाँटती है, वह रेखा परमात्मा ने कहीं भी नहीं खींची है। पृथ्वी कहीं भी बँटी हुई नहीं है। चूँकि आदमी घृणा से भरा हुआ है, इसलिए उसने पृथ्वी बाँट ली है। और ये जो घृणा के ठेकेदार हैं राजनीतिज्ञ, ये जो घृणा का धंधा करते हैं राजनीति के लोग, ये जो घृणा का व्यवसाय करते हैं और उसी पर जीते हैं, उन्होंने सारी दुनिया को बाँटकर तोड़ डाला है।

दुनिया में जिस दिन प्रेम होगा, उस दिन देश नहीं हो सकते। देश हैं, क्योंकि प्रेम नहीं है। लेकिन फिर भी यह कहा जा सकता है कि हम प्रेम से भर गए हों, फिर भी तो कोई दूसरा हम पर हमला कर सकता है। यह भय भी चूँकि हमारे भीतर प्रेम नहीं है इसलिए मालूम पड़ता है। जिसके भीतर प्रेम नहीं है वह सदा भयभीत है और जिसके भीतर प्रेम है वह अभय को, फियरलेसनेस को उपलब्ध हो जाता है।

नहीं, वह भयभीत नहीं होता कि कोई हमला कर देगा। और बड़े मजे की बात है यह, हिंदुस्तान डरता है कि पाकिस्तान हमला न कर दे और पाकिस्तान डरता है कि हिंदुस्तान हमला न कर दे। अमरीका डरता है कि रूस तैयारी कर रहा है, कहीं हमला न कर दे। रूस डरता है कि अमरीका तैयारी कर रहा है, कहीं हमला न कर दे।

सारी दुनिया में लोग एक-दूसरे से डरे हुए हैं। एक-दूसरे से डरने के कारण वे घृणा को सँजोए चले जाते हैं। युद्ध की तैयारी करते चले जाते हैं और कोई भी यह नहीं कहता कि हम सारे लोग जब एक-दूसरे से डरे हुए हैं तो बड़े पागल हैं। एक बार बैठकर निपटारा कर लें कि कोई किसी से न डरे। क्योंकि जब एक-दूसरे से डरना है तो उसका मतलब यह है, उसका सीधा मतलब यह है कि हम बिलकुल पागल हैं।

सारा रूस घबराया हुआ है अमरीका से। सारा अमरीका घबराया हुआ है रूस से। यह क्या पागलपन है? क्या इस बीसवीं सदी में भी यह संभव नहीं हो पाया कि हम समझ लें कि किसी को किसी से घबराने की कोई जरूरत नहीं?

नहीं, इतना प्रेम भी हमारे भीतर नहीं है कि हम एक-दूसरे को समझने को तैयार हो जाएँ। दुनिया में राष्ट्र और देश हैं, क्योंकि दुनिया में प्रेम नहीं

है। प्रेम होगा तो न कोई राष्ट्र होगा, न कोई देश होगा, न कोई जाति होगी। प्रेम तो मिटा डालेगा सब बीमारियों को। लेकिन आज एकदम से तो सारा देश प्रेम से नहीं भर सकता है।

पूछा जा सकता है कि कुछ लोग अगर प्रेम से भी भर जाएँ और फिर भी कोई हमला हो तो वे क्या करेंगे? तो मेरा कहना है कि प्रेम से भी लड़ा जा सकता है। एक छोटी-सी घटना बताऊँ तो समझ में आ सके।

एक मुसलमान खलीफा था उमर। एक पड़ोस के राजा से कोई सात वर्षों से युद्ध चल रहा था। न मालूम कितने लोग मरे, न मालूम कितनी लड़ाइयाँ हुईं, लेकिन कोई निपटारा न हो सका। साथ में युद्ध में निपटारे का क्षण आ गया। उमर ने दुश्मन को नीचे गिरा लिया। उसके घोड़े को मार डाला। दुश्मन की छाती पर चढ़ गया और भाला उठा लिया।

वह उसकी छाती में भोंकने को एक क्षण और, और छाती में भाला भोंक दिया गया होता, लेकिन नीचे पड़े हुए दुश्मन ने उमर के मुँह पर थूक दिया। उमर ने थूक पोंछ लिया और कहा कि दोस्त! अब लड़ाई कल होगी। मैं उठ जाता हूँ। वह नीचे पड़ा दुश्मन कहने लगा, पागल हो गए हो तुम। ऐसा अवसर सात वर्षों में पहली बार मिला है मुझे खतम कर देने का। मुझे छोड़कर क्या कर रहे हो यह? यह मौका क्यों खोते हो?

उमर कहने लगा कि नहीं, नहीं। एक खयाल था मेरे मन में कि लडूँगा प्रेम से और शांति से लेकिन तुम्हारे थूकने से मुझे क्रोध आ गया। अब फिर कल लड़ाई शुरू करेंगे। अब भाला उठाना ठीक नहीं है। वह उमर उतर गया। उसने कहा, कि अब क्रोध आ गया, अब तुम्हारी हत्या करना ठीक नहीं है। क्योंकि अब तक लड़ाई उसूल की थी, अब तक लड़ाई सिद्धांत की थी। अब तक मुझे लगता था कि मैं उसके लिए लड़ रहा हूँ, जो सत्य है। लेकिन सत्य की लड़ाई तो प्रेम से की जा सकती है, क्रोध से नहीं। तुम्हारे थूकने से मुझे क्रोध आ गया और मेरे मन को हुआ कि मार डालूँ इसे। पहली दफा व्यक्तिगत दुश्मनी प्रकट हो गई। नहीं, व्यक्तिगत दुश्मनी मेरी नहीं है और व्यक्तिगत दुश्मनी सत्य के बीच में लानी उचित नहीं है। मैं हट जाता हूँ। अगर कल तक शांत हो सका तो यह लड़ाई खतम हो गई।

वह दुश्मन तो हार ही गया था। वह तो पैरों पर गिर पड़ा। उसने तो कल्पना भी न की थी कि एक आदमी सात वर्षों से शांति से लड़ रहा हो और

एक आदमी सात वर्षों से सत्य के लिए लड़ रहा हो—न उसके मन में क्रोध है, न हिंसा है। यह संभावना है!

इस संभावना को इस भाँति और भी आसानी से समझा जा सकता है। आप एक आदमी से दोस्ती रख सकते हैं और दोस्ती के भीतर भी घृणा पाल सकते हैं, क्रोध पाल सकते हैं। आप दोस्त दिखाई पड़ सकते हैं और भीतर से घृणा और क्रोध हो। ठीक इससे उल्टा भी हो सकता है। आप दुश्मन की तरह लड़ भी सकते हैं और भीतर से करुणा और प्रेम हो। जिससे आप लड़ रहे हैं; उसके भी अहित की कोई कामना नहीं है, उसको भी हानि पहुँचाने का कोई विचार नहीं है—लड़ाई सत्य के तल पर हो सकती है।

इसी संबंध में एक मित्र ने और पूछा है कि कृष्ण ने तो इतना बड़ा युद्ध किया तो क्या वे प्रेमपूर्ण नहीं थे?

कृष्ण जैसा प्रेम करने वाला आदमी पृथ्वी पर मुश्किल से हुआ है। कृष्ण जैसा प्यारा आदमी मुश्किल से पृथ्वी पर हुआ है। करोड़ों वर्ष लग जाते हैं तब पृथ्वी उस तरह के एकाध आदमी को पैदा करने में सफल हो पाती है। लेकिन वह लड़ाई न क्रोध की थी, न घृणा की थी। वह लड़ाई सत्य की थी और सत्य के लिए थी। और अत्यंत प्रेम और अत्यंत शांति से लड़ी गई थी। दिन-भर लड़ते थे युद्ध के मैदान में और साँझ को एक-दूसरे के शिविर में जाकर गपशप भी चलती थी। दिन-भर लड़ते थे युद्ध के मैदान में और साँझ को एक-दूसरे के खेमे में बैठकर बातचीत भी चलती थी। जिस भीष्म से लड़ाई चली, युद्ध समाप्त हो जाने पर भीष्म पड़े हैं मरण-शैया पर। उससे ही पूछ रहे हैं; जो लड़े थे वे ही उपदेश लेने कि धर्म के संबंध में हमें कुछ उपदेश दे दें।

अद्‌भुत लोग थे। बड़े गजब के लोग रहे होंगे। जिससे चला है युद्ध, जिससे जी-जान से लड़े हैं उससे भी अंतिम क्षणों में उसके चरणों में बैठकर पूछने गए हैं कि हमें धर्म का अंतिम उपदेश दे दें।

नहीं, वह लड़ाई घृणा की लड़ाई नहीं थी। जब तक दुनिया में बुराई है, जब तक दुनिया में पाप है, जब तक दुनिया में असत्य और अधर्म है; तब तक जो शांत हैं, जो प्रेमपूर्ण हैं उन्हें भी लड़ना पड़ेगा। लड़ना उनकी इच्छा नहीं है, हमेशा उनकी मजबूरी है। लेकिन उस लड़ाई में भी प्रेम को और करुणा को खो देने का कोई कारण नहीं है।

एक मेरे मित्र जापान से लौटे। वे वहाँ से एक मूर्ति खरीद लाए। वह

मूर्ति उनकी समझ के बाहर उन्हें मालूम पड़ी। वह बहुत प्यारी लगी तो वे उस मूर्ति को ले आए। मेरे पास वे मूर्ति लाए और कहने लगे, मैं इसका अर्थ नहीं समझा हूँ। यह बड़ी अजीब मूर्ति मालूम पड़ती है। मूर्ति सच में ही अजीब थी। मैं भी देखकर चौंका। और मैं देखकर खुशी और आनंद से भी भर गया। मूर्ति अद्‌भुत थी।

वह मूर्ति थी एक सिपाही की मूर्ति, लेकिन साथ ही वह एक संत की मूर्ति भी थी। उस मूर्ति के एक हाथ में थी तलवार नंगी और उस तलवार की चमक उस मूर्ति के आधे चेहरे पर पड़ रही थी और वह आधा चेहरा ऐसा मालूम पड़ता था जैसे अर्जुन का चेहरा रहा हो। जैसे तलवार की चमक थी वैसा ही वह आधा चेहरा–जिस पर तलवार चमक रही थी, वह आधा चेहरा भी उतना ही चमक से भरा हुआ था। उतने ही शौर्य से, उतने ही ओज से, उतने ही वीर्य से। और दूसरे हाथ में उस मूर्ति के एक दीया था। और दीये की ज्योति की चमक चेहरे के दूसरे हिस्से पर पड़ती थी। फिर वह दूसरा हिस्सा बिलकुल ही दूसरा था। वह **चेहरा** ऐसा मालूम पड़ता था जैसे बुद्ध का रहा हो–इतना शांत, इतना मौन, इतना करुणा से भरा हुआ। और वह एक ही आदमी का चेहरा था। और एक हाथ में तलवार और एक हाथ में दीया।

वे मेरे मित्र पूछने लगे, मैं समझा नहीं, यह कैसा आदमी है?

मैंने कहा, इसी आदमी की तलाश में दुनिया है हमेशा से। एक ऐसा आदमी चाहिए, जो तलवार की तरह अडिग भी हो, जो तलवार की तरह ओज से भी भरा हो, समय पड़ने पर जो तलवार बन जाए। लेकिन उस आदमी के भीतर शांति का और करुणा का दीया भी हो। जिस आदमी के भीतर करुणा का और शांति का और प्रेम का दीया है, उसके हाथ में तलवार खतरनाक नहीं है। उसके हाथ में तलवार भी मंगल सिद्ध होगी। और जिस आदमी के भीतर क्रोध और घृणा का अंधकार है, उसके हाथ में तलवार भी न हो, एक छोटा-सा कंकड़ भी खतरनाक सिद्ध होने वाला है। आदमी भीतर कैसा है? अगर अशांत है तो उसके उसके हाथ की शक्ति शैतान बन जाएगी और अगर भीतर आदमी शांत है तो उसके हाथ की शक्ति सदा से भगवान के चरणों में समर्पित रही है।

नहीं, उससे घबराने की जरूरत नहीं है कि आप शांत हो जाएँगे तो आप निवीर्य नहीं हो जाएँगे। शांत होने से वीर्य और ओजस्व बढ़ता है, कम नहीं होता। लेकिन एक फर्क पड़ जाता है। शांत आदमी का सारा ओज, सारी शक्ति, सत्य के पक्ष में खड़ी होती है, असत्य के पक्ष में नहीं। शांत आदमी

का सारा व्यक्तित्व धर्म के लिए समर्पित होता है, अधर्म के लिए नहीं। शांत आदमी का जो कुछ है, वह सब परमात्मा के लिए समर्पित है। वह युद्ध में भी जा सकता है तो भी वह प्रार्थनापूर्ण हृदय से ही जाएगा और अशांत आदमी मंदिर में भी जाता है तो प्रार्थनापूर्ण हृदय से नहीं। यह फर्क समझ लेना जरूरी है।

शांत आदमी युद्ध के मैदान में भी प्रेयरफुल होगा, वह प्रार्थना से भरा होगा। वह जिनसे युद्ध में खड़ा होना पड़ा है, उसे मजबूरी में एक नेसेसरी ईविल की तरह, एक आवश्यक बुराई की तरह, वह उनके प्रति भी परमात्मा से, प्रार्थना से ही भरा हुआ होगा। वह उनकी सद्‌बुद्धि और मंगल के लिए ही प्रार्थना करता होगा। उसके हाथ में तलवार होगी लेकिन हृदय में प्रार्थना होगी। और अशांत आदमी मंदिर में माला लेकर बैठा है तो भी उसके मन में सबके मंगल की कोई कामना नहीं है। वह माला लिए बैठा है लेकिन उसके भीतर–उसके भीतर जो चल रहा है, उसमें प्रार्थना जैसा कुछ भी नहीं है, प्रेम जैसा कुछ भी नहीं है।

नहीं, इससे बहुत भ्रांति में पड़ जाने की जरूरत नहीं है कि हाथ में क्या है? सवाल हमेशा यह है कि भीतर क्या है। शांत मनुष्य चाहिए और शांत मनुष्यों के हाथ में शक्ति का कभी भी दुरुपयोग नहीं हो सकता है। शांत मनुष्यों के हाथ में शक्ति पहुँच जाए तो शायद बहुत जल्दी एक ऐसी दुनिया भी बन जाए, जहाँ शक्ति के उपयोग की जरूरत न रह जाए। प्रेम और शांति हो तो राष्ट्र मिट जाएँगे, जातियाँ मिट जाएँगी, वर्ग मिट जाएँगे। प्रेम नहीं है, इसलिए सारी समस्या है।

एक मित्र पूछते हैं कि शुभ कार्य करने के लिए भी तो अहंकार की जरूरत होती है। अगर अहंकार नहीं रह जाएगा तब तो शुभ कार्य भी कोई नहीं करेगा।

उन्हें पता नहीं। उन्हें पता नहीं कि जब तक अहंकार है, तब तक कोई शुभ कार्य करने का विचार ही कर सकता है, कर कभी नहीं पाता है। और जब तक अहंकार है, तब तक शुभ कार्य किया भी जाए तो अंततः अशुभ ही सिद्ध होता है, शुभ सिद्ध नहीं होता। वह अहंकार इतना बड़ा जहर है कि उसके साथ शुभ कार्य हमेशा विकृत हो जाएगा। कभी भी अहंकार के साथ शुभ कार्य सफल नहीं हो सकता। यह ऐसे ही है जैसे मटकी-भर दूध में एक छोटी-सी बूँद-भर जहर डाल दिया जाए और कोई कहे कि इतने-से जहर से क्या फर्क पड़ता है! नहीं, वह इतना-सा जहर उस पूरी मटकी को जहर बना देगा।

अहंकार तो पायजन है, अहंकार तो जहर है। वह कितने ही बड़े शुभ कार्य में लगाया जाए, वह शुभ कार्य भी पूरा पायजनस और जहरीला हो जाएगा। दुनिया में बहुत शुभ कार्य किए गए हैं लेकिन दुनिया शुभ नहीं हो पाई इसीलिए कि उन शुभ कार्यों के पीछे भी अहंकार कभी भी शुभ कार्य नहीं कर सकता है। सच तो यह है कि जब अहंकार नहीं रह जाता, तब जो भी कार्य होते हैं, वे सभी शुभ होते हैं।

लेकिन वे मित्र पूछते हैं कि अहंकार नहीं रह जाएगा तब तो कार्य ही बंद हो जाएँगे।

नहीं, यह किसने कहा? अहंकार नहीं रह जाएगा तो कार्य होंगे, सिर्फ अशुभ कार्य बंद हो जाएँगे। अहंकार जब तक है तब तक अशुभ कार्य होंगे, शुभ कार्य नहीं हो सकेंगे। अहंकार के मिटते ही व्यक्ति के भीतर क्या घटना घटती है? जैसे ही अहंकार मिटता है उसका यह भाव चला जाता है कि मैं करने वाला हूँ, मैं कर्त्ता हूँ। फिर एक नए भाव का उदय होता है कि मैं तो हूँ ही नहीं, परमात्मा ही है; वही कर रहा है, वही करवा रहा है। फिर वह व्यक्ति काम करता है तो ऐसा नहीं कि मैं कर रहा हूँ। ऐसे करता है कि वह करवा रहा है। फिर वह काम करता है तो ऐसे नहीं कि मैं हूँ उस काम के पीछे। नहीं, वही है, परमात्मा है, सर्व है।

कबीर कहते थे कि जबसे मिट गया 'मैं' तबसे मैं एक बाँस की पोंगरी हो गया। गीत उसके हैं, सिर्फ मुझसे बहते हैं, लोग समझते हैं कि मैं गा रहा हूँ। एक आदमी बाँसुरी पर गीत गा रहा है, बाँसुरी को भ्रम हो सकता है कि मैं गा रही हूँ। बाँसुरी सिर्फ बाँस की पोंगरी है, नहीं है उसमें कुछ, सिर्फ एक पैसेज, एक मार्ग है, जिससे गीत बहता है और प्रकट हो जाता है। कबीर कहते थे, जबसे मिट गया 'मैं' तबसे मैं एक बाँस की पोंगरी हो गया। अब गीत तेरे हैं और लोग समझते हैं कि मैं गा रहा हूँ।

अहंकार मिट जाता है तो हमारे जीवन के केंद्र पर परमात्मा बैठ जाता है, फिर वही करता है। और वह जो भी करता है, अशुभ कैसे हो सकता है? अशुभ करता हूँ मैं, और जिस दिन 'मैं' मिट जाएगा उस दिन जो भी होता है, वह सभी शुभ है। शुभ की परिभाषा ही ऐसी की जा सकती है और की जानी चाहिए, वह कार्य शुभ है जिसके पीछे अहंकार नहीं है। वह कार्य अशुभ है, जिसके पीछे अहंकार है।

एक आदमी मंदिर बनाता है। लगता है कि शुभ कार्य हो रहा है, मंदिर

बनाया जा रहा है। फिर वह मंदिर की छाती पर अपना नाम खोद देता है, बनाने वाले का। फिर वह मंदिर जहर हो जाता है। इसीलिए तो दुनिया में इतने प्रकार के मंदिर हैं। अगर निरहंकारी लोगों ने मंदिर बनाए होते तो सभी मंदिर एक प्रकार के होते। मस्जिद, मंदिर, गिरजा, गुरुद्वारा कैसे हो सकते हैं? परमात्मा के मंदिर बहुत प्रकार के हो सकते हैं? वे सब टेंपल्स आफ गाड होते। वे परमात्मा के मंदिर होते, चाहे उनकी शक्ल कोई भी होती और दीवालें कैसी भी बनाई गई होतीं और और झरोखे कैसे ही निकाले गए होते और मीनारें लगाई गई होंती या गुंबद उठाए गए होते या कलश चढ़ाए गए होते, वे सब मंदिर होते, परमात्मा को समर्पित।

लेकिन नहीं, परमात्मा का मंदिर पृथ्वी पर आज तक नहीं बन सका। सब मंदिर आदमियों के हैं इसलिए एक मंदिर हिंदुओं का है, एक मुसलमानों का है, एक ईसाइयों का है, एक जैनियों का है परमात्मा का मंदिर एक भी नहीं है। क्योंकि परमात्मा के मंदिर के साथ कोई नाम, कोई विशेषण नहीं हो सकता। वह सिर्फ मंदिर होगा।

अब तक मंदिर नहीं बन पाया दुनिया में, क्योंकि मंदिर बनाने के पीछे अहंकार खड़ा है और तब मंदिर से शुभ फलित नहीं हुआ। मंदिर और मस्जिदों ने लड़ाया आदमी को। मंदिरों और मस्जिदों पर खून बहा। मंदिरों और मस्जिदों पर जितनी हत्याएँ हुईं आज तक, उतनी शराबघरों पर भी नहीं हुई हैं। चोरी के, जुओं के अड्डों पर नहीं हुई हैं। अगर हिसाब ही लगाना हो तो चोरी, जुआ और शराबघर के अड्डे मंदिरों और मस्जिदों से ज्यादा पुण्यकारी साबित हुए हैं। उन पर आज तक न इतनी हत्या हुई है, न उतनी दुश्मनी हुई है, न इतनी गोलियाँ-बंदूकें चली हैं, न छुरे भोंके गए, न स्त्रियों की इज्जत लूटी गई है, न बच्चों के कत्ल किए गए हैं।

नहीं, आज तक अगर हिसाब लगाना हो कामों का तो सारे मंदिर हार जाएँगे, जुआघरों के सामने भी यह अजीब-सी बात है। आदमी को मधुशाला ने भी, शराबघर ने भी नहीं लड़ाया इतना, जितना मंदिरों और मस्जिदों ने लड़ाया है। शराब ने भी मनुष्य को इतना पागल नहीं किया, जितना मंदिर और मस्जिदों ने किया है। और बनाया था जिन्होंने इनको, वे शुभ कार्य कर रहे थे और फलित अशुभ हुआ। पीछे अहंकार था।

अहंकार मंदिर के भी पीछे हो तो मंदिर शैतान का घर हो जाता है, भगवान का नहीं हो पाता। शुभ के नाम पर क्या-क्या नहीं हुआ है, लेकिन

उसके परिणाम क्या हुए हैं? उससे निकला क्या है जगत् में? अगर हम जीवन में चारों तरफ आँख फेरकर देखेंगे तो हमें दिखाई पड़ेगा कि अशुभ करने वाले लोगों की बजाय शुभ करने वाले लोगों ने हमें बहुत गद्डे में और खतरे में डाला। और कारण उसका है कि पीछे है—अहंकार। शुभ तो सिर्फ खोल है, शुभ तो सिर्फ आड़ है। अच्छे काम की तो सिर्फ बातचीत है, पीछे तो वह अहंकार खड़ा हुआ है। जब तक आदमी कहता है कि हिंदू-धर्म सबसे महान् धर्म है तो यह भूलकर भी मत समझना कि उसे हिंदू-धर्म से कोई भी मतलब है। जब वह कह रहा है कि हिंदू-धर्म सबसे महान् धर्म है तो वह घूम-फिरकर यह कह रहा है कि मैं सबसे महान् मनुष्य हूँ, क्योंकि मैं हिंदू हूँ।

मैंने सुना है, पेरिस के विश्वविद्यालय में एक अध्यापक था और उस अध्यापक ने एक दिन आकर अपनी कक्षा में कहा—वह दर्शनशास्त्र का अध्यापक था, फिलासफी का प्रोफेसर था—उसने कहा कि मैं दुनिया का सबसे बड़ा आदमी हूँ!

उसके विद्यार्थी हँसने लगे और उन्होंने कहा, क्या आप पागल हो गए हैं? यह आप कैसे कह सकते हैं?

उसने कहा, न केवल मैं कहता हूँ, मैं सिद्ध कर सकता हूँ। वह उठा और अपनी छड़ी को उठाकर उसने दुनिया के नक्शे पर रखा और कहा उन विद्यार्थियों से, कि मैं पूछता हूँ तुमसे, इस बड़ी दनिया में सबसे श्रेष्ठ देश कौन-सा है?

वे बच्चे सभी फ्रांसीसी थे। उन्होंने कहा, 'फ्रांस।'

उसने कहा, 'चलो, एक बात तय हो गई। अब सारी दुनिया का सवाल खतम। फ्रांस सर्वश्रेष्ठ है, यह तो मानते हो?'

उन्होंने कहा, 'हाँ मानते हैं।'

उसने पूछा, 'अब मैं तमसे पूछता हूँ कि फ्रांस में सर्वश्रेष्ठ नगर कौन-सा है?'

वे सारे बच्चे पेरिस के बच्चे थे और पेरिस के विश्वविद्यालय में पढ़ते थे। उन्होंने कहा, 'पेरिस। इसमें क्या शक की बात है!'

तो उस प्रोफेसर ने कहा, 'तब पेरिस भी खतम—रह गया विश्वविद्यालय। और मैं तमसे पूछता हूँ, इस विश्वविद्यालय में सर्वश्रेष्ठ विषय कौन-सा है, सब्जेक्ट कौन सा है?' उन बच्चों ने कहा, 'फिलासफी।' क्योंकि वे सभी दर्शनशात्र के बच्चे थे।

उसने कहा, 'चलो, यह भी खतम। अब मैं तुमसे पूछता हूँ कि फिलासफी विभाग का अध्यक्ष कौन है?'

उन बच्चों ने कहा, 'वह तो आप ही हैं।'

उसने कहा, 'तब यह सिद्ध होता है कि मैं दुनिया का सर्वश्रेष्ठ मनुष्य हूँ।'

यह इतना लाँग रूट, इतना लंबा रास्ता आदमी अपने अहंकार को सिद्ध करने के लिए लेता है। कहता है भारत? भारत सबसे महान् देश है। पीछे घूमकर के पता लगाइएगा तो पता चलेगा, चूँकि ये सज्जन भूल से भारत में पैदा हो गए हैं। ये यह कहने के लिए कि मैं बहुत महान् हूँ, भारत तक को महान् बनाए दे रहे हैं।

हिंदू-धर्म महान् है, मुसलमान धर्म महान् है, इस्लाम महान् है, ये सब अहंकार की घोषणाएँ हैं। लेकिन ये घोषणाएँ हैं। लेकिन ये घोषणाएँ बड़ी शुभ शक्ल लेकर आती हैं। वे कहती हैं मातृभूमि, मदरलैंड और पीछे बैठा है सिर्फ अहंकार और कुछ भी नहीं। लेकिन मातृभूमि शब्द धोखे खड़ा कर देगा। लगता है कि कितना अच्छा आदमी है, मातृभूमि की बात कर रहा है, मदरलैंड की बात कर रहा है। और आपको पता है, ये मदरलैंड और फादरलैंड की बात करने वाले लोग बड़े मिस्टीरियस हैं, ये बहुत उपद्रवी हैं। हिटलर भी कहता है, फादरलैंड। जर्मनी हमारी पितृभूमि है, यह हमारा पितृदेश है। स्टेलिन भी वही कहता है, मुसोलिनी भी वही कहता है, तुर्गो भी वही कहता है, दुनिया के सब पागल यही कहते हैं, मेरी मातृभूमि! और हमको लगता है कि बड़ी ऊँची और अच्छी बात कह रहे हैं। और खतरे में हमको उतार देते हैं, वह तत्क्षण खतरे में उतार देते हैं।

अहंकार जहाँ है वहाँ शुभ असंभव है, लेकिन शुभ के वस्त्र ओढ़े जा सकते हैं और वस्त्र धोखा दे देते हैं। और स्मरण रखना चाहिए कि दुनिया में जितनी बेईमानी है, वह हमेशा ईमानदारी के वस्त्र पहनकर आती है। दुनिया में जितना असत्य है, वह हमेशा सत्य के कपड़ों में छिपा रहता है। दुनिया में जितना अधर्म है वह हमेशा धर्म का टीका-तिलक लगाकर प्रकट होता है। दुनिया में जितना पाप है, वह हमेशा पुण्य की शब्दावली में अपने को छिपाता है और ढाँकता है। मैंने सुना है, दुनिया बनी और परमात्मा ने सौंदर्य की देवी और कुरूपता की देवी को बनाया। वे दोनों पृथ्वी पर उतरती थीं। वे एक सरोवर के किनारे उतरी होंगी, धूल भर गई होगी आकाश से पृथ्वी तक आने में। उन्होंने अपने वस्त्र सरोवर के किनारे रखे और सरोवर में स्नान करने उतर गईं।

जब सुंदरता की देवी नहाने लगी नग्न होकर और थोड़े गहरे पानी में चली गई, तब उस कुरूपता की देवी ने बाहर निकलकर जल्दी से सुंदरता की देवी के वस्त्र पहने और दौड़ना शुरू कर दिया।

सुंदरता की देवी ने देखा, अरे! वह कुरूपता की देवी तो भाग गई है और उसके वस्त्र भी ले गई। वह बाहर निकली, लेकिन वह नग्न थी और सुबह होने लगी और लोग आने लगे। अब मजबूरी थी। वहाँ कुरूपता के वस्त्र पड़े थे और कुछ भी न था। उसने वह कुरूपता के वस्त्र ही पहने कि जब तक वह न मिल जाए कुरूपता की देवी, तब तक इन्हीं से काम चला लो। वह उन वस्त्रों को पहनकर दौड़ी उसके पीछे—सुनते हैं वह अब तक दौड़ रही है—लेकिन वह वस्त्र नहीं बदल पाई। वह नहीं बदल पाएगी।

कुरूपता सदा सौंदर्य का वेश लिए रहती है। अधर्म सदा धर्म की बातें करता रहता है, शैतान सदा मंदिरों में पुजारी होकर भर्ती हो जाते हैं। शुभ का नाम होता है, पीछे अहंकार होता है तो कभी शुभ फलित नहीं होता है। लेकिन यह सच है कि चूँकि गलत चीजों के पास अपने पैर नहीं होते हैं इसलिए हमेशा पैर उन्हें उधार माँगने पड़ते हैं।

अहंकार को भी अगर अपनी घोषणा करनी हो तो उसे किसी शुभ कार्य के पीछे खड़े होकर घोषणा करनी पड़ती है। सीधे अहंकार की घोषणा को कौन सुनेगा, कौन मानेगा? तो वह अहंकार कहता है कि मैं एक मंदिर बनाऊँगा, भगवान का मंदिर। अहंकार कहता है कि मैं समाज की सेवा करूँगा, मैं उनके पैर धोऊँगा। अहंकार खोजता है अच्छे-अच्छे शब्द, अच्छा-अच्छा ढंग और पीछे स्वयं खड़ा हो जाता है और प्रतिष्ठित होता है।

सारा शुभ कार्य अहंकार के कारण पाखंड हो गया है।

नहीं, इस भूल में भूलकर भी मत पड़ जाना कि अहंकार के रहते शुभ कार्य हो सकता है, रह गई दूसरी बात कि अहंकार के चले जाने पर हम कुछ करेंगे क्या? नहीं, आप कुछ भी नहीं करेंगे। क्योंकि आप तो गए, अहंकार ही तो आप थे। आप गए, आप कुछ नहीं करेंगे, लेकिन कुछ होगा और वह होना आपसे नहीं होगा, वह होना परमात्मा से होगा। सारा जगत् चल रहा है और आदमी सोचता है कि सिर्फ अहंकार की वजह से मैं चल रहा हूँ।

आप पैदा हुए तो आपके अहंकार ने आपके पैदा होने में कौन-सा हाथ बँटाया? आप बच्चे थे जवान हो गए, आप खाना खाते हैं खाना पचता है, खून बन जाता है, रग-रेशे में पहुँच जाता है। वैज्ञानिक कहते हैं कि अगर खाने को

पचाने के लिए हम कोई मशीन बिठाएँ तो इतना बड़ा कारखाना बनाना होगा, और इतनी मेहनत करनी पड़ेगी। और एक आदमी चुपचाप दिन-रात खाना पचाता है, खून बनाता है और कुछ पता भी नहीं चलता है, कहीं कोई शोरगुल भी नहीं, फैक्ट्री की कोई आवाज भी नहीं। उस आदमी को भी पता नहीं चलता कि रोटी कब खून बन गई, कैसे खून बन गई? आप बनाते हैं खून रोटी से? गले के नीचे क्या होता है, आपको कुछ भी पता नहीं। आदमी का चौका और आदमी का पाकशास्त्र गले के नीचे नहीं जाता, बस वहीं तक काम चलता है। फिर नीचे क्या होता है, उसका हमें कुछ भी पता नहीं!

जैसे वृक्ष की जड़ें जमीन के नीचे अंधकार में चुपचाप काम करती रहती हैं, वैसा ही मनुष्य का पूरा व्यक्तित्व चुपचाप काम कर रहा है। सब हो रहा है। लेकिन अहंकार बीच-बीच में कहता है कि मैं यह कर रहा हूँ, मैं यह कर रहा हूँ। जहाँ-जहाँ वह जोड़ देता है कि मैं यह कर रहा हूँ, वहीं अशुभ की छाया पड़ जाती है। जहाँ अहंकार की छाया पड़ती है, वहीं जहर फैल जाता है।

नहीं, बुद्ध या महावीर जैसे लोग निष्क्रिय नहीं हो जाते हैं बल्कि साधारण लोगों से ज्यादा सक्रिय हो जाते हैं। लेकिन उन्हें ऐसा नहीं लगता कि हम कुछ कर रहे हैं, उन्हें लगता है कि हो रहा है। डूइंग का खयाल नहीं रह जाता, हैपनिंग का खयाल आ जाता है। चीजें हो रही हैं; की नहीं जा रही हैं, कर नहीं रहे हैं हम। हवाएँ चल रही हैं, समुद्र गर्जन कर रहा है। चाँद आकाश से अमृत बरसा रहा है, ये सब हो रहा है। जब मनुष्य का अहंकार चला जाता है तब ऐसे ही सहज उससे भी सब होता है और ऐसा सहज जो होना है, वही शुभ है, वही मंगलदायी है, वही कल्याण है।

एक मित्र ने पूछा है कि ध्यान में पूछते हैं हम, 'मैं कौन हूँ'-तो उत्तर तो कोई नहीं आता, लेकिन मन शांत हो जाता है?

मन जब पूर्ण शांत हो जाएगा तब उत्तर आएगा; और मन की शांति से जल्दी राजी मत हो जाना, पूछना मत छोड़ देना। होने दें मन को शांत और पूछते ही चले जाएँ, पूछते ही चले जाएँ। मन गहरे से गहरा शांत होता चला जाएगा और आप अपनी जिज्ञासा को और गहरा और तीव्र करते चले जाएँ। जिज्ञासा इतनी तीव्र हो जाए कि उसके आगे और जिज्ञासा करने का कोई उपाय न हो। सारी शक्ति संलग्न हो जाए, तब एक विस्फोट की तरह मन परिपूर्ण शांत हो जाएगा। इतना शांत हो जाएगा कि आप पूछना भी चाहेंगे और

फिर प्रश्न नहीं पूछा जा सकेगा, शब्द भी नहीं बनाया जा सकेगा, विचार भी नहीं उठाया जा सकेगा। इतनी शांति जब भीतर आ जाएगी कि आप पूछना चाहें कि मैं कौन हूँ? असमर्थ हो जाएँगे, नहीं पूछ सकेंगे। यह शब्द भी उस शांति में नहीं उठ सकेगा, तब उत्तर आएगा।

उत्तर भीतर है, उत्तर सदा भीतर है। यह कैसे हो सकता है कि हम हैं और हमें यह भी पता न हो कि 'हम कौन हैं।' हैं हम, और यह भी पता नहीं हो कि 'हम कौन हैं', यह कैसे हो सकता है? यह तो असंभव है। हम जानते होंगे किसी गहरे तल पर कि 'हम कौन हैं' और अगर हमीं न जानते होंगे गहरे तल पर तो फिर तो जानने का कोई उपाय नहीं। फिर कोई और कैसे जानता होगा, फिर और कोई कैसे जानेगा, अगर मैं ही नहीं जान सकूँगा कि 'मैं कौन हूँ?'

लेकिन बहुत गहरे में, बहुत गहरे में छिपा है वह राज़, वह सीक्रेट बहुत गहरे में है। समुद्रों की गहराइयाँ बहुत कम हैं—कहते हैं पैसिफिक कोई पाँच मील गहरा है, वहाँ सूरज की किरण भी नहीं पहुँचती। यह हमारा सागर भी कोई कम गहरा नहीं है, वह भी कोई तीन, साढ़े-तीन मील गहराई पर है, वहाँ भी सूरज की किरण नहीं पहुँचती। लेकिन ये गहराइयाँ कुछ भी नहीं हैं। इनसे भी गहरी जगह है हमारे भीतर, और वहाँ तक सभी को पहुँचना है।

सागर तो आखिर पानी है, कितना गहरा हो सकता है बेचारा! मनुष्य है चैतन्य, काशंसनेस। चेतना का सागर है, वह कितना गहरा हो सकता है। अतल गहराई है वहाँ चेतना की। उस अतल गहराई तक ले जाना है प्रश्न को—गहरे, गहरे, गहरे। उतारते चले जाना है उस प्रश्न को गहरे खड्ड में। जब आखिरी जगह पहुँच जाएगा प्रश्न, तो तीर की तरह वह उस जगह को छेद देगा, जहाँ छिपा है राज़ और वह राज़ बहना शुरू हो जाएगा ऊपर की तरफ।

निश्चित ही जाना जा सकता है कि कौन हूँ मैं, लेकिन बहुत मजे हैं उस जानने के भी। पूछना तो हम यही शुरू करते हैं कि 'मैं कौन हूँ', लेकिन जब आप जानेंगे तो आप पाएँगे, मैं तो हूँ ही नहीं, कुछ और ही है। इस भूल में मत रहना कि पता चल जाएगा कि मैं राधा-कृष्ण हूँ कि मैं फलाँ आदमी हूँ कि मैं दुकानदार हूँ, कपड़े का कि मैं किराने का दुकानदार हूँ कि मैं फलाँ दफ्तर में क्लर्क हूँ। यह उत्तर नहीं आने वाला है। उत्तर तो आएगा और पता चलेगा, मैं तो हूँ ही नहीं, कुछ और ही है जिसको 'मैं' के कारण 'मैं' देख ही नहीं पाता था। है कुछ अस्तित्व, एक्जिस्टेंस। आत्मा-परमात्मा यह सब उसी के नाम हैं, 'जो है।' लेकिन वह जो है वह आएगा तभी, जब मैं पूछता

ही चला जाऊँ, पूछता ही चला जाऊँ। इतना पूछूँ कि पूछना भी समाप्त हो जाए और शून्य खड़ा हो जाए। उसी शून्य में पता चलेगा कि कौन हूँ मैं। पता चलेगा मैं तो तो हूँ ही नहीं, वही है, परमात्मा है।

और उस उत्तर तक जाने के लिए गहरी खुदाई करनी जरूरी है। वह मैं कौन हूँ तो कुदाली है, उससे खोदते चले जाना है, खोदते चले जाना है। गहरे-से-गहरे खोदते चले जाना है—अथक्—जब तक, तब तक कि खोदने को कुछ आगे बचे, तब तक खोदते ही चले जाना है। जिस दिन आ जाएगा जल-स्त्रोत, कुदाली गिर जाएगी अपने आप, प्रश्न गिर जाएगा।

लेकिन छोटी-मोटी शांति से तृप्त नहीं हो जाना है यह ध्यान रहे। शांति के भी बहुत तल हैं। जो छोटी-मोटी शांति से तृप्त हो जाता है, वह परमशांति को अनुभव नहीं कर पाता। तो अगर आप थोड़ा बहुत प्रयोग किए ध्यान के तो जरूर शांति आएगी, एक तरह का साइलेंस आएगा, एक तरह के आनंद की झलक आएगी। लेकिन रुक मत जाना, रुकना नहीं है वहाँ। क्योंकि जब तक शांति का पता चलता है कि तब तक जानना आपके भीतर अभी अशांति भी मौजूद है, इस शांति का बोध बिना अशांति के नहीं हो सकता।

जिस आदमी को प्रकाश दिखाई पड़ता है उसका मतलब है कि अभी उसे अँधेरा भी दिखाई पड़ रहा होगा। शांति का अनुभव तभी तक होता है, जब तक अशांति भीतर मौजूद रहेगी। जब शांति परिपूर्ण हो जाएगी तो शांति का भी पता नहीं चलेगा कि मैं शांत हूँ। आदमी को स्वास्थ्य का भी पता तभी तक चलता है जब तक बीमारी पीछे लगी हो। जब बीमारी बिलकुल न रह जाए तो स्वास्थ्य का भी पता नहीं चलता कि मैं स्वस्थ हूँ।

आप हैरान होंगे, पता हमेशा बीमारी का चलता है, **स्वास्थ्य** का कोई पता चलता है? बीमारी होती है तो पता चलता है कि स्वास्थ्य गड़बड़ है। स्वास्थ्य अगर पूरा हो तो पता ही नहीं चलेगा कि मैं शांत हूँ, क्योंकि अशांति ही खतम हो गई तो पता कैसे चलेगा। स्कूल में मास्टर लिखता है काले तख्ते पर, सफेद लकीरों से लिखता है, सफेद दीवाल पर नहीं लिखता। सफेद दीवाल पर लिखेगा तो पता ही नहीं चलेगा कि क्या लिखा। काले तख्ते पर लिखना पड़ता है सफेद लकीरों से तो सफेद लकीरें दिखाई पड़ती हैं।

जब तक भीतर अशांति का काला परदा है, तब तक थोड़ी-बहुत शांति आएगी तो दिखाई पड़ेगी। अशांति के काले तख्ते पर शांति की सफेद रेखाएँ दिखाई पड़ेंगी। काले घनघोर बादलों में बिजली चमकती हुई दिखाई पड़ती है।

लेकिन जब पीछे का तख्ता पूरा ही गिर जाएगा तो कहाँ दिखाई पड़ेगी शांति, कहाँ दिखाई पड़ेंगे सफेद अक्षर?

नहीं, उस तल पर, जहाँ पूरी शांति का भी पता नहीं, इतनी अशांति भी वहाँ नहीं है कि पता चले कि मैं शांत हूँ, यह पता चलना कि मैं शांत हूँ, अशांत चित्त का हिस्सा है। यह अशांत चित्त का ही अनुभव है। वहाँ तो यह अनुभव भी नहीं रह जाता। जहाँ पूर्णविराम है, वहाँ कोई अनुभव भी नहीं। वहाँ कोई एक्सपीरिएंस भी नहीं। वहाँ तो कुछ है, जो बस है। उस तक पहुँचना है इसलिए छोटी-मोटी शांति से तृप्त नहीं हो जाना है।

धार्मिक लोग जिन्हें हम कहते हैं, वह बड़ी छोटी-मोटी शांति से तृप्त हो जाते हैं। एक आदमी माला फेर लेता है, एक आदमी राम-राम जप लेता है, एक आदमी कुछ कर लेता है थोड़ा-सा, थोड़ा-सा मन हल्का लगता है, शांत लगता है, फिर निश्चिंत हो जाता है कि चलो हो गई उपलब्धि, पहुँच गए परमात्मा तक। इतना सस्ता नहीं है परमात्मा तक पहुँच जाना। बड़ी अनंत यात्रा है, इटर्नल जर्नी है—बहुत अंतहीन यात्रा। वहाँ प्रारंभ है, अंत है ही नहीं। उस पर हर शांति के तल पर फिर खोज करनी है और उस क्षण तक खोज करते चले जाना है, जहाँ शांति का भी पता नहीं रह जाएगा।

रामकृष्ण कहते थे, एक सागर के किनारे—जैसे हम इकट्ठे हो गए— एक बार एक मेला लगा। सागर का तट और बहुत भीड़ और बड़ा मेला। दो नमक के पुतले एक गाँव में निवास करते थे। गाँव-गाँव में नमक के पुतले निवास करते हैं। ऐसे तो हर आदमी नमक का पुतला ही है। वे दोनों नमक के पुतले भी मेले में चले गए। अब मेलों में कोई अच्छे आदमी जाते हैं। नमक के पुतले ही जाते हैं। सो चले गए वे दोनों मेले में। वे भीड़-भाड़ में समुद्र के किनारे खड़े हो गए। कई लोग सोचते थे, पूछते थे समुद्र कितना गहरा है? नमक के पुतलों को जोश चढ़ गया। जितना कच्चा पुतला होता है उतनी जल्दी जोश में आ जाता है। ये नमक के पुतले बोले कि ठहरो। क्या बकवास करते हो? क्या खोज-बीन करते हो, हम कूदकर अभी जाते हैं और पता लगा आते हैं।

एक नमक का पुतला कूद गया। फिर भीड़ इकट्ठी हो गई वहाँ, वे राह देखने लगे कि लौटे-लौटे, लेकिन उसका कोई पता न चला। वह लौटा ही नहीं। अब नमक का पुतला सागर में जाए तो लौटे कैसे? वह तो गया, गया, गया तो थाह मिली नहीं। थाह के पहले खुद ही मिट गया। लोग बहुत प्रतीक्षा करते रहे, बहुत प्रतीक्षा की उन्होंने।

फिर मेला उजड़ गया, फिर लोग घर पर चले गए कि उस नमक के पुतले का क्या हुआ, वह लौटा नहीं। क्या मर गया, गया कहाँ? खो कहाँ गया? नमक का पुतला सागर में खोजने जाएगा तो लौटेगा बचकर?

आदमी परमात्मा में खोजने जाएगा तो लौटेगा बचकर? जैसे नमक से बना है सागर, उसका ही पुतला है फिर सागर में गिरा, फिर नमक खो गया। आदमी बना है परमात्मा से। गया खोजने, खो गया। कहाँ शांति, कहाँ अशांति? गया, स्वयं भी गया।

कबीर कहते थे, 'खोजत-खोजत रे सखी, रह्या कबीर हिराई।' खोजने गया था सखी, खोजने गया था परमात्मा को, लेकिन खोज-वोज तो कुछ न हुई कबीर ही खो गया। गया था खोजने, खो गया खुद और फिर बड़ी मुश्किल हो गई। 'बूँद समानी समुंद में सो कत हेरी जाई' और वह बूँद गिर गई समुद्र में, वह कबीर की बूँद गिर गई परमात्मा में, अब कहाँ खोजो उसे कि वह बूँद कहाँ गई। कबीर पहले यह गाते थे बार-बार, ये दो पंक्तियों को कि हेरत-हेरत रे सखी, रह्या कबीर हिराई ... दूसरी पंक्ति उन्होंने **बदल** दी। पहले वे कहते थे, बूँद समानी समुंद में गिर गई थी तो कभी **कल्प**-कल्प में खोज भी सकते थे, लेकिन यह तो और मुश्किल हो गई। पहले तो पता चला था कि बूँद समुंद में गिर गई। बाद में पता चला, यह तो बड़ी उलझन हो गई। बूँद में ही समुंद गिर गया। अब तो बहुत मुश्किल हो गई, अब कैसे खोजा जाए, खो गया कबीर खोजते-खोजते।

जो भी खोजने जाता है, खो जाता है। नहीं बचता 'मैं' वहाँ, नहीं बचती शांति, नहीं बचता आनंद, नहीं बचता कुछ। फिर जो बच रहता है वही सत्य, वही है परमात्मा, वही प्रभु है।

और बहुत से प्रश्न हैं, जब उन पर बात संभव नहीं हो सकेगी। क्योंकि कल सुबह भी तीसरे द्वार पर बात करनी है और रात चौथे द्वार पर।

प्रभु-मंदिर का तीसरा द्वार : मुदिता

प्रभु-मंदिर का तीसरा द्वार : मुदिता

प्रभु के मंदिर पर तीसरे द्वार पर आज बात करनी है। वह तीसरा द्वार है मुदिता। उन दो द्वारों को—करुणा को, मैत्री को—जिन्होंने समझा, वे इस तीसरे द्वार को भी सहज ही समझ लेंगे।

तीसरा द्वार है मुदति। मुदिता का अर्थ है—प्रफुल्लता, आनंदभाव, अहोभाव, चियरफुलनेस। आषाढ़ में बादल घिरते हैं। उनमें भरा हुआ जल करुणा है। फिर वह जल बरस पड़ता है प्यासी पृथ्वी पर। वह बरसा हुआ जल मैत्री है। और फिर उस बरसे हुए जल से जो तृप्ति हो जाती है पृथ्वी के प्राणों में, और सारी पृथ्वी हरियाली से भर जाती है, खुशी से और आनंद से और नाच उठती है। वह हरियाली, वह प्रफुल्लता, वह खिल गए फूल, वह पहाड़-पहाड़, गाँव-गाँव, पृथ्वी का कोना-कोना, जिस खुशी को जाहिर करने लगता है वह मुदिता है, वह प्रफुल्लता है, वह चियरफुलनेस है।

जो करुणा और मैत्री से गुजरते हैं, वे अनिवार्यतः तीसरे द्वार के समक्ष खड़े हो जाते हैं। उनके जीवन की सारी उदासी तिरोहित हो जाती है। उनके जीवन की सारी पीड़ा, सारा दुख, सारा बोझ समाप्त हो जाता है। वे निर्भार, वे मुक्त, वे आनंद की एक नई ध्वनि से अनुप्रेरित हो उठते हैं। तीसरे द्वार पर खड़े हो जाना ही प्रफुल्ल हो जाना है, लेकिन उसमें प्रवेश तो अनंत आनंद में ले जाता है। वह प्रवेश कैसे होगा? उस प्रवेश के क्या अर्थ हैं, उस सबको समझ लेना जरूरी है। और स्मरण रहे कि जो परमात्मा के द्वार पर हँसते हुए नहीं पहुँचते हैं, वे कभी भी परमात्मा के द्वार पर नहीं पहुँचाते हैं। उदास आत्माएँ थके और हारे हुए मन, दुख, पीड़ा और विषाद से घिरे हुए चित्त—नहीं, इतने अंधकार से भरी हुई आत्माओं के लिए परमात्मा का द्वार नहीं है।

लेकिन आज तक धर्म के नाम पर सिखाई गई है उदासी, सिखाई गई है एक बोझिल गंभीरता। सिखाई गई है एक तरह की चिंता। धार्मिक होने में और उदास होने में कोई गहरा संबंध पिछले पाँच हजार वर्षों से स्थापित हो गया। इस संबंध में, इस गलत संबंध ने परमात्मा का एक द्वार बंद ही कर दिया, जिस द्वार को पार किए बिना कोई प्रभु तक नहीं पहुँचता है।

आदमी को छोड़कर शायद जगत् में और कुछ भी उदास नहीं है। आदमी को छोड़कर जगत् में और कुछ भी बोझिल, गंभीर नहीं है। सारा जीवन गीत गीता हुआ जीवन है। सारा जीवन रंगों से ध्वनियों में, कितने नृत्यों में प्रकट होता है। आदमी-भर बोझिल है, उदास है। यह उदासी, यह बोझिलता, यह दुख भाव, यह दबा हुआ-पन, यह अपने-आपको बंद कर लेना और कहीं से फूल प्रकट न हो जाए, कहीं से मुस्कुराहट न प्रकट हो जाए, यह इतना भयभाव कैसे पैदा हो गया है।

धर्मों ने, तथाकथित संतों और अंधे महात्माओं ने क्यों यह उदासी की इतनी बात प्रचलित की है? सुख के प्रति, आनंद के प्रति, अहोभाव के प्रति इतना विरोध क्यों है? असल में रुग्ण चित्त, दुखी चित्त, परेशान चित्त, ऐसे लोग ही धर्म की खोज में जाते रहे। जिनका चित्त दुखी है, पीड़ित है, परेशान है, संताप से घिरे हैं; वे ही अपने संताप, दुख और पीड़ा से छुटकारा पाने के लिए धर्म की यात्रा करते रहे हैं। स्वभावत: धर्म के जगत् की भी हवा वैसी ही हो गई है जैसी अस्पतालों की होती है। और वे लोग जो उदासी, चिंता और अशांति से बचने के लिए धर्म की तरफ गए थे, वे अशांति, उदासी से बच गए—ऐसा नहीं; उन्होंने धर्म को भी अशांत और उदास कर दिया।

स्वस्थ चित्त व्यक्ति, आनंदित व्यक्ति, गीत गाते हुए लोग, नृत्य करते हुए लोग, धर्म की तरफ नहीं गए। और जब तक वे लोग धर्म की तरफ नहीं जाएँगे, तब तक यह पृथ्वी धार्मिक नहीं हो सकती। जिस दिन हँसते हुए लोग धर्म के मार्ग पर बढ़ेंगे, उस दिन वह मार्ग फूलों से भर जाएगा।

नहीं, रुग्ण, अशांत और उदास चित्त खोजता है मार्ग कि मैं कैसे मुक्त हो जाऊँ अशांति से, उदासी से और वही धर्म की यात्रा करने लगता है। मेरी दृष्टि में यह कोण, यह दृष्टि, यह खोज का प्रारंभिक बिंदु, यह प्रस्थान ही गलत है। अशांति कैसे कम हो, दुख कैसे कम हो इस भाव से जो धर्म के पास जाएगा, **वह धर्म** को भी विकृत करता है, परवर्ट करता है। जाना चाहिए धर्म की खोज में कि शांति कैसे बढ़े, आनंद कैसे बढ़े, अहोभाव कैसे गहरा

हो? अशांति कम हो इस दृष्टि से धर्म के पास यह नकारात्मक दृष्टिकोण लेकर जाना गलत है। शांति कैसे बढ़े, कैसे गहरी हो, आनंद कैसे बढ़े--दुख कैसे कम हो, यह भाव नहीं! ऊपर से देखने में ये दोनों बातें एक-जैसी लगती हैं। आप कहेंगे कि दुख कम हो या आनंद बढ़े, एक ही बात है। नहीं, ये दोनों बातें भाषा में एक-जैसी लगती हैं, ये एक ही नहीं हैं।

एक आदमी के घर में अंधकार घिरा है। वह तो दो तरह से सोच सकता है। अंधकार कैसे कम हो और प्रकाश कैसे बढ़े? अगर उसने यह सोचा कि अंधकार कैसे कम हो तो अंधकार कैसे कम किया जाए, इस दिशा में उसका चिंतन चलेगा। अंधकार को कैसे हटाया जाए, अंधकार को कैसे मिटाया जाए, अंधकार से कैसे लड़ा जाए?

और स्मरण रहे, अंधकार से न कोई लड़ सकता है और न अंधकार को कोई हरा सकता है, क्योंकि अंधकार है ही नहीं। अगर अंधकार होता तो हम लड़ सकते थे, तोड़ सकते थे, मिटा सकते थे। जिसने अंधकार कैसे दूर किया जाए इस दिशा में खोज-बीन शुरू की, वह अंधकार पर अटक जाएगा; उसे प्रकाश का खयाल भी आने को नहीं है; उसका चित्त अंधकार पर अपने-आप केंद्रित हो जाएगा। वह सोचेगा अंधकार को कैसे मिटाऊँ, कैसी तलवार ईजाद करूँ, कितनी शक्ति इकट्ठी करूँ कि अंधकार को निकालकर घर के बाहर कर दूँ। वह मर जाएगा, अंधकार नहीं मिटा पाएगा। उसने अधंकार को मिटाने के लिए सीधा चिंतन शुरू किया है वह गलत है, क्योंकि अंधकार की कोई सत्ता नहीं है। इसलिए अंधकार पर सीधे कुछ भी नहीं किया जा सकता है।

सत्ता है प्रकाश की। अंधकार सिर्फ प्रकाश का अभाव है, अनुपस्थिति है, एब्सेंस है। एब्सेंस के साथ आप कुछ भी नहीं कर सकते हैं। प्रकाश जला लिया जाए तो अंधकार मिट जाता है, अंधकार को मिटाना नहीं पड़ता। प्रकाश आ जाए तो अंधकार नहीं है। इसलिए अंधकार को मिटाने की भाषा में; निषेध की, निगेटिव की भाषा में जो लोग सोचते हैं, वे अंधकार से ही घिरे रह जाते हैं। अंधकार तो नहीं मिटता, वे खुद ही मिट जाते हैं और गल जाते हैं। जो सोचते हैं प्रकाश कैसे लाया जाए, प्रकाश कैसे बढ़ाया जाए, प्रकाश कैसे जलाया जाए; वे पॉजिटिव, विधायक भाषा में सोचते हैं।

आज तक का धर्म नकारात्मक निगेटिव माइंड की वजह से विकृत और गलत हो गया है। वे लोग जो कहते हैं अंधकार कैसे हटाया जाए, हिंसा कैसे

छोड़ी जाए, वासना कैसे छोड़ी जाए, पाप कैसे कम किया जाए? इस भाषा में सोचने वाले जो-जो नकारात्मक बुद्धि के लोग हैं, उन लोगों ने धर्म के सारे मंदिरों को घेर लिया है। अंधकार उससे नष्ट नहीं हुआ, असत्य उससे नष्ट नहीं हुआ बल्कि अंधकार से लड़ते-लड़ते वे सारी आत्माएँ भी अंधकार से भर गईं, उदास हो गईं, दुखी हो गईं, अँधेरी हो गई और उन्हीं अँधेरी आत्माओं की छाया पूरी मनुष्य-जाति पर पड़ रही है।

अँधेरे को अलग करने की भाषा में सोचना विक्षिप्तता है। प्रकाश को जलाने और जगाने की भाषा में सोचना वैज्ञानिकता है।

प्रकाश जलाया जा सकता है। निश्चित ही प्रकाश के जलने पर अंधकार नहीं होता है। अशांति भी अभाव है, अनुपस्थिति है। दुख भी अभाव है, अनुपस्थिति है। घृणा भी अभाव है, अनुपस्थिति है। वे किनकी अनुपस्थितियाँ हैं? उन्हें बढ़ाने का विचार घृणा है प्रेम की अनुपस्थिति; प्रेम बढ़े, प्रेम जगे, प्रेम गहरा हो और घृणा विलीन हो जाएगी। असत्य किसकी अनुपस्थिति है? सत्य बढ़े, विकसित हो, असत्य क्षीण हो जाएगा। अशांति किस की अनुपस्थिति है? शांति की अनुपस्थिति है। शांति जगे, विकसित हो, अशांति नहीं पायी जाएगी।

मुदिता का तीसरा द्वार कहता है विधायकता, पॉजिटिवनेस, प्रफुल्लता। आनंद को खोजो, अशांति से बचने की फिक्र छोड़ो। अशांति से मुक्त होने का भाव छोड़ो, शांति को बढ़ाओ और जगाओ। नकार और निषेध की तरफ आँख भी मत दो। विधेय को विधायक को, जो है उसको पुकारो, उसको चुनौती दो, उसको जगाओ सोने से। मुदिता का अर्थ है– पाजिटिविटी।

जीवन में एक विधायक प्रफुल्लता चाहिए। लेकिन हँसते हुए संत पैदा ही नहीं हुए, प्रफुल्लित लोग पैदा ही नहीं हुए, मुस्कुराते हुए लोग पैदा ही नहीं हुए, जितना रोता हुआ आदमी हो उतना ही ज्यादा संत मालूम होता है। जितना उसके जीवन का सारा रस सूख गया हो उतना ही वह महान् मालूम होता है। कैसा है मनुष्य! कैसा है पागलपन! हँसते हुए लोग छोटे और बोझिल मालूम पड़ते हैं और उदास लोग ऊँचे और महान् मालूम पड़ते हैं।

जिस दिन हम हँसते हुए लोगों को भी महानता की दिशा में अभिमुख कर सकेंगे; जिस दिन हम हँसने को, आनंद को, अहोभाव को भी ईश्वर का विरोधी मानने की मूढ़ता छोड़ देंगे, उस दिन तीसरा द्वार खुलता है। ऐसे मंदिर चाहता हूँ मैं–जो नृत्य के, संगीत के, हँसने के मंदिर हों।

ऐसा धर्म चाहता हूँ—जो मुस्कुराहटों का, प्रफुल्लता का, प्रमुदित होने का धर्म हो।

लेकिन रुग्ण लोगों ने घेर रखा है। धर्म को उनसे उसका छुटकारा चाहिए, रुग्ण लोगों से शरीर का छुटकारा चाहिए।

चीन में तीन फकीर हुए। उन्हें तो लोग कहते थे—लॉफिंग सेंट्स। वे हँसते हुए फकीर थे। वे बड़े अद्‌भुत थे। क्योंकि हँसते हुए! ऐसा होता ही नहीं है, रोते हुए ही फकीर होते हैं।

वे गाँव-गाँव जाते। अजीब था उनका संदेश। वे चौराहों पर खड़े हो जाते और हँसना शुरू कर देते। एक हँसता, दूसरा हँसता, तीसरा हँसता और उनकी हँसी की लहरें गूज जातीं। हँसी एक-दूसरे की हँसी को बढ़ाती चली जाती। भीड़ इकट्‌ठी हो जाती और भीड़ भी हँसती और सारे गाँव में गूँज जाती।

लोग उनसे पूछते, तुम्हारा संदेश, तो वे कहते कि तुम हँसो। इस भाँति जीयो कि तुम हँसा करो। इस भाँति जीयो कि दूसरे हँस सकें। इस भाँति जीयो कि तुम्हारा पूरा जीवन एक हँसी का फव्वारा हो जाए। इतना ही हमारा संदेश है, और वह हँसकर हमने कह दिया। अब हम दूसरे गाँव जाते हैं।

हँसो कि तुम्हारा पूरा जीवन एक हँसी बन जाए। इस भाँति जीयो कि पूरा जीवन एक मुस्कुराहट बन जाए। इस भाँति जीयो कि आसपास के लोगों की जिंदगी में भी एक मुस्कुराहट फैल जाए। इस भाँति जीयो कि सारी जिंदगी एक हँसी के खिलते हुए फूलों की कतार हो जाए।

हँसते हुए आदमी ने कभी पाप किया है? बहुत मुश्किल है कि हँसते हुए आदमी ने किसी की हत्या की हो, कि हँसते हुए आदमी ने किसी को भद्‌दी गाली दी हो, कि हँसते हुए आदमी ने कोई अनाचार, कोई व्यभिचार किया हो। हँसते हुए आदमी और हँसते हुए क्षण में पाप असंभव है। सारे पाप के पीछे उदासी, दुख, अँधेरा, बोझ भारीपन, क्रोध, घृणा—यह सब चाहिए। अगर एक बार हम हँसती हुई मनुष्यता को पैदा कर सकें तो दुनिया के नब्बे प्रतिशत पाप तत्क्षण गिर जाएँगे। जिन लोगों ने पृथ्वी को उदास किया है, उन लोगों ने पृथ्वी को पापों से भर दिया है।

वे तीनों फकीर गाँव-गाँव घूमते रहे, उनके पहुँचने से सारे गाँव की हवा बदल जाती। वे जहाँ बैठ जाते हैं वहाँ की हवा बदल जाती। फिर वे तीनों बूढ़े हो गए। फिर उनमें से एक मर गए। जिस गाँव में उसकी मृत्यु हुई, गाँव

के लोगों ने सोचा कि आज तो वे जरूर दुखी होंगे, आज तो वे जरूर परेशान हो गए होंगे। सुबह से ही लोग उनके झोपड़े पर इकट्ठे हो गए। लेकिन वे देखकर हैरान हुए कि वह फकीद जो मर गया था, उसके मरे हुए ओंठ भी मुस्कुरा रहे थे। और वे दोनों उसके पास बैठेकर इतना हँस रहे थे, तो लोगों ने पूछा, यह तुम क्या कर रहे हो? वह मर गया और तुम हँस रहे हो?

वे कहने लगे, उसकी मृत्यु ने तो सारी जिंदगी को हँसी बना दिया, जस्ट ए जोक। आदमी मर जाता है, जिंदगी एक जोक हो गई है, एक मजाक हो गई है। हम समझते थे कि जीना है सदा, आज पता चला कि बात गड़बड़ है। यह एक तो हममें से खत्म हुआ, कल हम खत्म हो जाने वाले हैं। तो जिन्होंने सोचा है कि जीना है सदा, वे ही गंभीर हो सकते हैं। यह गंभीर रहने का कोई कारण न रहा। बात हो गई सपने की। एक सपना टूट गया। इस मित्र ने जाकर एक सपना तोड़ दिया।

जब हम हँस रहे हैं, पूरी जिंदगी पर हँस रहे हैं अपनी कि क्या-क्या सोचते थे जिंदगी के लिए और मामला आखिर में यह हो जाता है कि आदमी खत्म हो जाता है। एक बबूला टूट गया, एक फूल गिर गया साथी, वह क्या सोचेगा? कि अरे! जब जरूरत आई हँसने की तब धोखा दे गए। जिंदगी में हँसना तो आसान है, जो मौत में भी हँस सके। वे लोग कहने लगे–वही साधु है।

फिर वे उसकी लाश को लेकर और मरघट की तरफ चले। गाँव के लोग तो उदास हैं लेकिन वे दोनों हँसे चले जाते हैं। और रास्ते में उन्होंने कहा, कि जो उदास हैं वे लौट जाएँ, क्योंकि उसकी आत्मा तो बड़ी दुखी होगी कि जिंदगी-भर जो आदमी हँसा, लोग इतना भी धन्यवाद नहीं देते कि उसकी कब्र पर कम-से-कम हँसकर विदा दे जाएँ।

लेक़िन लोग कैसे हँसते? हँसने की तो आदत न थी और फिर मौत के सामने कौन हँसेगा? मौत के सामने वही हँस सकता है, जिसे मौत के ऊपर की किसी चीज का पता चल गया हो। मौत के सामने कौन हँस सकता है? मौत के सामने मरने वाला कैसे हँस सकता है! मौत के सामने वही हँस सकता है, जिसे अमृत का बोध हो गया। वे गाँव के लोग कैसे हँसते, मौत ने तो उदासी फैला दी। हम भी जब मौत में उदास हो जाते हैं तो इसलिए नहीं कि कोई मर गया है, बल्कि इसलिए कि अपने मरने की खबर आ गई। वह जो मौत की उदासी है, वह हमारे प्राणों को डरा जाती है, भयभीत कर जाती है।

नहीं, पर वे दो फकीर हँसते चले गए। फिर लाश चढ़ा दी गई अर्थी

पर और लोग कहने लगे, जैसा रिवाज था कि कपड़े बदलो, स्नान करवाओ। उन्होंने कहा कि नहीं, वह हमारा मित्र कह गया है कि कपड़े मेरे बदलना मत, स्नान मुझे करवाना मत। ऐसे ही जैसा मैं हूँ चढ़ा देना, तो उसकी बात तो पूरी रखनी पड़ेगी। उसको चढ़ा दिया। और फिर थोड़ी ही देर में उस भीड़ में हँसी छूटने लगी, क्योकि वह आदमी जो मर गया था अपने कपड़ों में फटाके, फुलझड़ी छिपाकर मर गया था। उसकी लाश चढ़ गई है अर्थी पर और पटाके, पुलझड़ियाँ छूटनी शुरू हो गईं हैं। कपड़ों में अंदर उसने सब छिपा रखा है। धीरे-धीरे वह भीड़, जो वहाँ इकट्ठी थी, वह हँसने लगी। और कहने लगी, कैसा आदमी था, जिंदगी-भर हँसता रहा और मर गया अब, अब है भी नहीं, फिर भी इंतजाम कर गया है कि तुम अंतिम क्षण में भी हँसना।

एक हँसता हुआ धर्म चाहिए, एक धर्म, जो हँस सके। अब तक जो धर्म रहा है, वह उदास है।

मुदिता तीसरा द्वार है। हँसते हुए उस द्वार को पार करना है। निश्चित ही जो आदमी पूरे जीवन को एक खुशी और एक आनंद बनाना चाहता है, वह आदमी भूलकर भी दूसरे को दुख नहीं दे सकता। क्योंकि दूसरे को दुख देना अपने लिए दुख को आमंत्रण भेजना है। जो आदमी फूलों में जीना चाहता है, वह किसी के रास्ते पर काँटा नहीं रख सकता, क्योंकि दूसरे के रास्ते पर काँटा रखना, दूसरे को चुनौती देना है कि मेरे रास्ते पर काँटे रखो। जो आदमी उदास रहना चाहता है, वही दूसरे लोगों से दुर्व्यवहार कर सकता है। लेकिन जो आदमी प्रफुल्लित होना चाहता है, उसे तो अपने चारों तरफ हँसी फैलानी पड़ेगी। जो आदमी खुश रहना चाहता है, उसे चारों तरफ खुशी बाँटनी पड़ेगी, क्योंकि कोई आदमी अकेला खुश नहीं रह सकता। यह जरा समझ लेना जरूरी है।

अकेला आदमी उदास रह सकता है। लेकिन खुशी में, आनंद में, प्रसन्नता में अकेला आदमी नहीं रह सकता है। अगर आप अकेले बैठे हैं एक कोने में उदास, दुखी, पीड़ित, परेशान तो कोई भी आपसे यह नहीं पूछ सकता आकर कि अरे! तुम अकेले बैठे हो और उदास बैठे हो। लेकिन अगर अकेले में हँस रहे हैं आप जोर से खिलखिलाकर तो कोई भी आकर पूछेगा कि दिमाग खराब हो गया है, अकेले और हँस रहे हो? लेकिन अकेले में उदास होने पर कोई नहीं पूछता कि इसमें कोई गड़बड़ है। अकेले में हँसते हुए आदमी पर शंका पैदा होती है।

इसका कारण है। क्योंकि खुशी ... खुशी एक कम्युनिकेशन है, खुशी एक संवाद है, खुशी एक समष्टि की घटना है। आदमी उदास अकेला हो सकता है, लेकिन आनंदित होना एक शेयरिंग है, एक बँटवारा है। इसलिए जितना खुश आदमी होगा, उतना विराट् मित्रों का उसका समूह होगा, क्योंकि जितना बड़ा समूह होगा मित्रों का, उतनी गहरी और बड़ी खुशी प्रकट हो सकती है। अगर उदास होना हो तो अकेले में जाना जरूरी है और अगर आनंदित होना है तो विराट्-से-विराट् होते जाना जरूरी है।

जो आदमी परम आनंद को उपलब्ध होते हैं, उनके लिए इस जगत् का कण-कण मित्र हो जाता है। तभी वे परम आनंद को उपलब्ध होते हैं। उसके पहले नहीं। आनंद एक शेयरिंग है, आनंद मित्रों के बीच एक बँटवारा है। दुख है अकेलापन। कभी आपने खयाल नहीं किया होगा जब आप दुखी होते हैं तो लोगों से कहते हैं कि मुझे छोड़ दें अकेला। मुझे अकेला छोड़ दें। जब दुखी होते हैं तो द्वार-दरवाजे बंद कर लेते हैं, खिड़की बंद करके एक कोने में पड़े रह जाते हैं, क्योंकि दुखी होने के लिए अकेले होने में सर्वाधिक सुविधा होती है। लेकिन जब आप आनंद से भर जाते हैं तो द्वार-दरवाजे तोड़ देते हैं, आ जाते हैं बाजार में, आ जाते हैं लोगों के बीच और पुकारने लगते हैं कि आओ मैं खुश हूँ, आओ मेरे करीब! खुशी बाँटनी पड़ती है, दुख, अकेला भोगना पड़ता है—कभी आपने शायद न सोचा होगा।

महावीर, बुद्ध और क्राइस्ट या मुहम्मद जिस दिन आनंद से भर गए, उस दिन अपने पहाड़ों और जंगलों को छोड़कर भागे बस्तियों की ओर। जब तक दुखी थे, तब तक जंगल में, पहाड़ पर। जब भर गए आनंद से तो भागे बस्तियों की ओर लोगों के बीच। शायद ही किसी ने कभी सोचा है कि यह क्यों हुआ? बुद्ध को, महावीर को, मुहम्मद को, क्राइस्ट को, सबको लोगों ने एकांत की तरफ जाते देखा है और फिर एकांत से आते भी देखा है। जो आदमी गया था एकांत की तरफ, वह उदास था, दुखी था। जो आदमी लौटकर आया है, वह एक और ही तरह का आदमी था, वह आनंद से भरा हुआ प्रफुल्लित था। जैसे ही आनंद आया, भागे वहाँ जहाँ बँट सके, जहाँ बाँटा जा सके।

दुख सिकोड़ता है। आनंद फैलाता है। दुख अपने में बंद करता है, दुख अहंकार में केंद्रित कर देता है, आनंद अहंकार को तोड़ डालता है। बह जाती है गंगा प्राणों की चारों तरफ, सब तरफ। परमात्मा की तरफ जाना है तो अपने

में सिकुड़ने से काम नहीं चल सकता है। जाना है तो फैलना पड़ेगा इतना-इतना कि अपने-जैसा कुछ भी न रह जाए, फैलाव रह जाए, एक विस्तीर्ण हो जाए प्राण। और सहभागी बनना होगा इतना कि सारा जगत् सहभागी बन जाए। सारा जगत्, चाँद, तारे, सूरज मित्र बन जाएँ।

लेकिन इसकी जो ... जो बुनियादी दृष्टि है, जो बेसिक फिलासिफी है, वह क्या है? वह है एक हँसता हआ व्यक्तित्व, एक प्रफुल्लित व्यक्तित्व, एक नाचता हुआ व्यक्तित्व, एक नृत्य करता हुआ व्यक्तित्व। और जैसा मैंने कहा, जितने आनंदित आप होना चाहते हैं-स्मरण रखें, उतना ही आनंद आपको चारों तरफ बाँटना पड़ेगा। तब आनंद आपकी तरफ बहना शुरू होता है। हम जो बाँटते हैं वही लौट आता है, हम जो देते हैं वही गूँजता है वापस; और हमारे प्राणों की तरफ बह आता है।

जीवन एक प्रतिध्वनि है। हम जो कहते हैं, हम जो करते हैं, हम जो करते हैं, हम जैसे होते हैं बस वैसा ही चारों तरफ से लौटना शुरू हो जाता है। यह संभव है क्या कि मैं आपकी आँख में प्रेम से झाँकूँ और हजार गुना प्रेम वहाँ से वापस न आ जाए? यह हो सकता है किसी दिन कि दो और दो चार न हों, यह कभी भी नहीं हो सकता कि मेरी आँख से प्रेम आपकी तरफ जाए और वापसी में घृणा लौट आए। यह कभी नहीं हो सकता।

दो और दो चार न हों यह हो सकता है, क्योंकि दो और दो का चार होना बिलकुल काल्पनिक है, बिलकुल इमेजिनरी है। वह कोई बडी सच्ची बात नहीं है। दो और दो पाँच भी हो सकते हैं, छह भी हो सकते हैं क्योंकि गणित का सारा खेल हमारा बनाया हुआ खेल है। चूँकि हम नौ तक गिनती करते हैं, नौ तक फिगर बनाकर रखे हैं हमने एक से नौ तक। वह मजबूरी नहीं है कि एक से नौ तक फिगर हों। एक से आठ तक भी हो सकते हैं और काम चल जाएगा। एक से तीन तक भी हो सकते हैं और काम चल जाएगा। नौ तक होना कोई मजबूरी नहीं है विज्ञान की। कोई गणित बँधा हुआ नहीं है कि नौ तक हों। सिर्फ एक आदत है हमारी कि हमने नौ तक बना लिया और सारी दुनिया में वह बात फैल गई।

हिंदुस्तान से ही फैली वह बात। यह नौ तक के फिगर हिंदुस्तान ने ही बनाए। फिर वह फैल गई। लेकिन नौ कोई मजबूरी नहीं है। तीन से काम चल सकता है। एक-दो, तीन, फिर आ जाएगा दस। फिर ग्यारह, बारह, तेरह फिर आ जाएगा बीस। काम चल जाएगा। अगर एक से तीन तक हम हिसाब रखें

तो दो और दो कितने होंगे? दो और दो, दस हो जाएँगे। यह हमारी कल्पना की बात है। गणित हमारे हाथ का खेल है। गणित कहीं जगत् में कोई सत्य नहीं है।

लेकिन प्रेम हमारे हाथ की बात नहीं है। वह बहुत गहरा गणित है और बुनियादी सत्यों में से एक है। अगर मैं आपकी आँख में प्रेम से झाँकूँ तो यह असंभव है कि प्रेम के अतिरिक्त और कुछ लौट आए। अगर कुछ और लौटना हो तो उसका मतलब है कि मैंने प्रेम से झाँका ही न होगा।

अगर मैं चाहता हूँ कि मेरे ऊपर आनंद की वर्षा हो जाए तो प्रतिपल मुझे आनंद को बाँटते हुए जीना होगा। चियरफुलनेस का, प्रमुदित होने का, मुदिता का यहाँ अर्थ है कि मैं आनंद को बाँटता हुआ जीऊँ। क्या खर्च करना पड़ता है मुस्कुराने में? लेकिन लोग इतने कंजूस हो गए हैं कि मुस्कराते भी नहीं। इतनी कृपणता है कि जिसे देने में कुछ भी खर्च नहीं करना पड़ता, उसे भी बहुत सोच-सोचकर, विचार करके मुस्कुराते हैं। आदमी की जाँच-परख कर लेते हैं कि इसके साथ मुस्कुराना है कि नहीं, अपना वाला है कि नहीं फिर मुस्कुराते हैं अजनबी को देखकर सख्त हो जाते हैं, मुस्कराते नहीं।

मुस्कुराहट भी इतनी महँगी बात है क्या? क्या खर्च करना पड़ता है? अँग्रेजी में एक कहावत है– 'इट कास्ट नथिंग टु बी काइंड।' प्रेमपूर्ण होने में कुछ भी तो खर्च नहीं करना पड़ता है क्या खर्च करना पड़ता है? और मजा यह है कि प्रेमपूर्ण होने से कितना मिल जाता है मुफ्त में, उसका कोई हिसाब रखना मुश्किल है, कितना मिल जाता है। एक अपरिचित, रास्ते पर जरा-सी मुस्कुराहट और कितनी मुस्कुराहटें वापिस लौट आती हैं। और कैसे उनकी सुगंध भीतर प्रेरित कर जाती है और कैसे उनका गीत प्राणों में बजने लगता है और कैसे प्राणों की वीणा पर कोई तरंगित होने लगती है बात।

लेकिन नहीं, हम अत्यंत कृपण हैं। हमने उदास होने की कसम खा रखी है। हम आनंदित नहीं हो सकते हैं। सबसे जिद्द बाँध रखी है कि हम उदास ही होंगे। हम उदास ही रहेंगे और फिर इन उदास हाथों को लेकर हम जाएँगे प्रभु के पास। इन उदास हाथों में खिलते हुए फूल भी अगर हम ले जाएँगे तो वे भी कुम्हला जाएँगे और उदास हो जाएँगे। उनको भी प्रभु के मंदिर पर नहीं चढ़ाया जा सकता है। इन उदास प्राणों को लेकर हम प्रार्थनाएँ और गीत लेकर जाएँगे, वे गीत भी उदास हो जाएँगे, क्योंकि गीत वही होता है, जो गाने वाला होता है। और फूल नहीं चढ़ते हैं परमात्मा के मंदिर में, वे

प्राण ही चढ़ते हैं, जो फूलों को ले जाते हैं।

हम क्या करें, कैसे हम प्रफुल्लित हो जाएँ?

नहीं, यह मत पूछिए कि हम क्या करें और कैसे प्रफुल्लित हो जाएँ। प्रफुल्लित होने के हर अवसर का उपयोग करें और प्रफुल्लित हो जाएँ। हो जाएँ प्रफुल्लित, उठते-बैठते ध्यान रखें कि जहाँ भी हँसा जा सकता है जरूर हँसना है, जहाँ खुश हुआ जा सकता है जरूर खुश होना है। फिर धीरे-धीरे जहाँ खुश नहीं हुआ जा सकता था, वहाँ भी खुश होने की संभावना बढ़ती जाएगी। थोड़ी-सी दिशा चाहिए व्यक्तित्व को, एक बोध चाहिए। यह बोध व्यक्तित्व के पास अगर उपलब्ध हो जाए कि जीवन का सत्य उन्हीं को उपलब्ध होगा, जो जीवन के सत्य के प्रति आनंद से और खुशी से भरे हुए यात्रा करते हैं, जो गीत गाते हुए तीर्थ-यात्रा करते हैं, वे ही लोग ... चौबीस घंटे तीर्थ की यात्रा चल रही है!

सुबह आप उठ आए हैं, कभी आपने सोचा कि सुबह उठते से ही आपने क्या किया है? कभी आपने फिक्र की कि सुबह उठते से ही पहला काम जीवन के प्रति एक आनंद का और अहोभाव की दृष्टि! क्या सुबह उठते ही आपने जीवन को, परमात्मा को धन्यवाद दिया है कि फिर एक दिन, फिर एक दिन उपलब्ध हुआ है। फिर जीवन, फिर आँखें खुल गईं, फिर अँधेरे से प्रकाश, फिर निद्रा से जागरण! कभी इसके लिए कोई कृतज्ञता का भाव मन में जगा है? सुबह उठकर कभी धन्यवाद दिया है हाथ जोड़कर अनंत को, फिर एक दिन मुझको ... जिसकी कोई पात्रता न थी, जो कल सोया था तो यह नहीं मान सकता था कि एक दिन और मिलेगा, जो नहीं मान सकता था। कोई अधिकार न था, जिसकी कोई योग्यता न थी, जिसकी कोई सामर्थ्य न थी कि एक दिन और मिलेगा; उसे फिर एक दिन मिल गया है, फिर जीवन।

लेकिन नहीं, जीवन के प्रति हमारी न कोई धन्यता है, न कोई भाव है, न कोई कृतज्ञता है, न कोई ग्रेटीट्यूट है। जीवन मिलता है और हम सड़ी-सजी चीजों के प्रति कृतज्ञता ज्ञापन करते हैं। कोई एक व्यक्ति आकर मुझे चार आने का रूमाल भेंट कर जाता है तो मैं कहता हूँ धन्यवाद। और जीवन बरसा रहा है पूरा जीवन और कभी धन्यवाद भी नहीं उठता, कभी खुशी भी नहीं उठती, कभी आनंद भी नहीं उठता।

जो चीज खो जाती है उसके लिए हम दुखी होते हैं और शिकायत करते हैं। और जो चीज है हमारे पास और मिली है, उसके लिए कोई धन्यवाद

नहीं! एक आदमी का पैर टूट जाता है और शिकायत शुरू हो जाती है और परमात्मा पर शक प्रारंभ हो जाता है कि है भी या नहीं! लेकिन दोनों पैर वर्षों तक चलते थे और एक क्षण के लिए भी कोई कृतज्ञता और कोई धन्यवाद न था। जो हमें मिला है उसकी कोई खुशी नहीं है, जो नहीं मिला है उसके लिए पीड़ा और शिकायत!

हम आदमी कैसे हैं, हमारा यह मन कैसा है! एक काँटा गड़ जाएगा तो शिकायत और वर्षों तक चले और काँटा नहीं गड़ा तो धन्यवाद एक भी नहीं। यह व्यक्ति कैसा है? यह इसने उदास होने का पक्का कर रखा है, इसके सोचने का ढंग इसी उदासी में ले जाने वाला है।

एक मुसलमान बादशाह था। उसके पास एक बूढ़ा नौकर था, जो जीवन-भर उसके पास था। उस बूढ़े नौकर से ऐसा प्रेम था उसका कि रात को भी वह बूढ़ा नौकर उसके कमरे में ही सोता, उसके साथ ही यात्रा करता। युद्ध के मैदान पर भी साथ था, महलों में भी साथ था। सम्राटों के घर मेहमान बनता तो भी वह बूढ़ा साथ था।

वे एक दिन शिकार खेलने गए हैं और रास्ता भटक गए हैं और एक जंगल में खो गए हैं। एक वृक्ष के नीचे थोड़ी देर उन्होंने विश्राम किया। उस वृक्ष में एक फल लगा हुआ है। सम्राट् जब घोड़े पर बैठा तो उसने हाथ बढ़ाकर वह फल तोड़ लिया। उसने चाकू से उस फल की एक फाँक निकाली और जैसी उसकी आदत थी वह पहले उस बूढ़े की फिक्र करता। उसने एक फाँक निकाली, उस बूढ़े को चखने को दी।

उस बूढ़े ने कहा कि अद्‌भुत! ऐसा फल तो कभी चखा नहीं। एक और देंगे महाराज? दूसरी फाँक और उसने तीसरी भी माँगी और सम्राट् देता चला गया और वह ऐसी कृतज्ञता का भाव था उसकी आँखों में कि सम्राट् उसे रोक भी नहीं सका। फिर एक ही फाँक बच गई और एक ही फल था उस वृक्ष पर। सम्राट् से वह आखिरी फाँक भी माँगने लगा।

सम्राट् ने कहा, तू तो बड़ा पागल है। एक फाँक मुझे भी नहीं चखने देगा।

'नहीं' वह कहने लगा। 'नहीं महाराज बहुत ही स्वादिष्टं है। नहीं आपको चखने दूँगा।'

हाथ से छीनने लगा तो सम्राट् को क्रोध आया। उसने कहा, 'यह तो हद हो गई। पूरा फल तू खा गया और इतनी प्रसन्नता और इतना सुस्वादु होने

की चर्चा करता है तो एक फाँक मुझे चखने नहीं देगा?'

लेकिन उस नौकर ने तो हाथ से छीनना ही चाहा।

सम्राट ने कहा कि 'नहीं, यह अतिशय हो गई बात। इतनी फाँकें तुझे दीं, यह भी अतिशय था, लेकिन मैं यह नहीं सोचता था कि एक फाँक भी तू मेरे लिए नहीं छोड़ेगा।'

लेकिन वह नौकर कहने लगा, 'नहीं महाराज!' उसकी आँख में आँसू आ गए। कहने लगा कि 'नहीं-नहीं, मुझे दे दें।'

लेकिन सम्राट् ने जबरदस्ती मुँह में वह फाँक रख ली। वह तो कड़वा जहर थी। उसने कहा कि 'तू कैसा पागल है, यह तो जहर है बिलकुल। तू इसे क्यों खा गया?'

उस बूढ़े ने कहा था, 'जिन हाथों से बहुत मीठे फल खाने को मिले, उनके एक कड़वे फल की शिकायत करूँ? जिन हाथों से बहुत मीठे फल खाने को मिले—नहीं, नहीं, इतना अकृतज्ञ नहीं हूँ कि एक कड़वे फल के लिए शिकायत करूँ। फिर तुम्हारे हाथ से आता था वह फल, जीभ ने कहा होगा, कड़वा है, आत्मा ने नहीं कहा। जिन हाथों से इतने मीठे फल, उन हाथों के एक कड़वे फल की शिकायत! नहीं, नहीं, इतना अकृतज्ञ मैं नहीं हूँ, वह बूढ़ा कहने लगा।

लेकिन हम सब इतने ही अकृतज्ञ हैं। जीवन के अनंत-अनंत आनंदों की वर्षा में उसका हमें कोई बोध नहीं, लेकिन जरा-सी गड़बड़ और हम बोध से भर जाते हैं। यह एप्रोच, जीवन को देखने का यह ढंग उदास और दुखी होने की तैयारी है।

मनुष्य उदास है, क्योंकि उसके जीवन के देखने का ढंग गलत है। अगर मुदिता को उपलब्ध होना है तो जो मिल रहा है उसके लिए धन्यवाद को गहरा करना होगा, जो पाया है उसके लिए कृतज्ञता का ज्ञापन करना होगा। जो मिला है, जो मिलता रहा है, जो बरस रहा है चौबीस घंटे, उस अनंत-अनंत आनंद की राशि के लिए भाव, प्रशंसा, अनुग्रह, ग्रेटीट्यूट हो तो हम प्रमुदित हो सकते हैं, आनंदित हो सकते हैं।

एक आदमी यात्रा पर था। बहुत शानदार घोड़े को लेकर वह यात्रा पर गया था। एक रात एक गाँव के बाहर वह ठहरा। उसके घोड़े पर तो जिसकी आँख पड़ जाती, वही ईर्ष्या से भर जाता। ऐसा शानदार घोड़ा देखा भी नहीं गया था। उस घोड़े की चमक, उसकी गति, उसकी तेजी, उसकी शान, उसके

पैरों की टाप ... वह घोड़ा ही और था। रात बाँधा है उसने उस घोड़े को। जिस गाँव से गुजरा है, लोगों ने कहा है कि जो भी दाम लेना है ले लो, यह घोड़ा छोड़ जाओ। और उस आदमी ने कहा, 'इस घोड़े से मुझे प्रेम है और प्रेम को बेचा नहीं जा सकता, दाम कुछ भी हों यह सवाल नहीं। तुम क्या दे सकोगे दाम! क्योंकि तुम कितना भी दो, प्रेम बेचा नहीं जा सकता। इस घोड़े से मुझे प्रेम है इसलिए यह बात खतम, इसका सौदा नहीं होता।'

लेकिन लोगों की आँखें ईर्ष्या से भर गईं थीं उस घोड़े के प्रति। लोग खयाल में थे कि कब मौका मिल जाए! वह रात उस दिन उसने घोड़े को गाँव के बाहर एक वृक्ष से बाँधा और सो गया। सुबह उठा तो घोड़ा वहाँ नहीं था। शायद घोड़ा चोरी चला गया। कोई उसे ले गया, या क्या हुआ! गाँव के लोगों में खबर फैल गई कि वह शानदार घोड़ा चोरी चला गया। भीड़ वहाँ इकट्ठी हो गई और वे उस सवार को कहने लगे कि बड़े दुख की बात है।

लेकिन वह सवार भागा गाँव की तरफ और मिठाइयाँ खरीद लाया और वह जो भीड़ इकट्ठी थी उसको बाँटने लगा और कहने लगा, 'भगवान को धन्यवाद दो।'

पर वे लोग कहने लगे, 'बात क्या हुई है। घोड़ा चोरी गया, भगवान को धन्यवाद किस बात का?'

उसने कहा, 'यही क्या उसकी कम कृपा है कि मैं घोड़े के ऊपर नहीं था, मैं नीचे सो रहा था। उसकी अनुकंपा के लिए प्रसाद बाँटता हूँ।'

ऐसा आदमी उदास हो सकता है? ऐसे आदमी को बोझिल, भारग्रस्त और दु:खी बनाया जा सकता है? नहीं, उसके जीवन का दृष्टिकोण वह है, जो प्रफुल्लता को जन्म देगा। घोड़ा गया था चोरी, वह कहने लगा, मैं भी घोड़े के ऊपर हो सकता था, भगवान को धन्यवाद न दूँ? उसकी बड़ी कृपा, उसकी अनुकंपा कि रात जब मैं सोया था, तब घोड़ा चोरी हो गया।

क्या यह जीवन को देखने का एक ढंग नहीं हो सकता है? धार्मिक आदमी का यही ढंग होता है। अधार्मिक आदमी देखेगा घोड़ा चोरी चला गया, धार्मिक आदमी देखेगा, मैं बच गया, यही कुछ कम है!

जीवन को हम कैसा देखते हैं इस पर निर्भर है कि हम प्रफुल्लित होंगे या उदास, हम आनंदित होंगे या दुखी, हमारे प्राण अंधकार से भर जाएँगे या आलोक से। हम कैसे देखते हैं जीवन को? आशा की तरफ से, उज्ज्वल पक्ष से, वहाँ से जहाँ सफेद फूल खिलते हैं या वहाँ से जहाँ काँटे पैदा होते हैं।

हम कहाँ से देखते हैं जीवन को? हम चाँद तारों से नापते हैं जीवन को या गंदे डबरों से। हम कहाँ से जीवन का मापदंड इकट्ठा करते हैं?

मुदिता फलित होती है, जब कोई व्यक्ति जीवन को आशावादी दृष्टि से देखना शुरू करता है। जिन लोगों ने निराशा से जीवन को देखा है वे उदास हो गए हैं। उन्हीं उदास लोगों से धर्म अपवित्र हो गया है। चाहिए इतनी खुशी, चाहिए इतनी मुस्कुराहट, चाहिए इतनी हँसी के फूल कि सारे मंदिर फिर से पवित्र हो सकें। नहीं तो, मंदिर उदासियों के अड्डे हैं। वहाँ की सारी हवा मरघटी हो गई है। वहाँ जो लोग बैठे हैं वे मरे-मराए लोग हैं। वे करीब-करीब मर गए हैं और लाशे हैं। और उन्हीं लाशों के आसपास हमारा सारा व्यक्तित्व निर्मित किया जा रहा है।

नहीं, इस पूर्ण इनकार की जरूरत है इसके पूर्ण निषेध की जरूरत है। जोर से सारे जगत् में धर्म के इस उदास रूप को तोड़ देने की जरूरत है। चाहिए एक हँसता हुआ, सूरज की बरसती रोशनी की तरह, एक मुस्कुराता हुआ जीवित धर्म–जीवंत धर्म।

आपको मैं तीसरी सीढ़ी में कहना चाहता हूँ कि जीवन को बनाएँ एक खुशी और प्रतिपल यह ध्यान रखें कि मैं कहीं ऐसा तो नहीं सोच रहा हूँ, ऐसा तो नहीं जी रहा हूँ, जिससे उदासी फलित होगी, जिससे उदासी आ जाएगी।

रोम में एक सम्राट् ने अपने बड़े वजीर को फाँसी की आज्ञा दे दी थी। उस दिन उसका जन्मदिन था, वजीर का जन्मदिन था। घर पर मित्र इकट्ठे हुए थे। संगीतज्ञ आए थे, नर्तक थे, नर्तकियाँ थीं। भोज का आयोजन था, जन्मदिन था उसका। कोई ग्यारह बजे दोपहर के बाद सम्राट् के आदमी आए। वजीर के महल को नंगी तलवारों ने घेरा डाल दिया। भीतर आकर दूत ने खबर दी कि आपको खबर भेजी है सम्राट् ने कि आज शाम छह बजे आपको गोली मार दी जाएगी। उदासी छा गई। छाती पीटी जाने लगीं। वह घर जो नाचता हुआ घर था एकदम से मुर्दा हो गया, सन्नाटा छा गया, नृत्य, गीत बंद हो गए, वाद्य शून्य हो गए। भोजन का पकना, बनना बंद हो गया। मित्र जो आए थे वे घबरा गए। घर में एकदम उदासी छा गई। साँझ छह बजे, बस, साँझ छह बजे आज ही मौत! सोचा भी नहीं था कि जन्मदिन मृत्यु का दिन बन जाएगा।

लेकिन वह वजीर, वह जिसकी मौत आने को थी, वह अब तक बैठा हुआ नृत्य देखता था। अब वह खुद उठ खड़ा हुआ और उसने कहा कि वाद्य बंद मत करो और अब नृत्य देखने से ही न चलेगा, अब मैं खुद भी नाचूँगा।

क्योंकि आखिरी दिन है यह। फिर इसके बाद कोई दिन नहीं है। और साँझ को अभी बहुत देर है। और चूँकि यह आखिरी साँझ है, अब इसे उदासी में नहीं गँवाया जा सकता। अगर बहुत दिन हमारे पास होते तो हम उदास भी रह सकते थे। वह लक्जरी भी चल सकती थी। अब अवसर न रहा, अब उदास होने के लिए क्षण-भर का अवसर नहीं है। बजने दो वाद्य, हो जाए नृत्य शुरू। आज हम नाच लें, आज हम गीत गा लें, आज हम गले मिल लें, क्योंकि यह रात आखिरी रात है।

लेकिन वह घर तो हो गया था उदास। वे वाद्यकार हाथ उठाते भी तो वीणा न बजती। उनके हाथ तो हो गए थे शिथिल। वे चौंककर देखने लगे। वह वजीर कहने लगा, 'बात क्या है? उदास क्यों हो गए?'

वे कहने लगे कि 'मौत सामने खड़ी है, हम कैसे खुशी मनाएँ?'

तो उस वजीर ने कहा, 'जो मौत को सामने देखकर खुशी नहीं मना सकता है, जिंदगी में कभी खुशी नहीं मना सकता। क्योंकि मौत रोज ही सामने खड़ी है। मौत तो रोज ही सामने खड़ी है। कहाँ था पक्का यह कि मैं साँझ नहीं मर जाऊँगा? हर साँझ मर सकता था। हर सुबह मर सकता था। जिस दिन पैदा हुआ उस दिन से ही किसी भी क्षण मर सकता था। पैदा होने के बाद अब एक ही क्षण था मरने का, जो कभी भी आ सकता था। मौत तो हर दिन खड़ी है। मौत तो सामने है। अगर मौत को सामने देखकर कोई खुशी नहीं मना सकता तो वह कभी खुशी नहीं मना सकता।' और वह वजीर कहने लगा, 'और शायद तुम्हें पता नहीं है, जो मौत के सामने खड़े होकर खुशी मना लेता है उसके लिए मौत समाप्त हो जाती है। उससे मौत हार जाती है, जो मौत के सामने खड़ा होकर हँस सकता है।'

मजबूरी थी। वह वजीर तो नाचने लगा तो वाद्य-गीत शुरू हुए थके और कमजोर हाथों से। नहीं, सुर-साज नहीं बैठता था। उदास थे वे लोग, लेकिन फिर भी जब वह नाचने लगा था ....।

सम्राट् को खबर मिली, वह देखने आया। इसकी तो कल्पना भी न थी। जानकर ही जन्मदिन के दिन यह खबर भेजी गई थी कि कोई गहरा बदला चुकाने की इच्छा थी कि जब सब खुशी का वक्त होगा तभी दुख की यह खबर गहरा-से-गहरा आघात पहुँचा सकेगी। जब सारे मित्र इकट्ठे होंगे, तभी यह खबर-यह बदले की इच्छा थी।

लेकिन जब दूतों ने खबर दी कि वह आदमी नाचता है और उसने कहा

है कि चूँकि साँझ मौत आती है इसलिए अब यह दिन गँवाने के लायक न रहा, अब हम नाच लें, अब हम गीत गा लें, अब हम मिल लें। अब जितना प्रेम मैं कर सकता हूँ कर लूँ और जितना प्रेम तुम दे सकते हो, दे लो, क्योंकि अब एक भी क्षण खोने-जैसा नहीं है।

सम्राट् देखने आया। वजीर नाचता था। धीरे-धीरे, धीरे-धीरे उस घर की सोई हुई आत्मा फिर जग गई थी। वाद्य बजने लगे थे, गीत चल रहे थे।

सम्राट् देखकर हैरान हो गया। वह उस वजीर से पूछने लगा, 'तुम्हें पता चल गया है कि साँझ मौत है और तुम हँस रहे हो और गीत गा रहे हो?'

तो उस वजीर ने कहा, 'आपको धन्यवाद! इतने आनंद से मैं कभी भी न भरा था जितना आज भर गया हूँ और आपकी बड़ी कृपा कि आपने आज के दिन ही यह खबर भेजी। आज सब मित्र मेरे पास थे, आज सब वे मेरे निकट थे जो मुझे प्रेम करते हैं और जिन्हें मैं प्रेम करता हूँ। इससे सुंदर अवसर मरने का और कोई नहीं हो सकता था। इतने निकट प्रेमियों के बीच मर जाने से बड़ा सौभाग्य और कोई नहीं हो सकता था। आपकी कृपा, आपका धन्यवाद! आपने बड़ा शुभ दिन चुना है, फिर मेरा यह जन्मदिन भी है। और मुझे पता भी नहीं था ... बहुत जन्म दिन मैंने मनाए हैं, बहुत-सी खुशियों से गुजरा हूँ लेकिन इतने आनंद से भी मर सकता हूँ, इसका मुझे पता नहीं था। यह आनंद की इतनी इंटेंसिटी, तीव्रता हो सकती है मुझे पता नहीं था। आपने सामने मौत खड़ी करके मेरे आनंद को बड़ी गहराई दे दी। चुनौती और आनंद एकदम गहरा हो गया। आज मैं पूरी खुशी से भरा हुआ हूँ, मैं कैसे धन्यवाद करूँ?

वह सम्राट् अवाक् खड़ा रह गया। उसने कहा कि ऐसे आदमी को फाँसी लगाना व्यर्थ है, क्योंकि मैंने तो सोचा था कि मैं तुम्हें दुःखी कर सकूँगा। तुम दुःखी नहीं हो सके, तुम्हें मौत दुःखी नहीं कर सकती तो तुम्हें मौत पर ले जाना व्यर्थ है। तुम्हें जीने की कला मालूम है, मौत वापस लौट जाती है।

जिसे भी जीने की कला मालूम है, वह कभी भी नहीं मरा है, और न मरता है, न मर सकता है। और जिसे जीने की कला मालूम नहीं, वह केवल भ्रम में होता है कि मैं जी रहा हूँ वह कभी नहीं जीता, न कभी जीया है, न जी सकता है। उदास आदमी जी ही नहीं सकता। न जी सकता है। उसे जीवन की कला का ही पता नहीं। केवल वे जीते हैं, जो हँसते हैं, जो खुश हैं, जो

प्रफुल्लित हैं, जो जीवन के छोटे-से-छोटे कंकड़-पत्थर में भी खुशी के हीरे-मोती खोज लेते हैं, जो जीवन के छोटे-छोटे रस में भी परमात्मा की किरण को खोज लेते हैं, जो जीवन के छोटे-छोटे आशीषों में, जीवन के छोटे-छोटे आशीषों की वर्षा में भी प्रभु की कृपा का आनंद अनुभव कर लेते हैं। केवल वे ही जीते हैं। केवल वे ही जीते हैं! केवल वे ही सदा जीए हैं और कोई भी आदमी जिंदा होने का हकदार नहीं है—जिंदा नहीं है।

तो चाहिए एक फैली हुई प्रफुल्लता सुबह से साँझ तक, दिन में, रात में, सपनों में भी। चाहिए एक गीत, जो हमारे जीवन को घेर ले उठते-बैठते-चलते सारा जीवन एक नृत्य बन जाए, एक खुशी का आंदोलन; तो हम प्रभु के निकट पहुँचना शुरू होते हैं। सिर्फ हँसते हुए लोग ही उसके पास बुलाए जाते हैं, सिर्फ मुस्कुराते हुए लोगों को ही वह आमंत्रण मिलता है।

यह तीसरी बात—इसका तो प्रयोग करेंगे तो ही संभव हो सकता है। यह कैसे संभव होगा?

कल रात एक मित्र ने पूछा था कि ध्यान में आँसू बहते हैं। हँसना भी आ सकता है?

बिलकुल आ सकता है। कोई कठिनाई नहीं है। उसे भी रोकने की जरूरत नहीं है? अगर पूरे प्राण हँसने को फूट पड़ने को तत्पर हों तो उसे भी रोकने की जरूरत नहीं है। ध्यान में वह भी संभावना घटित हो सकती है। ध्यान दमन नहीं है, आँसू हों या मुस्कुराहट, जो भी प्रकट हो जाना चाहे, जो भी फैल जाना चाहे, उसे मुक्त छोड़ देना है। जरा भी भय नहीं लेना है। प्राण जैसा होना चाहे छोड़ देना है। एक बार तो हम कभी कुछ क्षणों के लिए छोड़ दें प्राणों को कि वह जैसा होना चाहे। और तब उस सरलता से उस सरलता से प्राणों की वास्तविकता तक पहुँचना हो सकता है। इस तीसरे सूत्र को ध्यान में लेंगे और इसका प्रयोग जीवन में फैला देंगे।

अब हम सुबह के ध्यान के लिए बैठें।

चुपचाप बैठ जाएँ। आज तीसरा दिन है। सुबह का यह ध्यान आखिरी होगा। पूरी शक्ति से इस प्रयोग को करना है। कुछ मित्र पूरी शक्ति से इसका प्रयोग भी कर रहे हैं और उसके परिणाम हैं। कुछ मित्र पूरी शक्ति नहीं लगा रहे हैं। न मालूम कितने-कितने तरह के भय हैं। रोक लेते हैं। दूसरे की फिक्र छोड़ दें। आपके भीतर कुछ हो उसकी चिंता करें। यह कुछ ऐसी बात नहीं

है कि हम तमाशा देख सकें, कि हम बाहर से खड़े होकर देख सकें कि किसको क्या हो रहा है। यह तो आपके अपने भीतर कुछ होगा तो ही जान पाएँगे। इसलिए किसी की फिक्र न करें कि कोई आया है, दूसरा है। यहाँ कोई दूसरा नहीं है। आप अकेले हो जाएँ और होने दें पूरी शक्ति से प्रयोग को।

सबसे पहले शरीर को हम आराम से शिथिल छोड़कर बैठे हैं। जिन्हें आँख बंद करनी हो, वे आख बंद कर लें। जिन्हें आधी नासाग्र दृष्टि रखने में कोई तकलीफ न होती हो, वे नासाग्र दृष्टि रखें, नाक का अगला भाग भर दिखाई पड़ता रहे। इतनी आँख खुली रहे। अगर उसमें जरा भी तनाव मालूम पड़ता हो तो आख बंद रखें। फिर बिलकुल शांत अपने को छोड़ दें।

आज पूरी शक्ति लगानी है। जरा भी रुकावट नहीं डालनी है, कोई भय नहीं लाना है। क्योंकि कल सुबह फिर हम यहाँ बैठने को न होंगे। छोड़ दें शांत, ढीला।

फिर अपने मन को पूछें पूरे संकल्प के साथ, पूरी शक्ति, पूरे प्राण से कि मैं कौन हूँ। गूँज जाए यह आवाज पूरे व्यक्तित्व में, पूरे रोएँ-रोएँ तक यह खबर पहुँच जाए कि मैं कौन हूँ? एक-एक रोयाँ खड़ा हो जाए और कँप जाए और पूछने लगे कि मैं कौन हूँ?

पूछते चले जाएँ अपने भीतर मैं कौन हूँ, मैं कौन हूँ, मैं कौन हूँ? इस पूरे सरू का वन को घेर लें, यह सागर का गर्जन छोटा मालूम पड़ने लगे। सारी शक्ति लगा दें जैसे कोई पानी में कूद पड़ता है पूरे शरीर को लेकर, ऐसा कूद पड़ें इस जिज्ञासा में कि मैं कौन हूँ?

तीव्रता से, तेजी से पूछते चले जाएँ, मैं कौन हूँ? एक क्षण का विराम नहीं। अकेले हैं आप प्रत्येक अकेला है। दस मिनट के लिए अब पूछें सतत। टकराएँ प्राणों से ताकि भीतर-भीतर खुदाई होती चली जाए। कुआँ खुदता चला जाए, मैं कौन हूँ, मैं कौन हूँ।

आखिर तक पूछना है प्राणों की बिलकुल गहराई तक, मैं कौन हूँ? वहाँ ही है उत्तर, वह आएगा। लेकिन पूछें, मैं कौन हूँ, मैं कौन हूँ, मैं कौन हूँ...!

प्रभु-मंदिर का चौथा द्वार : उपेक्षा

सात

प्रभु-मंदिर का चौथा द्वार : उपेक्षा

प्रभु के मंदिर के चौथे द्वार पर हम खड़े हो गए हैं। उस द्वार पर लिखा है : उपेक्षा, इंडिफरेंस। करुणा, मैत्री और मुदिता के बाद जो द्वार पार करना होता है साधक को, वह द्वार है उपेक्षा। और बड़ी कठिनाई होगी यह समझने में कि करुणा, मैत्री और मुदिता सीख लेने के बाद उपेक्षा का, इंडिफरेंस का क्या अर्थ होता है? परमात्मा की दिशा में जो गतिमान होना चाहते हैं, उन्हें निश्चित परमात्मा से विरोधी, जो कुछ है उसके प्रति उपेक्षा का भाव ग्रहण करना होता है। सत्य की दिशा में जो जानना चाहते हैं, उन्हें जो असत्य है उसके प्रति उपेक्षा का भाव ग्रहण करना होता है। सार की जो खोज में लगे हैं, असार के प्रति उन्हें उपेक्षा दिखानी पड़ती है। इन तीन द्वारों को पार करने के बाद भी मनुष्य के मन के आसपास बहुत कुछ व्यर्थ, कचरा-कूड़ा इकट्ठा रहता है। उस सारे कूड़े कचरे को भी इस चौथे द्वार के बाहर ही छोड़ देना होता है, क्योंकि परमात्मा के पास कुछ भी लेकर नहीं जाया जा सकता है—परिपूर्ण, शून्य और खाली होकर जाना होता है। यहाँ अंतिम वस्त्र भी छोड़ देने होते हैं।

चौथे द्वार पर सब कुछ छोड़ देना होता है—सारे वस्त्र, सारे मुखौटे, सारा व्यक्तित्व, जिसे हमने कल तक मूल्यवान समझा था, जिसे कल तक हमने सँवारा-सजाया था, जिसे कल तक हमने बहुत आयोजन से संगृहीत किया था, वह सारा-का-सारा व्यक्तित्व चौथे द्वार के बाहर ही छोड़ देना होता है। सब कुछ छोड़कर ही इस चौथे द्वार में प्रवेश मिलता है, इसलिए यह उपेक्षा की अग्नि में वह सब कुछ जला देना होता है, जो असार है, जो व्यर्थ है और हमें घेरे हुए है।

उपेक्षा नकारात्मक है। जिन तीन द्वारों की हमने बात की, वे विधायक

थे, पॉजिटिव थे। वे तीन द्वार करुणा, मैत्री, मुदिता तीनों ही विधेयक गुण थे। यह चौथा गुण भीतर से प्रगट करने को नहीं है। यह तो हमारे बाहर जो व्यर्थ, असार इकट्ठा हो जाता है जन्म-जन्म की यात्रा में; उस सबके निषेध के लिए है, उस सबको छोड़ देने के लिए है।

चौथा यह द्वार अत्यंत निगेटिव, अत्यंत नकारात्मक है। जैसे स्वर्ण को शुद्ध और निखर आने के पहले अग्नि से गुजरना पड़ता है ताकि जो व्यर्थ है, जो स्वर्ण नहीं है वह जल जाए और स्वर्ण पूरी तरह शुद्ध हो सके। वैसे ही अंतिम घड़ी को, उपेक्षा की अग्नि से साधक को निकलना पड़ता है ताकि जो व्यर्थ है वह छूट जाए, नष्ट हो जाए। और जो नष्ट नहीं हो सकता है—वही छूट सकता है—केवल वही शेष रह जाए।

अग्नि से गुजरने से स्वर्ण को पता चलता है कि मेरे भीतर कुछ है जो नष्ट नहीं हो सकता और कुछ था जो नष्ट हो गया है। वह स्वर्ण नहीं था, वह मेरा स्वभाव नहीं था, वह मेरी आत्मा नहीं थी। जो बच रहा है वही मैं हूँ। अग्नि से गुजरकर ही ज्ञात होता है कि क्या है मेरे भीतर सत्य, और क्या था मेरे भीतर व्यर्थ, उपेक्षापूर्ण। उपेक्षा से गुजरकर ही ज्ञात होता है, जो बचा रहता है—वही परमात्मा तक जा सकता है। और जो जल जाता है और समाप्त हो जाता है, राख हो जाता है, वह द्वार पर छूट जाता है।

उपेक्षा का अर्थ है? इस अर्थ को समझाने के पहले मैं एक कहानी कहूँ, ताकि वह अर्थ खयाल में आ सकें।

जापान का एक छोटा-सा गाँव था। उस गाँव में एक युवा संन्यासी आया था, बहुत सुंदर, बहुत स्वस्थ, बहुत महिमाशाली। उसकी प्रतिभा का प्रकाश शीघ्र ही दूर-दूर तक फैल गया। उसकी सुगंध ने बहुत-से लोगों के मन को लुभा लिया। गाँव का वह प्यारा हो गया। वर्ष बीते, दो वर्ष बीते, वह उस गाँव का प्राण बन गया। उसकी पूजा ही पूजा थी।

लेकिन एक दिन सब उलटा हो गया। सारा गाँव उसके प्रति निंदा से भर गया। सुबह ही थी, अभी सर्दी के दिन थे। सारा गाँव उस फकीर के झोंपड़े की तरफ चल पड़ा। उन्होंने जाकर उस फकीर के झोंपड़े में आग लगा दी। वह फकीर बैठा हुआ था बाहर, धूप लेता था। वह पूछने लगा, क्या हो गया है, क्या बात है, आज सुबह-ही-सुबह इतनी भीड़, आज सुबह-ही-सुबह इस भीड़ का आग लगा देना? हो क्या गया है, बात क्या है?

भीड़ में से एक आदमी आगे आया और एक छोटे-से बच्चे को लाकर

उस संन्यासी की गोद में पटक दिया और कहा, हमसे पूछते हो क्या बात है? इस बच्चे को पहचानो!

उस संन्यासी ने गौर से देखा और उसने कहा, 'अभी मैं अपने को ही नहीं पहचानता तो इस बच्चे को कैसे पहचान सकूँगा? कौन है यह बच्चा, मुझे पता नहीं!'

लेकिन भीड़ हँसने लगी और पत्थर फेंकने लगी और कहा, 'बहुत नादान और भोले बनते हो। इस बच्चे की माँ ने कहा है कि यह बच्चा तुमसे पैदा हुआ है और इसलिए हम सारे गाँव के लोग इकट्ठे हुए है। हमने तुम्हारी जो प्रतिमा बनाई थी, वह खंडित हो गई। हमने तुम्हें जो पूजा दी थी, वह हम वापस लेते हैं और नगर में हम तुम्हारा मुँह दुबारा नहीं चाहते हैं।'

उस संन्यासी ने उनकी तरफ देखा। इतनी प्यार से भरी हुई आँखें, उसकी आँखें तो सदा प्यार से भरी रहती हैं, लेकिन उस दिन उसका प्यार देखने-जैसा था। लेकिन वे लोग नहीं पहचान सके उस दिन उस प्यार को, क्योंकि वे इतने क्रोध से भरे थे कि प्यार की खबर उनके हृदय तक नहीं पहुँच सकती थी। नहीं पहचान सके उस दिन उन आँखों को, जिनसे करुणा छलक पड़ती थी, क्योंकि अंधे सूरज को कैसे देख सकते हैं? सूरज खड़ा रहे द्वार पर और अंधे वंचित रह जाते हैं। उस दिन वे अंधे थे क्रोध में, निंदा में। उस दिन नहीं दिखाई पड़ा उस संन्यासी का प्रकाश।

वह संन्यासी हँसने लगा। फिर वह बच्चा रोने लगा। फिर उसकी गोद में गिर पड़ा। वह उस बच्चे को समझाने लगा और उन लोगों ने पूछा, 'कहो यह तुम्हारा बच्चा है? है न?'

उस संन्यासी ने सिर्फ इतना कहा, 'इज हट सो, ऐसी बात है? आप कहते हैं तो ठीक ही कहते होंगे।' फिर वे गाँव के लोग वापस लौट गए।

फिर दोपहर में वह संन्यासी भीख माँगने उस गाँव में निकला। कौन देगा उसे? लेकिन वे लोग जो उसके चरण छूने को लालायित होते थे, वे लोग जो उसके चरणों की धूलि उठाकर माथे से लगाते थे, उन्होंने उसे देखकर अपने द्वार बंद कर लिए। लोगों ने उसके ऊपर थूका, पत्थर और ढेले फेंके और वह संन्यासी चिल्लाकर उस गाँव में कहने लगा कि होगा कसूर मेरा, लेकिन उस भोले बच्चे का कोई कसूर नहीं। कम-से-कम इसे दूध तो मिल जाए। लेकिन यह गाँव बहुत कठोर हो गया है। उस गाँव में बच्चे को भी दूध देनेवाला कोई न था। फिर वह उस घर के सामने जाकर खड़ा हो गया, जिस घर की लड़की

ने यह कहा था कि यह बच्चा संन्यासी से पैदा हुआ था। वह वहाँ चिल्लाने लगा कि कम-से-कम इस बच्चे के लिए दूध मिल जाए।

वह लड़की बाहर आई और अपने पिता के पैर पर गिर पड़ी और उसने कहा, 'क्षमा करना। इस संन्यासी से मेरा कोई संबंध नहीं है। मैंने तो इस लड़के के असली बाप को बचाने के लिए संन्यासी का झूठा नाम दे दिया था। भीड़ इकट्ठी हो गई।' बाप संन्यासी के पैर पर गिरने लगा और कहने लगा, 'लौटा दो इस बच्चे को। नहीं-नहीं, यह बच्चा आपका नहीं है।'

तो संन्यासी पूछने लगा, 'इज इट सो?' नहीं है मेरा? ऐसा है क्या, मेरा नहीं है यह बच्चा?

वे लोग कहने लगे, 'तुम हो कैसे पागल! तुमने सुबह ही क्यों न कहा कि यह बच्चा मेरा नहीं है।'

वह संन्यासी कहने लगा, 'इससे क्या फर्क पड़ता है। बच्चा किसी का तो होगा। इससे क्या फर्क पड़ता है कि बच्चा किसका है। बच्चा बच्चा है, इतना ही साफ है, इतना ही काफी है और इससे क्या फर्क पड़ता था? तुमने एक झोपड़ा तो जला ही दिया था और एक आदमी को तो गालियाँ दे ही चुके थे। अब मैं और कहता कि मेरा नहीं है तो तुम एक झोपड़ा शायद और जलाते, किसी एक आदमी को और गालियाँ देते। उससे फर्क क्या पड़ता था?'

पर वे लोग कहने लगे कि तुम हो कैसे पागल! तुम्हारी सारी इज्जत मिट्टी में मिल गई और तुम चुपचाप बैठे रहे जबकि बच्चा तुम्हारा नहीं था।

वह संन्यासी कहने लगा, कि उस इज्जत की अगर हम फिक्र करते तो चौथे दरवाजे पर ही रुक जाते। नहीं, उस इज्जत की कोई चिंता नहीं है, उसकी कोई अपेक्षा नहीं है। वह तुम्हारा जो आदर तुमने दिया था, हमारी तरफ से माँगा नहीं गया था और चाहा नहीं गया था। तुमने छीन लिया, तुम्हारा दिया हुआ आदर था, तुम्हारे हाथ की बात थी, न हमने माँगा था, न छीनते वक्त हम रोकने के हकदार थे। नहीं, वह कहने लगा चौथे द्वार पर हम रुक जाते। गाँव के लोग पूछने लगे, 'कौन-सा चौथा द्वार?'

उसी चौथे द्वार की मैं आपसे बात कर रहा हूँ और उस चौथे द्वार पर लिखा है उपेक्षा, इंडिफरेंस। जीवन में जो व्यर्थ है उसके प्रति उपेक्षा। उस युवा संन्यासी ने अद्भुत उपेक्षा प्रकट की। नहीं, जरा भी चिंता न की इस बात की कि लोग क्या कहेंगे, पब्लिक ओपीनियन, जनमत क्या कहेगा!

जो आदमी जनमत के संबंध में सोचता रहता है, वह कभी परमात्मा

तक नहीं पहुँचता है इसे स्मरण रख लेना। लोग क्या कहेंगे? इससे ज्यादा कमजोर, इस बात को सोचने से ज्यादा नपुंसक कोई वृत्ति नहीं है कि लोग क्या कहेंगे। जो लोग भी इस चिंता में पड़ जाते हैं कि लोग क्या कहेंगे, वे भीड़ में जो असत्य है उन्हीं असत्यों में मर जाते हैं, वे कभी सत्य की खोज नहीं कर पाते।

सत्य की खोज के लिए भीड़ से मुक्त हो जाना जरूरी है, वह जो क्राउड है हमारे चारों तरफ, जो भीड़ है हजारों-हजारों साल की, वह जो कलेक्टिव माइंड है, वह जो हजारों साल का बना हुआ चित्त है, वह चित्त अत्यंत असत्यों से संस्कारित है। वही जनमत बन जाता है। वही कहता है यह गलत है, वह गलत है, यह सही है; इसे देंगे आदर, इसे नहीं देंगे आदर। जो उससे आदर की अपेक्षा करेगा, जो उससे सम्मान चाहेगा, वह सदा झूठ के गढ्डे में ही बँधा रहेगा और उसी में मर जाएगा।

नहीं, जो सत्य की खोज में चले हैं उन्हें आदर की क्या अपेक्षा हो सकती है, सम्मान की क्या अपेक्षा हो सकती है? वे सत्य के लिए अपमानित हो सकते हैं, असम्मानित हो सकते हैं, लेकिन असत्य के साथ सम्मानित होने को राजी नहीं हो सकते। यह बड़ी हैरानी की बात है कि हम जनमत से कितने भयभीत लोग हैं। हजारों लोग मंदिरों में सिर्फ इसलिए जाते हैं कि आसपास के लोग मंदिरों में जाते देखकर कहते हैं कि यह आदमी धार्मिक है। न उन्हें मंदिर में जाने से कोई प्रयोजन है, न उन्हें कोई अर्थ है, न मंदिर में उनके हृदय की कोई प्रार्थना गूँजती है। लेकिन आसपास के लोगों की आँखें कहती हैं कि जो आदमी मंदिर जाता है, वह धार्मिक है। बस वे मंदिर चले जाते हैं और लौट आते हैं। ऐसे झूठे आदमी धर्म की दुनिया में कैसे प्रवेश कर सकते हैं? लोग कहते हैं बस, यही उनके सारे जीवन की फिलासफी है कि लोग क्या कहते हैं।

लोग क्या कहते हैं? और अगर लोगों को ही सत्य मिल गया हो तो दुनिया दूसरी हो गई होती।

लोगों के हाथ में सत्य नहीं है। भीड़ के हाथ में सत्य की संपदा नहीं है। सत्य की संपदा हमेशा व्यक्ति को उपलब्ध होती है। भीड़ कभी एक साथ प्रभु के मंदिर में प्रविष्ट नहीं होती। एक-एक आदमी निजी एकांत में वहाँ प्रवेश करता है। तो जो आदमी भीड़ से बहुत भयभीत है वह आदमी इस चौथे मंदिर में प्रवेश नहीं कर कर सकता। चौथे द्वार को पार नहीं कर सकता। यह चौथा द्वार इसलिए बहुत कठिन है।

सारा जगत् कहता हो कि यह है सत्य और अगर आपको सत्य नहीं मालूम पड़ता तो कर दें उपेक्षा उस पूरे जगत् की, समस्त उस जनमत की—सारे जगत् के कहने की, सारे जगत् के कथन की। दुनिया के तीर्थंकर कहते हों, अवतार कहते हों, बुद्ध पुरुष कहते हों, पैगंबर कहते हों लेकिन आपका विवेक नहीं कहता है, तो कर दें उपेक्षा उस सारे सालों के इतिहास की और परंपरा की, तो ही आप सत्य के चौथे दरवाजे में प्रवेश कर सकते हैं, अन्यथा नहीं।

जो आदमी अपने विवेक को बेचकर और भयभीत होता है और कहता है, लोग कहते हैं इसलिए मानता हूँ, महावीर कहते हैं इसलिए मानता हूँ, कृष्ण कहते हैं इसलिए मानता हूँ, महात्मा कहते हैं इसलिए मानता हूँ, जरथुस्त्र कहते हैं इसलिए मानता हूँ; जो आदमी इस भाँति कहता है कि फलाँ कहता है इसलिए मानता हूँ, वह आदमी मानने की दुनिया में ही मर जाएगा। वह जानने के जगत् में प्रविष्ट नहीं कर सकता। जिसे जानने तक पहुँचना है, ज्ञान तक; उसे मानने की सारी-की-सारी परंपरा को छिन्न-भिन्न कर देना होगा। उसे बड़ी गहरी उपेक्षा की जरूरत है, वह कह सके सारी दुनिया को कि ठीक, मैं इस रास्ते पर जाता हूँ, जो यह अकेले का रास्ता है। वे आँख हटा सकें सारी दुनिया से कि लोग क्या कहते हैं, यह पब्लिक ओपीनियन, यह जनता का मत, यह लोगों की भीड़ का कहना, यह मनुष्य की सत्य की खोज में अदभुत रूप से खतरनाक बाधा है, यह एक बहुत बड़े पहाड़ की तरह खड़ा है।

उपेक्षा चाहिए बड़ी तीव्र और गहरी इंडिफरेंस चाहिए, टोटल इंडिफरेंस चाहिए। अगर ठीक से समझें तो इस तरह की उपेक्षा को जो उपलब्ध होता है, उसी को संन्यासी कहा जाता है। वही है, जिसने रिनन्सिएशन किया, जिसने संन्यास लिया।

संन्यासी का अर्थ क्या है? संन्यासी का अर्थ है, जिसने सत्य के अतिरिक्त अब सब कुछ मानना छोड़ दिया। जिसके लिए सत्य के अतिरिक्त अब और कुछ भी नहीं है। अब जो सत्य के पक्ष में है और शेष सबकी उपेक्षा है, जिसके मन में। इस चौथे द्वार पर पहुँचकर जो व्यक्ति खड़ा हो जाता है, संन्यास के द्वार पर खड़ा है। अगर भीतर प्रविष्ट हो गया है तो वह दुनिया में चला गया है, जहाँ संन्यासी जाते हैं। वह उस आकाश में उठ गया है, जब सब सीमाएँ टूट जाती हैं और व्यक्ति पार हो जाता है।

हिंदू हूँ मैं, मुसलमान हूँ मैं, ईसाई हूँ मैं, जैन हूँ मैं, पारसी हूँ मैं—जिनके

मन ऐसे बँधे हैं, वे इस चौथे दरवाजे पर पार नहीं हो सकते। आज तक कोई हिंदू उस दरवाजे के पार नहीं हुआ, कोई मुसलमान पार नहीं हुआ, कोई ईसाई पार नहीं हुआ। वे लोग पार हुए हैं, जो हिंदू, मुसलमान, ईसाई की बेवकूफी को दरवाजे के बाहर छोड़ देते हैं। जो पढ़ाया गया, सिखाया गया, जो मत, जो सिद्धांत, जो किताब पकड़ा दी गई बचपन से, उपेक्षा से छोड़ देते हैं उसे, कि ठीक! अब हम जाते हैं उस जगह, जहाँ हम जानना चाहते हैं और दूसरे के जानने का विश्वास करने को हम राजी नहीं हैं। है कठिन, है बहुत अरडुअस, बहुत कठिन, क्योंकि हमारे प्राणों की बहुत गहराई में, अनकांशस गहराई में, अचेतन गहराइयों में संस्कार हैं, कंडीशनिंग है। गहरे तक यह बात पैठी हुई है कि मैं हिंदू हूँ, गहरे तक यह बात पैठी हुई है कि गीता में सत्य है, गहरे तक यह बात पैठी हुई है कि बाइबिल परम-ग्रंथ है, गहरे तक यह पैठा हुआ है कि वेद अपौरुषेय है और भगवान का लिखा हुआ है। इस पर कब सोचा आपने, कब जाना आपने? कब आपको पता चला यह?

नहीं, भीड़ दोहरा रही है और आप चुपचाप भीड़ की बात दोहरा रहे हैं। आप कोई ग्रामोफोन के रेकार्ड हैं? आम आदमी हैं या क्या हैं? आपने जाना कि जो बाइबिल में है, वह सत्य है? नहीं, इसको हजार वर्ष से लेकर प्रचार किया जा रहा है, प्रोपेगेंडा किया जा रहा है कि बाइबिल में जो है, वह सत्य है और जो बाइबिल की बात मानकर चलेगा, वह प्रभु को उपलब्ध हो जाएगा, जो नहीं मानेगा वह नरक में सड़ेगा। सारी दुनिया में हजार तरह के लोग हजार तरह की बातें प्रोपेगेट कर रहे हैं; प्रोपेगेंडा कर रहे हैं; प्रचार कर रहे हैं।

इस चौथे दरवाजे पर सारे प्रचार के प्रति उपेक्षा जरूरी है और यह कहना जरूरी है कि चुप! बस, मैंने सुन लीं सारी बातें, अब मैं उस खोज को जाता हूँ, जहाँ मैं जाऊँगा। न ही मैं बाइबिल ले जाना चाहता अपने साथ, न गीता, न कुरान, न मैं कृष्ण का हाथ पकड़ना चाहता, न महावीर का, न बुद्ध का। हाथ मुझे भी दिए हैं भगवान ने, मैं अपने हाथ से खोज शुरू करता हूँ। नहीं पकडूँगा किसी का हाथ, नहीं किसी गुरु का, नहीं किसी शास्त्र का। नहीं मैं अकेले की उस यात्रा पर जाता हूँ, जहाँ परमात्मा प्रत्येक अकेले आदमी की प्रतीक्षा करता है, लेकिन इतनी उपेक्षा हमारे भीतर हो, हम गुरु को कह सकते हों कि क्षमा करो और मुझे अकेला जाने दो। अब नहीं मैं आपकी पूँछ पकड़कर चलूँगा। नहीं, अब कृपा करो! मुझे जाने दो। मैं अनुगमन नहीं करूँगा। अब मैं अपनी आँखों से, अपने पैरों से चलना चाहता हूँ।

इतनी उपेक्षा की तैयारी हो भीतर कि हम गुरुओं को नमस्कार कर सकें, नमस्कार तो रोज करते हैं, पूर्ण नमस्कार कि हम नमस्कार कर लेते हैं, अब हमें क्षमा कर दो, अब हम अपनी अकेली यात्रा पर जाने का साहस जुटाना चाहते हैं। बहुत अकेला है वह रास्ता, वहाँ कोई गुरु नहीं है। बहुत अकेला है वह रास्ता, वहाँ कोई हाथ पकड़कर ले जानेवाला नहीं है। बहुत अकेला है वह रास्ता, वहाँ प्रत्येक व्यक्ति को अत्यंत अकेले होने का साहस–करेज टु बी अलोन! उपेक्षा का अर्थ है, अकेले होने का साहस।

एक चर्च में एक पादरी अपने सुनने वालों को करेज क्या है, साहस क्या है? यह समझाता था। वह समझाता था कि साहस क्या है? उसने बताया कि अकेले होने का नाम साहस है। एक बच्चे ने पूछा, 'हमें थोड़ा किसी कहानी से समझा दें तो हम समझ जाएँ, किसी उदाहरण से। अकेले होने का क्या मतलब?'

तो उस पादरी ने कहा, कि समझ लो कि तुम तीस विद्यार्थी हो और पहाड़ पर गए हो, पिकनिक के लिए, सैर के लिए, यात्रा के लिए। दिन-भर तुमने यात्रा की। रात तुम थके-मांदे अपनी जगह ठहरने को आ गए हो। रात तुम इतने थक गए हो कि जल्दी से अपने बिस्तरे पर जाने की इच्छा है। तीस में से उन्तीस बच्चे अपने-अपने बिस्तरे पर कंबल ओढ़कर सो गए हैं, लेकिन एक बच्चा कोने में खड़े होकर प्रार्थना कर रहा है। रात्रि की अंतिम प्रार्थना। ठंडी रात, दिन-भर का थका हुआ बच्चा और उन्तीस बच्चों ने टेंपटेशन दिया उसको कि मैं भी सो जाऊँ। उन्तीस सो गए हैं अपने-अपने बिस्तरे में। नहीं, लेकिन वह उन्तीस को इंकार करता है और एक कोने में खड़े होकर अपनी रात्रि-कालीन प्रार्थना पूरी करता है। इसको, उस पादरी ने कहा, 'मैं कहता हूँ साहस।'

फिर एक महीने बाद वह पादरी उस चर्च में वापस आया और उसने कहा कि बच्चो! मैंने पहली बार तुम्हें साहस के संबंध में कुछ समझाया था। क्या तुम याद कर सकते हो कि मैंने क्या समझाया था?

जिस बच्चे से पूछा था उसने खड़े होकर कहा, 'आपने कहा था अकेले होने का साहस, यही अकेले होने की हिम्मत। बस यही धार्मिक आदमी का लक्षण है।

उस पादरी ने पूछा, कि मैंने तुम्हें एक घटना भी समझाई थी, क्या तुम दोहरा सकते हो?

उस बच्चे ने कहा, 'हमने उस घटना को और अच्छा बना लिया है।'

उस पादरी ने पूछा, 'मतलब?'

उसने कहा, कि समझ लीजिए कि आप तीस संन्यासी हैं, किसी पहाड़ पर गए हुए हैं। तीस पादरी पहाड़ पर गए हुए हैं। दिन-भर के थके-माँदे, भूखे आप रात को घूमकर अपने स्थान पर वापस लौटे हैं। उन्तीस पादरी ठंड में काँपते हुए एक-दूसरे के डर से प्रार्थना कर रहे हैं और एक कंबल के भीतर जाकर सो गया है। तो आपने समझाया था, यह है साहस, और निश्चित ही पहले वाले मामले से दूसरे वाले मामले में ज्यादा साहस की जरूरत है।

लेकिन धार्मिक आदमी को गहरे-से-गहरे साहस को, अकेले होने के साहस को जुटाना पड़ता है। और उपेक्षा का मैं मतलब यह लेता हूँ कि आप इतने आत्मविश्वास से भर गए हैं कि सारे जगत् के मत की उपेक्षा कर सकते हैं। और धार्मिक आदमी आत्मविश्वास से ही निर्मित होता है, सेल्फ-कॉन्फिडेंस से निर्मित होता है। जितना आत्मविश्वास से भरा व्यक्ति होगा, उतना ही सारे जगत् के प्रति, लोग क्या कहते हैं, परंपरा क्या कहती है, रूढ़ियाँ क्या कहती हैं, शास्त्र क्या कहते हैं, गुरु क्या कहते हैं; इस सबके प्रति भी उपेक्षा कर सकता है। जितना आत्मविश्वास कम होगा, उतनी ही उपेक्षा जुटानी मुश्किल है। आत्मविश्वास बिलकुल नहीं होगा तो वह आदमी कभी भी उपेक्षा का द्वार पार नहीं हो सकता है।

धार्मिक मुनष्य का आत्मविश्वास ही सहारा है, लेकिन क्या आपने सोचा कि जब आप जनमत की उपेक्षा नहीं कर पाते हैं तो आप अपने आत्मविश्वास की हत्या कर रहे हैं, आप अपने बल को तोड़ रहे हैं। जब भी झुकते हैं असत्य के लिए, मत के लिए, भीड़ के लिए, तभी आप परमात्मा की विपरीत दिशा में यात्रा कर रहे हैं।

नहीं, जो आपका विवेक कहता है उसके अतिरिक्त सारी चीजें उपेक्षा कर देने जैसी हैं। लेकिन हमारे ऊपर तो हजारों साल में ज्ञान थोपा गया है। बड़े मजे की बात है कि ज्ञान भी जैसे थोपा जा सकता है किसी के ऊपर। ज्ञान कोई वस्त्र तो नहीं है कि हम पहन लें और ज्ञानी हो जाएँ। लेकिन आज तक पृथ्वी पर यही हुआ है। ज्ञान को भी हमने वस्त्रों की तरह मान रखा है। उसको हम पहन लेते हैं और ज्ञानी हो जाते हैं। किताबें पढ़ लेते हैं और ज्ञानी हो जाते हैं। हजार साल की जो थाती है उसको पकड़ लेते हैं और ज्ञानी हो जाते हैं; जैसे कि ज्ञान भी बाहर से इकट्ठा किया जा सकता है?

नहीं, ज्ञान तो आता है भीतर से, लेकिन जो बाहर के ज्ञान को पकड़ लेते हैं उनके भीतर कभी नहीं आ पाता। ज्ञान तो आता है वहाँ से, जहाँ हमारे प्राणों का मूल स्रोत है, लेकिन हम ज्ञान खोजते हैं किताबों में, शास्त्रों में, शब्दों में। उस ज्ञान को जो पकड़कर बैठ जाते हैं वे पंडित हो जाते हैं, ज्ञानी कभी नहीं हो पाते। पंडित और ज्ञानी सदा के दुश्मन हैं। पंडित और ज्ञानी में कभी कोई मेल नहीं रहा, आगे भी कभी होने की संभावना नहीं है। पंडित, ज्ञानी होने का धोखा है। पंडित है डिसेप्शन, पंडित है एक हिपोक्रेसी, एक पाखंड, उसे कुछ भी पता नहीं है, लेकिन उसने कुछ बातें पता कर ली हैं और उन बातों को दोहराए चला जाता है, और समझता है कि मुझे पता हैं।

एक आदमी प्रेम के संबंध में किताब पढ़ ले और कहने लगे कि मुझे प्रेम का पता है, क्योंकि मैंने प्रेम के संबंध में सारी किताबें पढ़ी हैं, तो हम कहेंगे कि वह प्रेम का पंडित है, लेकिन प्रेमी नहीं है। प्रेम से वह कभी गुजरा ही नहीं। किताबें पढ़ने से फुर्सत मिलती तो प्रेम भी करता। प्रेम से गुजरने का मौका नहीं आया, लेकिन किताबें उसने प्रेम के संबंध में सारी पढ़ ली हैं।

जैसे कोई तैरने के संबंध में शास्त्र पढ़ ले, आप भूल से उसको समुद्र में धक्का दे दें, तो जो उसकी गति हो जाएगी सत्य के सागर में, पंडित की भी वही गति हो जाती है। किताब उसने पढ़ी थी तैरने के बाबत। वह समझा सकता था कि तैरने की कला क्या है, तैरने की टेक्नीक क्या है, वह समझा सकता था, तैरने पर भाषण दे सकता था, वह तैरने पर पी-एच.डी. लिख सकता था, लेकिन तैर नहीं सकता था।

तैरना एक बात है, तैरने के संबंध में जान लेना दूसरी बात है। ज्ञान एक बात है, ज्ञान के संबंध में जान लेना दूसरी बात है। परमात्मा को जानना एक बात है, और परमात्मा के संबंध में जानना बिलकुल दूसरी बात है।

जिन लोगों को यह चौथा द्वार पार करना है, उन्हें सीखे हुए ज्ञान के प्रति उपेक्षा कर देनी पड़ेगी। पहली उपेक्षा भीड़ के प्रति, मत के प्रति आवश्यक है। दूसरी उपेक्षा परंपरा से मिले हुए ज्ञान के प्रति जरूरी है। वह जो ज्ञान हमने सीख लिया है, जो कल्टीवेटेड है। बचपन से ही हमें सिखाई जा रही हैं बातें। कोई हमसे पूछता तो नहीं कि तुम कुछ जानते हो; लेकिन सिखा हमें सभी लोग रहे हैं और बचपन से ही आदमी सीखना शुरू कर देता है। तोते की तरह सारी बातें उसे मालूम हो जाती हैं। उससे पूछो, परमात्मा है? वह कहेगा, है। उससे पूछो आत्मा है? वह कहेगा, है। लड़ने-झगड़ने को राजी

हो जाएगा अगर कोई कह दे कि परमात्मा नहीं है, लेकिन कोई पूछता नहीं कि तुझे पता कहाँ से चल गया है परमात्मा का। यह तुमने जाना कहाँ से कि आत्मा है? वह कहेगा, मेरे पिताजी ने ऐसा कहा था और पिताजी भी कहेंगे कि मेरे पिताजी ने ऐसा कहा और उनके पिताजी भी यही कहेंगे; और पिताजी के पिताजी को आप पूछते चले जाएँ तो आप पाएँगे कि उनके पिताजी ने ऐसा कहा था।

कहीं ज्ञान इस तरह ट्रांसफर होता है? यह कोई मकान है, जमीन-जायदाद है?

बुद्ध एक बार एक जंगल में बैठे हुए थे और एकदम जंगल में जैसे एक भूकंप आ गया। सारे जानवर बुद्ध के सामने भागते हुए निकले। थोड़ी देर तो वह बैठे देखते रहे कि मामला क्या है? लेकिन जब उन्हें दिखा कि पूरे जंगल के पशु-पक्षी सभी भागे जा रहे हैं एक दिशा में तो उन्हें भी थोड़ी हैरानी हुई। उन्होंने एक हिरण को पकड़कर पूछा कि बात क्या है, कहाँ भागे जाते हो? उसने कहा कि छोड़िए, इधर रुकने की फुर्सत नहीं है। आपको पता नहीं, आखिरी दिन आ गया है दुनिया का, सृष्टि नष्ट होने के करीब है। महाशय! प्रलय आ रहा है।

लेकिन बुद्ध ने पूछा कि तुझे कहा किसने? उसने कहा, वह जो लोग आगे जा रहे हैं। आगे वाले के पीछे बुद्ध भागकर पहुँचे, उन्हें रोका, पकड़ा, पूछा कि जा कहाँ रहे हो? शेर भी भागे जा रहे हैं, हाथी भी भागे जा रहे हैं। जाते कहाँ हो मित्र? उन्होंने कहा कि आपको पता नहीं महाशय! प्रलय आ रहा है। लेकिन बताया किसने? उन्होंने कहा कि वे लोग, जो आगे जा रहे हैं। बुद्ध भागते-भागते बहुत परेशान हो गए, क्योंकि जो भी मिला उसने कहा, जो लोग आगे जा रहे हैं।

आखिर में सबसे आखिर में खरगोशों की एक भीड़ मिली। उनसे बुद्ध ने पूछा, दोस्तो! कहाँ भागे जा रहे हो? उनकी तो हालत समझ सकते हैं। जब शेर और हाथी भाग रहे हैं तो बेचारे खरगोश! उन खरगोशों ने तो रुकने की भी हिम्मत नहीं की। भागते-भागते चिल्लाया कि वह जो आगे है आगे, वह खरगोश था उनका नेता। बुद्ध ने बामुश्किल उसको पकड़ा और पूछा कि दोस्त! कहाँ भाग रहे हो? उसके आगे अब कोई भी नहीं था। उसने कहा, कहाँ भाग रहा हूँ? महाप्रलय होने वाली है। किसने तुझे कहा? उसने कहा, किसी ने कहा नहीं, ऐसा मुझे अनुभव हुआ। अनुभव तुझे हुआ?

मैं एक वृक्ष के नीचे सो रहा था, दोपहर ठंडी-ठंडी हवाएँ चल रही थीं। छाया में सोया हुआ था, वह खरगोश कहने लगा, फिर एकदम से कोई जोर की आवाज हुई और मेरी माँ ने मुझसे बचपन में कहा था, कि जब ऐसी आवाज होती है तो महाप्रलय आ जाता है। बुद्ध ने कहा उस खरगोश को, 'पागल किस वृक्ष के नीचे बैठा था?' वह कहने लगा, 'आमों का वृक्ष था।' बुद्ध ने कहा, 'कोई आम तो नहीं गिरा था?' उसने कहा, 'यह भी हो सकता है।' बेचारा खरगोश! आम भी काफी है गिर जाए तो। बुद्ध उसे लेकर वृक्ष के पास लौटे। वहाँ तो काफी आम गिरे थे। वह खरगोश कहने लगा, 'जरूर मैं इस जगह सोया हुआ था। ये आम ही गिरे होंगे। लेकिन मेरी माँ ने मुझसे कहा था कि जब महाप्रलय होगी, बड़ी जोर से आवाज होगी। आवाज बड़ी जोर की थी।' सारा जंगल भाग रहा था एक खरगोश के कहने से।

सारी दुनिया भाग रही है करीब-करीब ऐसे ही। हम भी अगर इस भाँति भागते हैं इस जीवन में, एक आदमी खबर कर देता है, हिंदू-मुस्लिम दंगा हो गया, फिर कोई भी नहीं पूछता कि किस खरगोश ने यह हरकत शुरू की है। फिर गाँव का मौलवी, पंडित, संन्यासी, धार्मिक, पूजा-पुजारी, माला फेरने वाला, जनेऊवाला, तिलक-छापेवाले सब भागने लगते हैं। हिंदू-मुसलमान दंगा हो गया।

सारी मनुष्य-जाति अत्यंत मूढ़ता से भरी हुई है और इस मूढ़ता की बुनियाद में एक बात है- वह यह कि हम दिए हुए ज्ञान को पकड़कर तृप्त हो जाते हैं। उसे स्वीकार कर लेते हैं। जो आदमी बाहर से आए हुए ज्ञान से चुपचाप राजी हो जाता है, उस आदमी के भीतर वह घटना पैदा नहीं होती कि मेरा अपना ज्ञान पैदा हो सके। अपना ज्ञान पैदा होता है उस वैक्यूम, उस शून्य में जब आप बाहर के ज्ञान को इनकार कर देते हैं। कह देते हैं, नहीं, हमारे द्वार पर नहीं है प्रवेश इस ज्ञान का, जो दूसरे का है। जो दूसरे का है, वह हमारे लिए अज्ञान के ही बराबर है। अज्ञान से भी ज्यादा खतरनाक है। अज्ञान कम-से-कम अपना तो है। यह ज्ञान है दूसरे का। जो आदमी दूसरे के ज्ञान को कह देता है कि नहीं, अज्ञान है मेरा तो मेरे ज्ञान से ही टूट सकता है। इस गणित को बहुत गहराई में समझ लेना जरूरी है।

अज्ञान है मेरा तो मेरे ज्ञान से ही टूट सकता है, अज्ञान अगर दूसरे का होता तो दूसरे के ज्ञान से भी टूट सकता था। लेकिन अज्ञान है मेरा और ज्ञान है महावीर का, ज्ञान है बुद्ध का, ज्ञान है कृष्ण का। नहीं, किसी दूसरे के ज्ञान से आपका अज्ञान नहीं टूट सकता है-असंभव है! यह कभी भी संभव नहीं

था और कभी संभव नहीं होगा। यह जीवन के शाश्वत नियमों में एक नियम है कि मेरा अज्ञान मेरे ज्ञान से टूटेगा, किसी दूसरे के ज्ञान से नहीं। इसलिए दूसरे के ज्ञान के प्रति उपेक्षा चाहिए, इंडिफरेंस चाहिए। उस चौथे दरवाजे पर दूसरे से इकट्ठा किया सारा ज्ञान छोड़ देना पड़ता है। बड़ी पीड़ा होगी। ज्ञान छोड़ने में बड़ी पीड़ा होती है, क्योंकि ज्ञान छोड़ने का मतलब है अज्ञानी बनना। ज्ञान बहुत रस देता है। दो-चार गीता के श्लोक कंठस्थ हैं, दो-चार उपनिषद् के महान् वाक्य याद हैं और बस, फिर ज्ञान हो गया। फिर और क्या कमी रह गई ज्ञान में आपके? यह सिर्फ अहंकार की तृप्ति करता है, अज्ञान को तोड़ता नहीं। इसीलिए तो ज्ञानी इतने अहंकारी दिखाई पड़ते हैं। ये पंडित, तथाकथित ज्ञानी, इससे ज्यादा अहंकारी मनुष्य खोजना मुश्किल है-- इससे ज्यादा इगोइस्ट! और ये ही तथाकथित पंडित दुनिया को एक नहीं होने देते। हिंदू-मुसलमान का झगड़ा थोड़े ही है, मुसलमान पंडित और हिंदू पंडित का झगड़ा है। झगड़े सब पंडितों के हैं और जब तक दुनिया में पंडितों का आदर है, झगड़े नहीं मिट सकते। तो सारे पांडित्य को छोड़ देना पड़ता है उस द्वार पर, इस सारे अहंकार को कि 'मैं जानता हूँ।'

किसे जानते हैं हम, क्या जानते हैं हम? एक पत्थर को भी हम नहीं जानते, राह के किनारे के पड़े हुए पत्थर को और दावा करते हैं परमात्मा को जानने का। हद अहंकार है, हद दंभ है। एक पत्थर भी मैं उठा लूँ हाथ में और पूछूँ अपने से कि क्या है यह, तो उत्तर नहीं आता। पत्थर बेबूझ पहेली की तरह हाथ पर खड़ा रह जाता है। उलटाऊँ, चारों तरफ देखूँ, खोजूँ और बीनूं लेकिन कहीं कोई प्रवेश नहीं मिलता। पत्थर बेबूझ पहेली है, एक मिस्ट्री है, एक रहस्य है। एक छोटा-सा पत्थर भी एक रहस्य है। समुद्र की आती हुई एक छोटी-सी लहर भी एक रहस्य है। शायद वह उतनी ही बड़ा रहस्य है, जितना बड़ा परमात्मा, क्योंकि वह लहर भी परमात्मा का एक हिस्सा है। एक पत्थर उतना ही बड़ा रहस्य है, जितना परमात्मा, क्योंकि अगर परमात्मा कहीं है तो इस पत्थर में भी है। एक पत्थर का भी हमें पता नहीं है और अहंकार इतना है कि हम कहते हैं कि हमें परमात्मा का पता है।

नहीं, इस अहंकार को लेकर प्रवेश नहीं पा सकते हैं चौथे द्वार पर। यहाँ इस सारे पागलपन, इस सारे ज्ञान के प्रति उपेक्षा दिखानी पड़ेगी, झाड़कर रख देना होगा जैसे साँप अपनी केंचुल छोड़कर आगे बढ़ जाता है, ऐसे ही सारे ज्ञान को छोड़ देना चाहिए। अज्ञानी बन जाना पड़ेगा, इग्नोरेंट। अद्‌भुत है

अज्ञान भी। बहुत इनोसेंस है वहाँ, बहुत निर्दोष भाव है वहाँ।

सुकरात हो गया था बूढ़ा। लोग उससे कहते थे, तुम महान ज्ञानी हो। सुकरात कहता था, कैसे पागल हो तुम? जब मैं नहीं जानता था तो मैं भी समझता था कि मैं जानता हूँ। जबसे मैंने जाना, तबसे मैं समझ गया कि मैं कुछ भी नहीं जानता हूँ। सुकरात कहता था कि जब नहीं जानता था मैं, तब सोचता था कि मैं जानता हूँ। जबसे जाना तबसे यह भी जाना कि नहीं जानता हूँ। उस द्वार पर प्रवेश पाना है तो जानने का सारा भ्रम छोड़ देना पड़ेगा। सच में जानते हैं कुछ हम? क्या जानते हैं? क्या जानते हैं हम? अपने को भी नहीं जानते तो और हम क्या जान सकते हैं? लेकिन भ्रम बहुत है हमें जानने का।

अमरीका के एक छोटे-से गाँव में एक दिन एक सुबह एक घटना घट गई। एक छोटा-सा गाँव, गाँव का एक छोटा-सा स्कूल। उस स्कूल में प्रदर्शनी चलती है, वर्ष के अंत की। बच्चों ने बहुत खेल-खिलौने बनाए हैं। उस गाँव में एक बूढ़ा भी ठहरा हुआ है। अनजान, अजनबी, घूमने चला आया था वह। वह उस स्कूल में पहुँच गया और बच्चों के खिलौने देखने लगा। उन बच्चों ने बिजली के खिलौने भी बनाए हैं, बिजली की मोटर है, बिजली का पानी का जहाज है। बच्चे समझा रहे हैं, गाँव के ग्रामीण देख रहे हैं। उन्हीं में एक नया बूढ़ा भी है, जो ग्रामीण तो नहीं मालूम पड़ता, वह भी बड़े गौर से देखता है। बच्चे उसे भी समझा रहे हैं। वे समझा रहे हैं कि बिजली से चलते हैं खिलौने, इलैक्ट्रिसिटी से चलते हैं, विद्युत् से चलते हैं।

वह बूढ़ा पूछने लगा, तुम बता सकते हो इलैक्ट्रिसिटी क्या है, व्हाट इज इलैक्ट्रिसिटी?

बच्चे कहने लगे, बहुत मुश्किल है। यह तो हमें पता नहीं। हमने तो सिर्फ ये खिलौने बना लिए हैं, हमारा जो शिक्षक है, हम उसे बुला लाते हैं, वह ग्रेज्युएट है विज्ञान का, वह बता सकेगा और वह बी.एस-सी है। वह उस शिक्षक को पकड़ लाया है।

वह बूढ़ा पूछने लगा कि मैं जानना चाहता हूँ कि विद्युत् क्या है? वह भी कहने लगा कि विद्युत् ऐसे काम करती है।

उसने कहा, वह मैं नहीं पूछता, हाऊ इलैक्ट्रिसिटी वर्क्स? मैं पूछता हूँ, व्हाट इज इलैक्ट्रिसिटी, बिजली है क्या? यह नहीं पूछता, कैसे काम करती है?

उस आदमी ने सोचा था कि गाँव का बूढ़ा है, यह क्या फर्क कर सकेगा क्या और कैसे में! लेकिन उस बूढ़े ने कहा, 'मैं वह नहीं पूछता कैसे

बिजली काम करती है, मैं पूछता हूँ, क्या है?'

वह विज्ञान का स्नातक घबरा गया, क्योंकि सिर्फ कैसे का उत्तर दे पाता है, क्या का कोई उत्तर नहीं दे पाता। विज्ञान बता सकता है–हाऊ, व्हाई, क्यों, कैसे, लेकिन विज्ञान नहीं कह सकता– व्हाट, क्या? क्या का कोई उत्तर नहीं है। इस बूढ़े ने तो एक ऐसा मामला खड़ा कर दिया, जो कि मुश्किल से बड़े-बड़े विचारक खड़ा कर सकते हैं।

उसने कहा कि इससे नहीं चलेगा। मैं पूछता हूँ क्या है बिजली? उस प्राध्यापक ने कहा, 'क्षमा करिए, आपने बड़ी मुश्किल में डाल दिया है। वह तो बताना बड़ा मुश्किल है।'

वह बूढ़ा हँसने लगा। उसने कहा कि, 'छोड़ो, क्या के संबंध में बच्चे और बूढ़े सब बराबर हैं। तुम्हारे स्कूल के बच्चे भी उतना ही जानते हैं बिजली के बाबत, जितना तुम। क्या के मामले में वे भी नहीं जानते, तुम भी नहीं जानते और तुम चिंता मत करो, शायद तुम्हें पता नहीं, मैं कौन हूँ! मैं हूँ एडिसन।' वह था अमरीका का सबसे बड़ा वैज्ञानिक, जिसने एक हजार आविष्कार किए। जिसने बिजली का आविष्कार किया, जिसने रेडियो बनाया। एक आदमी ने एक हजार खोजें कीं। ऐसा कोई दूसरा आदमी दुनिया में कभी नहीं हुआ। वह था एडिसन। वह कहने लगा, 'मैं हूँ एडिसन। क्षमा करना, मैं भी नहीं जानता, व्हाट इज इलैक्ट्रिसिटी। मुझे भी पता नहीं है कि यह बिजली क्या है?' और वह कहने लगा, 'तुम घबराओ मत, चिंतित मत हो जाओ। आदमी कभी नहीं जान सकेगा कि बिजली क्या है? वह जो क्या, वह जो व्हाट, वहाँ तो सब ज्ञान मिट जाता है।

और परमात्मा का मतलब क्या है? परमात्मा का मतलब है–व्हाट, क्या! वह है अल्टीमेट व्हाट, वह है अंतिम क्वेश्चन मार्क, वह है आखिरी प्रश्न! वहाँ आप ज्ञान लेकर जाइएगा भीतर? वह अंतिम प्रश्नचिह्न है, वह है चरम प्रश्न, आखिरी प्रश्न जीवन के सत्यों का। वहाँ आप ज्ञान लेकर जाइएगा? ये किताबें सिर पर रखकर लेकर जाइएगा कि हमको गीता लिए भीतर घुस जाने दो कि हम कुरान लिए हैं। यह बड़ी पवित्र किताब है। हम वेद का बोझ ढो रहे हैं, इतनी दूरी से लाए हैं इतनी मोटी किताब। हमको भीतर ले जाने दें।

उस द्वार पर लिखा है, नहीं, ज्ञान भीतर नहीं जा सकता। आप भीतर जा सकते हैं, ज्ञान बाहर छोड़ दें। ज्ञान के प्रति एक इंडिफरेंस, एक उपेक्षा करनी पड़ती है, तब आदमी परम ज्ञान में प्रविष्ट होता है। यह बात बहुत

उल्टी मालूम होगी। ज्ञान जो छोड़ देते हैं, उन्हें ज्ञान उपलब्ध होता है। जो ज्ञान को पकड़े बैठा है वह अज्ञानी ही रह जाता है, इसलिए उपलब्ध नहीं होता है।

एक बात : भीड़ क्या कहती है उसके प्रति उपेक्षा। परंपराएँ क्या ज्ञान देती हैं उसके प्रति उपेक्षा। और तीसरी अंतिम उपेक्षा है : वह उपेक्षा है फल की, भविष्य की उपेक्षा। क्या मिलेगा मुझे, कब मिलेगा मुझे, इसकी बिलकुल उपेक्षा चाहिए।

एक आदमी ध्यान के लिए बैठता है, पंद्रह मिनट आँख बंद किए बैठा रहता है। फिर सोचता है अभी तक कुछ भी नहीं मिला है, बड़ी देर लगाई, अब तक तो आ जाना चाहिए था भगवान। हम पंद्रह मिनट से बैठे हुए हैं, मैं कौन हूँ? मैं कौन हूँ? कर रहे हैं और आपको अभी तक कुछ पता नहीं। एक-दो बार करता है फिर कहता है– छोड़ो। इतनी जल्दी, इतना सस्ता! आपने बड़ी कृपा की कि पंद्रह मिनट बैठकर कहने लगे कि 'मैं कौन हूँ, मैं कौन हूँ।' भगवान पर बड़ा ऋण किया। अपने खाते-बही में लिख लेना कि हमने इतनी देर यह किया था। इतना सस्ता, इतना बिना कीमत, इतनी जल्दी! क्या हम मजाक समझते हैं जिंदगी को? हम मजाक ही समझते हैं शायद।

नहीं, फल के प्रति बिलकुल उपेक्षा चाहिए, प्रवेश हो सकता है। मिलेगा, यह नहीं मिलेगा, नहीं चिंता जरा भी। हम तो प्रार्थना किए ही चले जाएँगे, हम तो प्यास का निवेदन करते ही रहेंगे, हम तो पुकार दिए ही चले जाएँगे, मिलो या न मिलो। नहीं फिक्र इसकी कि आ जाए, नहीं चिंता इसकी कि द्वार खुल जाए, हम तो द्वार पर धक्के दिए ही चले जाएँगे। हम ठोंकते ही रहेंगे द्वार को, हम थकेंगे नहीं। हमें तुम्हारे उत्तर की प्रतीक्षा भी नहीं, हम कोई जल्दी में भी नहीं हैं, हम अनंतकाल तक प्रतीक्षा कर सकते हैं।

प्रेम हमेशा प्रतीक्षा करने को तैयार हैं। सिर्फ सौदेबाज प्रतीक्षा करने को तैयार नहीं होता। वह कहता है जल्दी निपटाइए। प्रेम तो प्रतीक्षा करने को राजी है अनंतकाल तक।

सुनी है मजनू की कहानी। लैला को उसका पिता लेकर भाग गया है। प्रेमियों से ये पिता बहुत ही डरते हैं। वह एकदम भाग गया है लैला को लेकर। मजनू को खबर आई कि वह भागा हुआ गया है। एक गाँव में पड़ाव पड़ा है लैला के पिता का। राह के एक किनारे छिपकर वह प्रतीक्षा करता है। लैला वहाँ से गुजरी तो उसने पूछा, कब तक लौटोगी? कब तक आओगी? लैला तो बोल न सकी, पिता पास था और लोग पास थे। उसने हाथ से इशारा

किया, मैं आऊँगी, जरूर आऊँगी। जिस वृक्ष के नीचे उसने वायदा किया था, मजनू उसी वृक्ष के नीचे टिककर खड़ा हो गया।

कहते हैं, बारह वर्ष बीत गए और मजनू वहाँ से नहीं हिला, वह खड़ा ही रहा उसी वृक्ष से टिका हुआ। कहते हैं धीरे-धीरे उस वृक्ष की छाल और मजनू की खाल जुड़ गई। कहते हैं उस वृक्ष का रस उस मजनू के प्राणों और शरीर में बहने लगा। कहते हैं उसके हाथ-पैर से भी शाखाएँ निकल आई और पत्ते छा गए।

और बारह वर्ष बाद लैला उस रास्ते से वापस निकली। उसने वहाँ पूछा लोगों से कि मजनू नाम का एक युवक था, वह दिखाई नहीं पड़ता, वह कहाँ है? लोगों ने कहा, कैसा मजनू? बारह साल पहले हुआ करता था। बारह साल से तो वह दिखाई नहीं पड़ा इस गाँव में। लेकिन हाँ, कभी-कभी रात के सन्नाटे में उस जंगल से आवाज आती है—लैला, लैला! जंगल में आवाज? लेकिन दिन में हम जाते हैं, वहाँ कोई नहीं दिखाई पड़ता। उस जंगल में कभी कोई आदमी दिखाई नहीं पड़ता। लेकिन कभी-कभी उस जंगल से आवाज आती है। लोग तो डरने लगे उस रास्ते से निकलने में। एक वृक्ष के नीचे ऐसा मालूम पड़ता है कि जैसे कोई है, और कोई है भी नहीं। और कभी वहाँ से एकदम आवाज आने लगती है—लैला, लैला।

वह लैला भागी हुई वहाँ गई। वहाँ तो कहीं मजनू दिखाई नहीं पड़ा, लेकिन एक वृक्ष से आवाज आ रही थी। वह उस के पास गई। मजनू अब वहाँ नहीं था। वह वृक्ष हो गया था, लेकिन उस वृक्ष से आवाज आती थी, लैला, लैला। वह सिर पीट-पीटकर उस वृक्ष पर रोने लगी और कहने लगी, पागल। तू उस वृक्ष से हट क्यों नहीं गया। वह वृक्ष कहने लगा, प्रतीक्षा कहीं हटती है? और परमात्मा के खोजी पंद्रह मिनट में हट जाते हैं, और फिर यह सोचते हुए लौटते हैं कि यह जरा मुश्किल है, शायद यह नहीं हो सकेगा।

अकबर एक रात एक जंगल में ठहरा हुआ था। शिकार को गया था और रास्ता भटक गया था। एक वृक्ष के नीचे बैठकर अपनी साँझ की नमाज पढ़ता था। झुका है नीचे, नमाज पढ़ता है। एक औरत उसके पास से भागी हुई निकल गई है। उसके नमाज के वस्त्र पर पैर रखती हुई, उसको धक्का भी लग गया है। अकबर ने चौंककर धीरे-से आँख खोलकर देखा, जैसे पूजा-प्रार्थना करने वाले बीच-बीच में आँख खोलकर देख लेते हैं कि कौन है, क्या बात है? उनकी आँखें तैयार ही रहती हैं कि जरा मौका है और थोड़ी-सी आँख

खोल देते हैं, कि मामला क्या है?

फिर उसने जल्दी से आँखें बंद करके नमाज शुरू कर दी। कोई बदतमीज औरत, इसको यह भी पता नहीं कि यह आदमी नमाज पढ़ता है। लेकिन उसने जल्दी-जल्दी नमाज पूरी की, क्योंकि यह कोई साधारण बात न थी कि देश का बादशाह नमाज पढ़े और कोई साधारण-सी ग्रामीण औरत उसे धक्का देती हुई निकल जाए। यह बहुत अशिष्ट था। उसने जल्दी से नमाज पूरी की, घोड़े पर सवार हुआ, भागा, औरत लौटती थी रास्ते पर। वापस उसने रोका और कहा, 'बदतमीज औरत! अशिष्ट! तुझे इतना भी पता नहीं कि कोई प्रार्थना कर रहा है, नमाज पढ़ रहा है? तू धक्के देती हुई निकली!' उसने कहा, 'कैसा धक्का? कहाँ थे आप?' उसने कहा, 'मैं नमाज पढ़ता था रास्ते के किनारे।'

वह स्त्री कहने लगी कि बड़ा आश्चर्य, मुझे तो पता ही नहीं। क्योंकि धक्का अगर मेरा आपको लगा होगा तो आपका भी मेरे को लगा होगा। यह कोई एक तरफा तो लग नहीं सकता। लेकिन मुझे पता नहीं कि आपका धक्का मुझे कब लगा? असल बात यह है कि मैं अपने प्रेमी से मिलने जा रही थी बहुत दिन बाद, वह लौटने को था तो मैं भागी हुई निकल गई थी कि बीच रास्ते में उसका स्वागत करूँ। तो मुझे पता नहीं कि रास्ते में कौन नमाज पढ़ता था, कौन नहीं? मुझे खयाल ही नहीं था कुछ, मुझे तो उसकी प्रतीक्षा थी।

लेकिन क्या मैं पूछ सकती हूँ सम्राट्, फिर आप तो परमात्मा के दरवाजे पर सिर टेके लेटे हुए थे। आपको मेरा धक्का कैसे पता चल गया? मैं एक साधारण-से प्रेमी के लिए भागकर जाती थी और मुझे आपका धक्का पता नहीं चला। और परम प्रेमी के लिए, प्रीतम के लिए, वह जो बिलव्हैड है, उसके लिए आप चेष्टा किए थे, सिर झुकाए बैठे थे; आपको मेरे धक्के का पता चल गया कि नाचीज औरत का है।

सम्राट् अकबर ने अपनी जीवनी में लिखवाया है कि मुझे पहली दफा पता चला कि कैसी है मेरी प्रार्थना, कैसी है मेरी प्रतीक्षा, क्या कर रहा हूँ, यह अपने को धोखा दे रहा हूँ। एक साधारण प्रीतम, एक साधारण प्रेमी की भी प्यास इतनी गहरी पकड़ लेती है प्राणों को, तो परमात्मा को कितनी गहरी प्यास पकड़ेगी, जब वह उपलब्ध हो सकेगा, यह सोचना जरूरी है।

तो तीसरी बात : फल के प्रति उपेक्षा, जल्दी के प्रति, अधैर्य के प्रति, इंपेशेंस के प्रति उपेक्षा। अभी हो जाए, अभी हो जाए। नहीं, नहीं, कोई चिंता

नहीं कि जन्म-जन्मों में न हो, लेकिन हम पुकारते रहेंगे, हम पुकारते ही रहेंगे, हम प्रार्थना करते ही रहेंगे। हम प्यास जगाए रहेंगे, हम पूछते ही चले जाएँगे, हम पूछते ही चले जाएँगे। अमर जीवन और जगत् में कहीं भी कोई प्राणों का स्रोत है तो क्या इतनी प्रार्थना, इतनी पुकार, इतनी प्यास का कोई उत्तर न होगा? अगर कहीं भी कोई जीवन का सत्य है तो क्या इतनी आतुरता में बुलाई गई आवाज खाली ही लौट आएगी?

नहीं, सारी अपेक्षाओं, एक्सपेक्टेशंस को– यह हो जाए, यह हो जाए, इन सबको एकदम छोड़ देना होगा। यह है चौथा द्वार। इस चौथे द्वार में जब प्रवेश हो जाता है, उसके लिए फिर कोई द्वार नहीं बचता, कोई मार्ग नहीं बचता, फिर परमात्मा उसे खींच लेता है।

एक आदमी छत पर खड़ा है। जब तक खड़ा है तब तक ठीक, छत से कूद पड़े फिर उसे गिरने के लिए कुछ भी नहीं करना पड़ता है। जमीन का ग्रेविटेशन खींच लेता है, जमीन का गुरुत्वाकर्षण खींच लेता है। छत से गिर जाने के बाद आदमी यह नहीं पूछता है कि अब मैं जमीन पर पहुँचने के लिए क्या करूँ? नहीं, यह पूछने का वक्त ही नहीं मिलता है, जमीन खींच लेती है। चौथे दरवाजे पर आदमी को कुछ करना पड़ता है? चौथे दरवाजे के बाद परमात्मा का ग्रेविटेशन है, चौथे दरवाजे के बाद परमात्मा का गुरुत्वाकर्षण है। वह खींच लेता है। उस गुरुत्वाकर्षण का नाम ही ग्रेस, प्रसाद, कृपा है।

चार दरवाजे हमें पार करने पड़ते हैं। इसके बाद हमें कुछ भी नहीं करना पड़ता है। हम खींच लिए जाते हैं, हम बुला लिए जाते हैं, हम पुकार लिए जाते हैं। छत हमें छोड़ देनी पड़ती है, फिर तो पृथ्वी खींच लेती है, फिर हम छत ही नहीं छोड़ें तो पृथ्वी भी कुछ नहीं कर सकती। इस चौथे दरवाजे के बाद क्या होगा, यह कहना कठिन है। बस यहाँ तक आदमी की यात्रा पूरी हो जाती है, उसके बाद परमात्मा की यात्रा शुरू होती है। फिर हमारे हाथ में कुछ भी नहीं है, फिर कुछ भी नहीं है। फिर कुछ होता है, फिर कुछ अपने आप होता है।

और स्मरण रहे अंतिम बात : एक कदम भी जो परमात्मा की ओर जाता है, आश्वासन है सदा का कि परमात्मा उसकी ओर हजार कदम चलने को हमेशा तैयार है।

एक कदम हम और शेष सब परमात्मा पूरा कर देता है; लेकिन हम ऐसे अभागे हैं कि एक कदम भी हम चलने को तैयार नहीं हैं। इन तीन दिनों में ये थोड़ी-सी बातें मैंने कहीं। इसलिए नहीं कि मेरी बातें सुनकर आप

विचार में लगेंगे, बल्कि इसलिए कि इस बात से कोई धक्का आपको लगेगा और कोई यात्रा शुरू हो जाएगी। अनंत है यात्रा। धन्य हैं वे लोग, जो उसी यात्रा पर बुला लिए जाते हैं। धन्य हैं वे लोग, जिनकी आँखें प्रभु की ओर उठ जाती हैं।

अब हम रात्रि के ध्यान के लिए बैठेंगे और फिर विदा हो जाएँगे। चुपचाप शांति से बैठ जाएँ और शरीर को ढीला छोड़ दें, आराम से बैठ जाएँ। आँखें बंद करनी हो तो बंद कर लें, आधी खोलनी हों तो खोल लें। अब मैं सुझाव दूँगा। मेरे सुझाव के साथ अनुभव करें। शरीर शिथिल हो रहा है। ऐसे ढीला छोड़ दें जैसे कोई प्राण ही नहीं। शरीर शिथिल हो रहा है, शिथिल हो रहा है, जैसे है भी नहीं! है ही कहाँ, शरीर जिस मिट्टी का हिस्सा है, उसी के साथ एक समझ लें, मिट्टी है, पृथ्वी है, पौधे हैं, वह भी है। उन्हीं में कल तक था, कल फिर उन्हीं में हो जाएगा! है भी कहाँ? छोड़ दें ढीला जैसे शरीर है ही नहीं।

श्वास भी शांत हो रही है, शांत हो रही है, शांत हो रही है। छोड़ दें श्वास को भी बिलकुल ढीला। मन भी शांत हो गया है, छोड़ दें मन को भी, डूब जाएँ इस रात में। मन शांत हो रहा है, मन शांत, शांत हो गया। दस मिनट सुनिए बैठे हुए उस सागर के गर्जन को, सुनते रहें हवाओं के झोंकों को। प्रभु तो निकट है। क्योंकि सब कुछ वही है। उसकी पगडंडियाँ भी साफ हैं। लेकिन उन पर चलने वाले कहाँ हैं?